인생을 바꾸는
삶의 지혜 229

인생을 바꾸는 삶의 지혜 229

2021년 1월 20일 초판 1쇄 인쇄
2021년 1월 25일 초판 1쇄 발행

지은이 정재헌
발행인 손건
편집기획 김상배, 홍미경
마케팅 이언영, 유재영
디자인 이성세
제작 최승용
인쇄 선경프린테크

발행처 LanCom 랭컴
주소 서울시 금천구 시흥대로192, 709
등록번호 제 312-2006-00060호
전화 02) 2634-0178 02) 2636-0895
팩스 02) 2636-0896
홈페이지 www.lancom.co.kr

ISBN 979-11-89204-82-2 03320

인생을 바꾸는

삶의 지혜 229

정재헌 지음

북스데이
BOOK'S DAY

머리말

　우리 인간은 이 세상에 태어나면 누구나 행복한 인생을 살기를 바랄 것입니다. 한 번밖에 없는 인생, 누구나 행복하게 살아갈 권리가 있습니다. 그리고 행복해질 수 있습니다.

　하지만 대부분의 사람은 행복과는 거리가 먼 인생을 살아갑니다. 그렇다면 어떻게 하면 행복하게 살아갈 수 있을까요? 나름대로 사람들은 행복의 길을 찾으려고 애를 씁니다.

　행복한 삶을 영위하기 위해서는 삶의 지혜가 필요합니다.

　행복의 기준은 사람마다 다릅니다. 하지만 사람을 불행하게 만드는 요인에는 공통점이 있습니다. 그 중 가장 큰 요인이라 할 수 있는 것이 불안과 걱정, 그리고 공포입니다.

　사람이 살아가면서 불안과 걱정, 공포에서 벗어날 수만 있다면 얼마든지 자기만의 행복을 추구하며 살아갈 수 있을 것입니다. 우리 인간은 한 치 앞을 내다볼 수 없기 때문에 누구에게나 항상 불안감이 존재합니다. 불안은 걱정과 공포를 불러옵니다. 경제적인 문제나 건강에 대한 걱정, 가족에 대한 걱정, 직장에 대한 걱정… 수많은 걱정으로 잠 못 이루는 밤도 있습니다. 갑자기 블랙스완이 나타나 걱정이 현실화될 때 우리는 심한 공포감을 느끼게 됩니다. 불안과 걱정, 공포 속에서는 아무리 맛있는 음식을 먹어도 행복감을 느낄 수 없을 것이며, 아무리 화려한 치장을 하고 파티를 즐긴다고 해도 참된 행복을 느낄 수는 없을 것입니다. 불안, 걱정, 공포는 우리 인간이 행복을 추구해가는 과정에서 가장 큰 장애물이라 할 수 있습니다. 그러기 때문에 사람들이 행복해지기 위해서는 살아가면서 먼저 그 장애물들을 제거하거나 극복해 가는 삶의 지혜를 터득해야 합니다.

삶의 지혜는 자신이 직접 수행하거나 수많은 실패와 성공을 반복하면서 인생 경험을 통해 얻을 수 있습니다. 그렇지 않으면 누군가가 이미 경험하여 터득한 지혜를 배워 얻어야 할 것입니다. 그래서 사람이 살아가면서 훌륭한 스승 또는 멘토와 좋은 벗을 만난다는 것은 커다란 행운입니다. 그러한 스승이나 멘토와 벗을 만나지 못한다 해도 우연히 접하게 된 책 한 권이 삶의 지혜를 터득하게 해준다면 더없이 큰 행운이라 아니할 수 없습니다.

사람과의 만남만이 인연이 아니라 자기의 인생을 바꾸어주는 한 권의 책과의 만남도 큰 인연인 것입니다.

이 책은 필자가 지금까지 살아오면서 직접 또는 간접적으로 터득한 지혜를 엔젤 넘버 229로 정리한 것입니다. 이 책을 접하는 독자 분들은 삶의 지혜를 얻고자 애쓰는 분들이기에 천사는 이 책을 통해 인연을 맺도록 안내해 준 것입니다. 그리고 천사는 이 책과의 인연을 맺은 사람들에게 행복한 인생을 선사할 것입니다.

필자는 한국에서 대학을 졸업하고 대기업에서 2년간 근무하다가 33년 전에 현해탄을 건너 일본에 왔습니다. 처음에는 많은 어려움이 있었지만 잘 극복하고 사업체를 일으켜 지금은 세계적인 도시 도쿄에서 나름대로 자리를 잡고 행복한 가정을 이루고 살고 있습니다. 지금까지 살아오면서 많은 사람들과 만나게 되었습니다. 정치가, 고위관료, 법률가, 검찰관, 사업가, 투자가, 예술가 등, 이러한 사람들은 대부분 사회적으로 성공한 사람들입니다. 하지만 그들 중에서 정말 행복을 누리며 사는 사람들은 극히 소수였습니다. 돈과 권력, 명예를 손에 넣는다고 해서 결코 행복을 얻었다고 말할 수는 없습니다. 사람이 가지고 있는 욕심은 본래 끝이 없기 때문입니다.

더 많은 돈, 더 큰 권력, 더 높은 명예… 사람의 욕심은 행복과는 점점 거리가 멀어지게 합니다. 사회적으로 크게 성공하지는 못했지만 자기가 좋아하는 일을 하면서 인생을 충실히 행복하게 사는 사람들이 많이 있습니다. 인생을 어떻게 살 것인가는 각자의 선택에 달려 있습니다. 돈과 명예와 권력을 가지고 행복하게 살 수 있다면 더 말할 필요가 없겠지만, 오히려 이러한 것을 추구하며 사는 사람은 행복과는 거리가 먼 삶을 사는 사람이 많습니다. 어떤 인생을 살 것인가는 각자의 선택의 몫입니다. 하지만 삶의 지혜가 있다면 좀 더 행복한 인생을 살 수 있을 것입니다.

이 책의 내용은 우리가 살아오면서 많이 접하고 익숙한 말들, 진부한 말일 수도 있겠지만 필자가 직접 또는 간접적인 체험과 경험을 통해 얻은 교훈과 삶의 지혜가 함축되어 있습니다.

사람이 살다보면 괴롭고 힘든 일도 있고 슬프고 외로울 때도 있습니다. 그럴 때면 누군가를 만나 위로받고 싶은 것이 사람의 마음입니다. 누군가의 따뜻한 말 한마디 가슴속 깊이 새겨지는 진심어린 충고나 위로의 말, 그것은 실의에 빠진 사람에게는 사막에서 만난 오아시스와 같은 것입니다. 용기를 주는 말 한 마디, 잘못을 깨닫게 하는 따끔한 충고, 따뜻하고 친절한 말은 절망에서 희망을 되찾게 만드는 마법과 같은 것입니다. 이 책이 독자 여러분들에게 그 누군가를 조금이라도 대신할 수 있다면 필자로서는 더 바랄 것이 없겠습니다.

또한 이 책이 희망을 잃고 절망에 빠져 있거나 용기를 잃고 인생의 기로에 서 있거나 외롭고 슬퍼하는 사람에게 마음의 위로가 되고 또한 용기를 얻어 인생의 전환점이 되는 계기가 되었으면 하는 바람입니다.

　시간이 날 때마다 쓴 글이라 두서없이 작성되었지만 잘 정리하고 편집하여 한권의 책으로 세상에 나오도록 도와주시고 성원해 주신 북스데이 출판사 관계자 분들께 깊은 감사를 드립니다.

　당신의 미래는 장밋빛 인생이 기다리고 있습니다.

　잠시 눈을 감고 낙엽 떨어지는 소리에 귀를 기울이다가 다시 눈을 뜨고 아름답게 물든 단풍잎을 바라보면서…

정재헌

차례

Part 3

만남과 감사에 대한 삶의 지혜

Part 4
성격과 태도에 대한 삶의 지혜

Part 5

경험과 도전에 대한 삶의 지혜

Part 6
말과 행동에 대한 삶의 지혜

Part 7
희망과 성공을 위한 삶의 지혜

Part 1

사랑과 행복을 위한
삶의 지혜

001. 사랑하는 사람을 위해 사는 인생은 행복하고 아름답다

사람은 자기 자신을 위해서보다는 타인을 위한다는 생각을 하며 일을 할 때 보람을 느끼고 행복감을 느낀다. 더욱이 사랑하는 사람을 위해서라면 어떠한 위험도 감수할 수 있다. 비록 어렵고 힘든 일이라 할지라도 사랑하는 사람을 위해서라면 그다지 힘들게 느껴지지 않는다. 또한 아무리 고통스런 일이라도 참고 이겨낼 수 있다. 사랑하는 사람은 가족일 수도 있고 연인일 수도 있고 그 누구일 수도 있다.

사람마다 자기가 사랑하는 사람이 있다. 부모, 가족, 친지, 연인, 친구, 스승 등 사랑하는 대상은 매우 다양하다. 이런 대상 중 사랑하는 사람이 없는 사람은 자기 자신이 무엇을 위해 살아야 하는지 삶의 의미를 느끼지 못하고 의욕이 저하된 사람이다. 사람은 자기 자신이 아닌 누군가를 위해서 살아야 더욱 삶의 보람을 느끼고 행복감을 느낀다고 한다.

사랑하는 사람 앞이나 사랑을 위해서라면 사람은 강해진다. 사람은 자기 자신보다 타인을 위해서라면 더욱 강해진다. 그리고 타인의 덕택에 마음이 따뜻해지고 행복을 느낀다. 사랑하는 사람이나 남을 위해서 살아가는 인생은 행복하고 아름답다.

OO2. 사람이 살아가는 삶의 의미는 모두가 행복해지기 위함이다

아마 세상을 살아가면서 삶의 의미를 생각해 보지 않은 사람은 없을 것이다. 살기가 어렵거나 고독한 세상에서 살아갈수록 자기가 살고 있는 목적이 무엇인지를 생각하게 된다. 또한 제각각 나름대로의 삶의 목적이 무엇인지 깊이 생각하고 고민하며 삶의 의미를 찾으려고 애를 쓴다. 삶의 의미가 무엇인지에 대한 성인들의 대답은 실제로는 모두 똑같다고 할 수 있다. 삶의 의미에 대해 아리스토텔레스, 플라톤, 소크라테스, 파스칼, 칸트, 톨스토이, 프로이트 등, 이들 모두 산다는 의미는 행복해지는 것이라고 했다.

사람은 행복해지기 위해 산다. 행복해지기 위해 살아가는 과정이 곧 삶의 의미인 것이다. 사람이 행복해지기 위해 산다는 것은 무엇일까? 어떠한 상황에서도 배운다는 것이고 즐거움을 찾아가는 것이다. 또한 고난을 극복하는 것이고 나와 마주보기를 계속하는 것이다. 행복해지기 위해 산다는 것은 여러 사람과 만나는 것이고 누군가로부터 필요로 하는 것이다. 또 끊임없이 도전하는 것이고 새로운 자신과 만나는 것이다.

행복해지기 위해 산다는 것은 매일 감사하는 것이며 내일을 믿고 오늘 최선을 다하는 것을 뜻한다. 행복해지기 위해 산다는 것은 모든 것을 당연한 것으로 여기는 것이 아니라 기적이라 생각하고 소중히 생각하는 것이다. 삶의 의미를 찾아 행복의 나래를 활짝 펴도록 하자.

003. 미움의 감정은 나를 괴롭히고 불행하게 만든다

데일 카네기는 사람을 미워하는 것은 다른 그 어떤 것보다도 에너지를 소모한다고 했다. 인생을 살아가면서 누군가를 미워해 본 경험이 없는 사람은 없을 것이다. 나 또한 죽이고 싶도록 미워해 본 적도 있다. 상대를 미워해서 나에게 이로운 게 무엇이 있을까? 아무것도 없다. 나의 소중한 에너지만 소모했을 뿐이다.

사람이 누군가를 미워하게 되는 원인은 여러 가지이다. 예를 들어 누군가에게 배신을 당했을 때, 속아서 물질적으로나 정신적으로 큰 손해를 입었을 때, 무시당하거나 멸시를 받았을 때, 상대에 대한 질투와 경멸이 생겼을 때, 상대가 나를 싫어하거나 조롱하고 있다는 느낌이 들 때, 상대에 대한 생리적, 관념적인 거절 반응이 생겼을 때 등이 있다.

이러한 원인들을 하나하나 살펴보면 공통적으로 나에게 상처를 준 상대들이다. 정확히 말하면 내 스스로가 상처를 받거나 받고 있다고 생각하는 경우이다. 상대를 미워하면 그 증오심으로 인해 마음이 편할 수가 없고 행복해질 수도 없다. 그것은 상대에게 받은 상처를 나 스스로가 키울 뿐이다. 미워하기보다 용서할 수 있다면 이 용서야말로 최선의 해결책이다. 하지만 용서란 그리 쉽지 않다. 용서는 죽기보다 어렵다고 이야기하는 사람이 있을 정도이다. 상대를 용서할 수 없다면 차라리 잊어버리는 게 낫다. 내 마음을 상하게 만든 상대의 존재를 내 마음속에서 미움과 함께 깨끗이 씻어 내 버리는 것이 최선책이다.

004. 남을 사랑하려면 먼저 나 자신부터 사랑하라

이 세상에서 '나' 자신보다 소중한 것은 없다. '나'라는 존재가 없으면 세상에는 아무것도 존재하지 않는다. 내가 존재하기 때문에 남을 사랑할 수도 있다. 그럼에도 세상에는 자기 자신을 학대하거나 소홀히 하는 사람이 의외로 많은 것 같다. 자신을 사랑할 수도 없으면서 어떻게 남을 사랑할 수가 있겠는가? 남을 사랑하려면 먼저 자기 자신부터 사랑해야 한다.

독일의 심리학자 에리히 프롬은 사람을 사랑하는 데에 필요한 인간의 능동적 성질로서 배려, 존중, 책임, 이해의 4가지를 들고 있다. 이는 타인에 대한 사랑을 전제로 하고 있지만, 필자는 먼저 나 자신에게 적용하여 자기라는 필터를 통해 타인을 사랑하는 도구로 생각하고 싶다.

첫째, 인간의 능동적 성질로서의 '배려'이다. 먼저 나 자신이 지금 어떤 상태에 있는지를 파악해야 한다. 지금 내가 편안하고 행복한 상태에 있는지 아니면 피곤하고 불편한 상태에 있는지를 확인하고 그에 대해 적절하게 대응하는 것이다. 내가 피곤하고 불편한 상태에서 상대에 대한 배려가 이루어지기는 어렵다. 먼저 내 마음이 편안하고 행복한 상태에서는 상대의 기분을 잘 파악할 수 있고, 그에 대해 어떻게 대응할 것인지 생각하며 상대를 배려할 수 있다. 그러므로 타인에 대한 배려를 위해서는 먼저 내 자신에게 배려할 수 있어야 한다.

둘째는 인간의 능동적 성질인 '존중'이다. 나를 가치 있는 소중한 존재라고 여기는 것이다. 나 자신을 별 볼일 없는 존재라고 자학해서는 안 된다. 설령 아무것도 하는 일이 없다고 하더라도 인간은 살아있는 그 자체만으로도 가치가 있고 존중되어야 한다. 내 자신이 가치 있는 존재라고 인정하고 더욱 가치 있는 존재가 되기 위해 노력하고 성장해 간다면, 내가 아닌 다른 사람에 대해서도 행복과 성장을 빌어주고 존중할 수 있게 된다.

셋째는 인간의 능동적 성질로서의 '책임'이다. 이는 의무와는 달리 수동적이 아니라 능동적이다. 예를 들어 가족을 보살피기 위해 고달프고 힘든 일을 참아내는 것은 의무가 아니라 책임이다. 고달프고 힘이 든다고 해서 결혼을 후회한다거나 가족을 원망하는 것은 책임이 결여된 행위이다. 그 어려움을 받아들이는 것이 진정한 사랑과 책임이다. 자신에 대한 책임 의식이 확고하다면 타인으로부터 그 어떤 정신적인 요구에도 응할 수 있는 준비가 되어 있다.

넷째로는 인간의 능동적 성질로서의 '이해'이다. 이는 자기 자신을 이해하고 알려고 노력해야 한다. 이해에 있어서는 타인과 나와의 상호작용을 통해 이루어진다고도 볼 수 있다. 때때로 인간은 자기 자신의 생각이나 행동에 대해서 타인을 통해 잘못을 깨닫게 되는 경우도 있다. 그 깨달음으로 인해 인간 모두를 이해하게 되는 경우도 있다. 이처럼 우리 인간은 나에 대한 사랑을 통해 타인을 사랑할 수 있게 된다.

남을 사랑하려면 먼저 나 자신을 사랑하는 것부터 시작해야 한다. 에리히 프롬이 말한 이 네 가지 인간의 능동적 성질을 잘 다스려 자신을 사랑하자. 자신을 사랑하는 행위는 결국에는 타인에 대한 사랑으로 연결되므로 자신을 사랑하는 연습을 하자.

005. 내 마음속의 약함에 져서는 안 된다

    인간은 누구에게나 약함과 강함을 동시에 가지고 있다. 마음의 상처를 입거나 강한 스트레스를 받을 때 사람은 누구나 자신이 연약하다고 느낀다. 그러면서 더욱 강해지고 싶어 한다. 더욱이 자신의 약함에 지지 않고 강해지고 싶어 한다. 그런데 그 강함이란 무엇일까? 정말로 강하다는 것은 어떤 것일까? 세상에는 언뜻 보아서 강하게 보이는 사람들이 있다. 그런 사람들은 정말로 강할까? 튼튼하고 근력이 있어 강하게 보이는 사람들이 있다. 스스로 노력하여 몸을 단련시킨 사람들일 것이다.

    하지만 그 강한 몸으로 가족이나 주위 사람들을 자신의 생각대로 완력으로 지배하려고 한다면 그 사람이 진짜 강한 사람이라고 할 수 있을까? 그 강함은 표면적인 것에 지나지 않으며 오히려 내면적인 약함을 포장하려는 행위에 불과하다. 어떤 경우에도 불평이나 푸념도 하지 않고 좀처럼 눈물도 보이지 않으며, 남에게는 약한 모습을 보이지 않은 사람이 어느 순간 우울증에 걸리거나 병이 들어버린 경우가 있다. 이런 사람을 강한 사람이라고 말할 수 있을까? 진짜 강한 사람은 자신의 약함을 잘 알고 그 약함을 스스로 인정하면서 유연하고 부드러운 마음을 갖는 것이다. 그 부드러움으로부터 친절과 여유가 생겨나서 겸손하고 겸허해진다. 자기 속에 있는 연약함을 잘 알고 그 연약함에 지지 않으며, 거만하지 않고 겸허한 마음을 잊지 않고 끊임없이 노력하는 사람이 강한 사람이다. 이런 사람이 진정한 인생의 승자가 아닐까 생각한다.

006. 중요한 사람과 소중한 사람 중 진정 필요한 사람은?

　세상을 살다 보면 누구나 내 자신에게 중요한 사람과 소중한 사람이 있다. 나에게는 두 사람 모두 필요한 사람이지만 인생의 동반자로 끝까지 함께 갈 수 있는 사람은 역시 소중한 사람이다.

　그렇다면 중요한 사람과 소중한 사람은 어떤 차이가 있을까?

　중요한 사람은 내 곁에 없다고 해도 마음이 텅 비고 외로움이 느껴지지 않는 사람이다. 하지만 어떤 일을 하는 데 있어서 도움이 되고 그 사람이 없으면 일에 차질이 생길 가능성이 있는 사람이다. 즉, 나에게 가치가 있는 사람이라고 할 수 있다. 나에게 있어서 중요한 사람은 때에 따라서 바뀔 수도 있다.

　소중한 사람은 이해관계를 떠나서 존재 그 자체가 필요하다고 생각할 수 있는 사람이다. 내 마음을 의지할 수 있는 사람이다. 가족이나 연인 또는 친구라고 부를 수 있는 사람들이다. 실생활에서 물질적인 지장이 생긴다 해도 어떻게든 해결될 수 있지만 마음을 의지할 곳이 없어지면 상실감으로 인해 모든 일에 지장을 초래할 수도 있다. 그래서 우리가 인생을 살아가면서 소중한 사람은 꼭 필요한 존재다.

　소중한 사람은 함께 있는 시간이 빨리 느껴진다. 헤어지면 또 보고 싶고 떨어져 있어도 문득 생각나는 순간이 있다. 항상 자연스럽게 웃는 얼굴로 있을 수 있다. 소중한 사람은 나의 이야기를 진지하게 잘 들어준다. 이런 사람은 무심코 하는 한마디에도 심금을 울리고 언제나 가슴 한구석에 들어 있다. 또한 소중한 사람은 내 마음의 지팡이와 같아서 잃고 싶지 않은 사람이다.

사람은 누구나 약한 마음을 가지고 있다. 하지만 대부분의 사람들은 자신의 약함을 타인에게 보이려고 하지 않는다. 자존심 때문에 오히려 강함을 연기하면서 살아가는 사람이 많다. 당연히 힘 있고 강한 사람들 앞에서 비굴해져서는 안 된다. 하지만 때로는 자신의 약함을 감추지 않고 보여 줌으로써 얻을 수 있는 게 많이 있다. 이 경우 인생을 더 편안하게 살아갈 수가 있다.

인간관계를 형성해 가는 데 항상 완벽하고 강하게 느껴지는 사람과는 좀처럼 가까워지기가 힘들다. 자신의 약함을 드러내 보임으로써 상대방에게 인간적인 인상을 심어 준다. 이로써 상대방은 친근감을 느끼고 좀 더 가까이 다가올 수 있을 것이다.

친구와 사귀거나 연인과 연애할 때도 마찬가지다. 자신의 약함과 상처받기 쉬운 순수하고 진실한 모습을 보이면 상대방도 쉽게 마음을 열어 줄 것이다. 어려운 처지에 있을 때 사람은 누군가의 도움을 받아야 한다. 누군가에게 자신의 약한 모습을 보이기 싫어서 혼자 끙끙대다가 병이 들어 좋지 않은 상황을 만들지 말자. 약함은 순수하고 진실한 모습으로 앞으로 인간관계에 좋은 영향을 미칠 것이기 때문이다.

자신의 약한 모습을 보이는 사람은 결코 약한 사람이 아니다. 오히려 용기를 가지고 있는 강한 사람이다. 사람은 누구나 똑같이 상처를 받기도 하고 불안을 안고 살아간다. 서로가 그 상처를 어루만져 주고 불안을 해소해 가면서 살아가는 것이 인생이다.

008. 자기가 좋아하거나 사랑하는 사람만 만나며 살 수 없다

우리는 어두운 밤이 있기 때문에 밝은 낮을 안다. 반대로 밝은 낮이 있기 때문에 어두운 밤을 안다. 성공이 있기에 실패가 있고, 실패의 쓴맛을 보았기에 성공의 달콤한 맛을 볼 수 있다. 세상의 이치는 모두 이와 같다. 싫어하는 사람이 있기에 좋아하는 사람이 있고, 미워하는 사람이 있기에 사랑하는 사람이 있다.

어느 한 사람이 없어도 오늘의 우리는 없다. 내가 싫어하는 사람이라도 다른 사람에게는 좋아하는 사람일 수 있다. 내가 미워하는 사람이라도 다른 사람에게는 사랑하는 소중한 사람일 수도 있다. 또한 내가 싫어하는 사람을 좋아하는 사람이 내가 좋아하는 사람일 수 있다. 내가 미워하는 사람을 사랑하는 사람이 내가 사랑하는 사람일 수도 있다.

이처럼 세상은 모두 연결되어 있다. 싫어하거나 미워한다고 해서 너무 증오하거나 해코지를 하려고 해서는 안 된다. 좋아함과 싫어함이 공존하고 사랑과 미움이 공존하는 것이 사람이며 이는 세상의 이치다. 어느 한쪽에 너무 치우치면 불행을 초래하게 된다. 좋아함도 지나치면 욕망으로 변하게 되고 싫어함도 너무 지나치게 되면 저항으로 변한다. 이는 범죄로 이어질 수도 있다. 한 사람 속에 공존의 균형이 깨지게 되어 갈등을 유발한다. 이 갈등은 씻을 수 없는 싸움의 씨앗이 되고 불행의 원인이 된다. 싫어하고 미워하는 사람도 내 마음속에 공존하며 함께 살아가야 할 소중한 사람이라고 인정하며 살아가는 것이 현명한 삶의 방법이다. 그래야 행복하고 성공한 인생을 살 수 있다.

009. 가까이에 있는 사람을 소중히 여기자

우리는 세상을 살아가면서 수많은 사람들과 만나고 헤어진다. 하지만 오랜 시간이 지나면 이름조차 기억하지 못하는 사람들이 많아진다. 지금 자기와 가장 가까이 있는 사람은 가장 소중한 사람들로 가족이거나 사랑하는 연인일 수도 있고 친구이거나 직장 동료일 수도 있다. 이들은 자기 자신이 인생을 살아가는 데 있어서 가장 필요한 사람들이다.

자기 가까이에 있는 사람들은 모두가 자기가 선택한 소중한 사람들이다. 의식적으로나 무의식적으로 자기가 필요로 하여 선택한 사람들이며 모두가 자기와 연관되어 있는 사람들이다. 지금까지 살아온 자기 인생에서 어떤 형태로든 그들과 도움을 주고받으며 더불어 살아왔다. 그들 덕분에 살고 있음에도 우리는 그것이 당연하다고 생각하고 소홀히 하기 쉽다. 그들의 소중함을 늦게 깨닫고 후회하는 일이 없도록 하자.

이 지구상에는 약 77억 명의 사람들이 살고 있고 우리나라에도 5천만 명 이상의 사람이 살고 있다. 이렇게 많은 사람들 중에 평생 동안 만남을 통해 인연을 이어가는 것은 극히 한정된 사람들이다. 그러기 때문에 만남은 매우 존엄하고 소중하다. 평상시 가정과 직장, 모임에서도 얼굴을 마주치고 내 옆에 있는 사람은 다 의미 있는 존재라 할 수 있다. 내 주변의 가까이 있는 사람을 소중히 여기도록 하자.

도스토예프스키는 인간은 스스로가 행복하다는 것을 모르기 때문에 불행하다고 했다. 불교의 일체유심조(一切唯心造)라는 말이 있다. 모든 것은 오직 마음이 만든다는 뜻이다.

신라의 대승이었던 원효대사가 40세에 중국 유학길을 떠났다가 동굴에서 깊은 잠이 들었다. 한밤중에 심한 갈증을 느껴 주위를 더듬거려 보니 물이 든 그릇 같은 게 잡혔다. 원효대사는 그 물을 훌쩍 마시고 다시 깊은 잠에 빠졌다. 아침에 눈을 떠서 주위를 살펴보니 한밤중에 마셨던 물은 해골바가지에 든 썩은 물이었다. 그 물속에는 수없이 많은 벌레들이 우글거리고 있었다. 이 광경을 본 원효대사는 구토 증상으로 모든 것을 토했다. 그리고 나서 원효대사는 깊은 깨달음을 얻게 된다.

한밤중의 내 마음과 아침의 내 마음이 서로 다르지 않고 같다. 그런데 이를 모를 때는 시원하고 기분 좋았던 것을, 알고 나서는 왜 기분이 좋지 않을까? 더럽고 깨끗한 것은 사물 자체에 있는 것이 아니고 마음에 있는 것이 아닌가? 그러므로 모든 것은 마음이 만드는 것이라는 것을 깨닫게 되었다. 인간의 행복과 불행은 우리 마음속에 있다. 나 자신이 행복을 선택하면 행복할 것이고 불행을 선택하면 불행할 것이다. 행복이란 행복하다고 느끼는 사람만이 가지는 특권이다.

나도 남들처럼 행복해질 수 있다고 믿고 행동하라. 불행하다고 느낀다면 불행의 씨앗이 싹트고 행복하다고 느낀다면 행복의 씨앗이 싹튼다.

011. 하루하루를 한평생처럼 살면서 행복한 삶을 영위하자

하루하루를 그냥 그저 그렇게 낭비하며 사는 습관이 생활화되어 있다 보면 하루하루를 한평생처럼 살아보려고 당장 결심해도 실천하기가 어렵다. 그런 사람은 먼저 매일 밤 일기 쓰는 습관을 기르면 좋다. 일기 쓰기는 하루 동안 있었던 일을 정리하고 되돌아보는 삶의 길잡이가 되기 때문이다. 굳이 일기를 쓰지 않더라도 매일 밤 하루의 생활을 되돌아보는 시간을 갖도록 하면 된다. 대부분의 사람들은 하루 동안의 반성이나 성찰의 시간을 갖지 않고 다람쥐 쳇바퀴 도는 삶을 산다. 참으로 불쌍한 삶이 아닐 수 없다.

그날에 있었던 일이나 시간을 어떻게 보냈는지 되돌아보고 개선할 일을 발견하면 다음날부터 바로 고칠 수가 있다. 누군가와 다툼이 있었던 장면을 떠올리고 냉정하게 분석하여 자기에게 잘못이 있었다면 다음날 상대에게 사과하면 된다. 이렇게 하여 매일 밤 자기 자신에 대한 반성의 시간을 갖다 보면 사물을 객관적으로 파악할 수 있는 삶의 지혜를 얻을 수가 있다. 무슨 일이든 습관화되면 평소에 힘들었던 일도 자연스럽게 가능해진다. 순간순간 하루하루의 반복의 연속이 곧 인생이기 때문이다.

우리 모두는 한 사람 한 사람 인생 드라마의 주인공이다. 스스로 인생이라는 각본을 써서 연출하고 스스로 주인공으로 연기하며 살아가야 한다. 그래야만 행복한 삶을 영위할 수가 있다. 운명의 장난에 휩쓸리는 삶을 살다 보면 행복한 삶보다는 불행한 삶을 살 때가 더 많다. 이미 주어진 숙명은 바꿀 수가 없을지라도 운명은 얼마든지 바꿀 수가 있다.

012. 어른으로서 지금을 행복한 기분으로 살자

어른의 사전적 의미는 충분히 성장한 사람을 뜻하지만, 법적으로는 만 20세 이상이어야 성인이 된다. 한편으로 어른은 어떤 집단의 우두머리, 즉 리더라는 의미도 내포하고 있다. 법적인 나이로 성인이 되었거나 신체적으로 성인이 되었다고 해서 모두 어른이라고 말할 수는 없다.

어른이 되었다는 것은 먼저 스스로 자립할 수 있어야 하며 사회적인 상식이 있어야 한다. 또한 스스로 행하는 모든 행위에 대해서 책임을 질 수 있어야 한다. 즉, 어른이 갖추어야 할 중요한 덕목을 자립, 상식, 책임감, 이 세 가지로 요약할 수 있다.

첫째, 자립에는 경제적 자립과 정신적 자립이 있다. 경제적 자립은 부모나 타인에게 의지하지 않고 스스로 경제활동을 영위하며 생활할 수 있는 것을 뜻하고, 정신적 자립은 스스로 마음을 다스릴 수 있는 것을 뜻한다.

둘째, 상식은 사회적 상식이다. 사회생활을 하면서 타인에게 폐를 끼치지 않는 마음의 양식을 말한다. 상식이란 사회 통념상 굳어진 개념이므로 누구에게나 적용되는 일반적인 지식으로 이해해도 괜찮다. 이런 사람이라면 어른으로 대접받을 수 있을 것이다.

셋째, 책임감이란 가정에서나 사회생활을 하면서 누군가를 위해 도움이 되는 역할을 하는 것을 말한다. 그 역할 속에서 스스로 행한 행위에 대해 책임을 질 수 있어야 진정한 어른이 될 수 있다.

어른이라는 느낌은 태도에서 엿볼 수 있다. 사려 깊음, 친절함, 관대함, 배려하는 마음, 이 모두가 어른스러운 태도라고 할 수 있

다. 이러한 태도는 마음에서 우러나오므로 마음의 거울이다. 어른
이 되기 위해서는 마음의 성장이 가장 중요한 이유이다. 마음이 성
장하면 그 사람의 인간미, 즉 인격이 갖추어진다. 이런 사람은 타
인으로부터 존경받을 수 있는 어른이 될 수 있다.

　요즘 세상에는 사회의 지도층이라는 사람들조차도 어른이라고
말할 수 있는 사람들이 그리 많지 않아 안타깝다. 우리 모두 존경
받는 어른으로서 언짢아하거나 짜증내는 행위를 하지 말고 자기의
기분을 스스로 조절하며 살자. 주위나 환경을 핑계대지 말고, 한정
된 소중한 '지금'을 중심으로 하여 행복한 삶을 살아갔으면 한다.

013. 세상에는 뜻대로 되지 않는 일이 더 많다

사람들은 어떤 일에 도전하거나 계획을 세워 일을 진행하다가 일이 잘 안 풀리거나 결과적으로 성과를 거두지 못할 경우 많은 실망감을 갖는 게 일반적이다. 연인이나 친구와의 인간관계도 생각대로 잘 안 되는 경우에 실의에 빠지거나 고민을 하게 된다. 그로 인해 의욕을 상실하여 모든 걸 포기해 버리고 다시는 일어나려고 하지 않는 사람들도 있다. 하지만 세상에는 잘되지 않거나 잘 이루어지지 않는 일이 더 많다.

인생길에는 시원하게 뚫린 고속도로만 있는 게 아니다. 울퉁불퉁하고 구불구불하며 비탈지고 험한 길도 있다. 아예 막혀 있는 길도 있다. 그것이 우리가 살아가는 인생길이다. 아무리 어려운 상황에서도 희망을 가져야 한다. 잘되지 않고 이루어지지 않는 일은 그 원인을 분석하고 행동하면 된다.

희망을 가지고 앞으로 나아가면 된다. 부딪쳐도 좋다. 부딪친다는 것은 앞으로 나아가고 있다는 증거이다. 처음부터 모두 이루어지는 것에는 그다지 가치가 없다. 일을 이룬 결과보다 이루어지는 과정에 더 가치가 있다.

014. 행복하게 살아가기 위해서는 감정을 잘 다스려야 한다

우리 인간은 누구나 감정을 가지고 산다. 살아가다 보면 짜증이 날 때도 있고 안절부절못하거나 초조해질 때도 있다. 그럴 때 누군가에게 화풀이를 하게 되고 시비를 걸어 싸우기도 하며, 불평불만이 쌓여 푸념을 할 때도 있다. 거짓말을 하거나 누군가에게 지나친 간섭을 하다가 사이가 안 좋아지기도 한다. 때로는 뽐내고 싶은 자만심으로 갑질을 하기도 한다. 이러 한 행위들은 모두 자기 자신에게 불행을 불러오는 원인이 된다.

행복한 삶을 살기 위해서는 부정적인 감정을 잘 다스려 이러한 불행의 요소들을 긍정적이고 밝은 행복의 요소로 전환하는 것이 중요하다. 다음과 같이 부정적인 감정은 긍정적인 감정으로 잘 다스리면 된다.

화가 날 때는 용서나 관용이라는 감정으로 다스린다.

미워하는 감정이 일어날 때는 사랑이라는 감정으로 다스린다.

불평불만이 싹틀 때는 감사라는 감정으로 다스린다.

푸념이 나올 때는 기쁨이라는 감정으로 다스린다.

간섭하고 싶어지면 상대에 대한 믿음이라는 감정으로 다스린다.

자만심이 싹틀 때는 겸손이라는 감정으로 다스린다.

거짓말을 하고 싶어질 때는 정직이라는 방패로 다스린다.

싸움이나 다툼이 일어날 때는 평화라는 감정으로 다스린다.

이와 같이 감정을 잘 다스리면서 살게 되면 마음이 가벼워지고 행복하게 살아갈 수 있다.

015. 마음을 가볍게 하여 평상심으로 행복한 인생을 살도록 하자

법정스님은 '무소유'를 이야기했다. 무소유는 아무것도 갖지 않는 것이 아니라 불필요한 것들을 버리고 소유하지 않음으로써 걱정과 불안에서 벗어나 평상심으로 살면 행복을 얻을 수 있다는 뜻이다. 불행의 요인 중에는 걱정과 불안이 있다. 걱정과 불안은 집착에서 싹튼다. 무언가를 소유하고 있으면 그것을 아끼고 소중히 여기게 되어 그것에 대한 집착이 생긴다. 아끼고 소중히 하는 것들을 잃고 싶지 않아서 걱정하고 불안해한다. 무소유는 자신이 지고 있는 짐을 내려버린 상태이니 마음이 가벼워진다. 하지만 수도승이 아닌 보통 사람으로서 세상을 살아가며 무소유를 실행한다는 것은 그리 쉬운 일이 아니다.

무소유로 살지 않더라도 마음을 가볍게 하며 살면 평상심을 유지하는 데 도움이 된다. 마음을 가볍게 하는 몇 가지 방법을 소개한다.

1. 현대사회는 정보가 넘치는 사회이다. 잠시라도 핸드폰을 보지 않으면 불안해진다. 하지만 마음을 가볍게 하기 위해서는 때때로 정보로부터 멀어지는 시간을 가질 필요가 있다.
2. 언짢은 일이나 마음에 거슬리는 일이 있어도 불만을 말하는 것보다 감사할 수 있는 요소를 찾아 감사하는 마음을 갖도록 한다.
3. 모든 사람에게 일부러 호감을 얻으려고 해서는 안 된다. 타인의 시선을 의식하지 않고 가끔은 자기중심적으로 행동해야 마음이 가벼워진다.

4. 내 생활 주변을 정리하는 습관을 갖는다. 꼭 필요한 것들만 남기고 불필요한 것들은 버려야 가벼워진다.

5. 변명을 계속하는 것을 그만둔다. 사람은 자기 입장이 불리해지면 변명을 하게 된다. 변명을 계속하다 보면 또 다른 변명을 위한 변명을 하게 된다.

6. 가끔은 지금 있는 장소로부터 떠나 새로운 바람을 쏘이며 여행을 떠난다. 여행이 아니더라도 주변 산책을 해도 좋다. 새로운 곳에서 만난 우연을 즐기도록 한다.

7. 자기 자신의 감정 습관을 정확히 파악하여 다스린다. 어떤 상황에서 당황하고 초조해하고 불안해하는가를 파악하면 그런 상황에 직면했을 때 스스로 감정을 다스릴 수 있게 된다.

8. 세상을 살아가면서 통념이나 고정관념에 사로잡혀 외길을 가지 않고 선택의 폭을 넓혀 본다.

이와 같은 일들은 수도승이 아니고 보통 사람들이라도 가능한 방법들이다. 이같이 실행하게 되면 마음의 짐이 가벼워질 것이다. 항상 마음을 가볍게 하여 평상심을 유지하면서 행복한 인생을 살도록 하자.

016. 좋은 사회를 만들어 더불어 행복한 인생을 살도록 하자

총론 찬성, 각론 반대라는 말이 있다. 사람들은 모두를 위해 좋은 일이라고 생각되면 전체적인 맥락에서는 찬성하지만, 그 결정된 사항이 자기에게 이득이 되지 않고 손해된다고 생각되면 반대한다. 대부분 자기에게 직접적인 손해는 없더라도 어느 특정 사람들에게 이득이 된다고 생각되면 반대하는 사람들도 많다.

총론 찬성은 일종의 합의다. 합의된 사항들이 이행되지 않으면 사회 질서는 무너지게 되어 있다. 이것은 하나의 사회적 약속이기 때문이다. 나에게 이득이 되는 일이 타인에게는 해가 되는 일일 수도 있다. 반대로 남의 이익이 나에게는 불이익 또는 해로움으로 돌아오는 경우도 있다. 일종의 사회적 딜레마다. 모든 사람이 각각 자기 이익만 추구한다면 공공의 사회 질서는 무너진다. 대부분의 사람들은 다수를 위해 도움이 되고 좋은 일이라면 찬성한다. 총론에 찬성했다면 개개인의 불편함이나 작은 불이익은 어느 정도 감수해야 한다. 그래야 더불어 살아가는 데 있어서 질서 잡힌 좋은 사회가 된다.

밝고 질서 있는 좋은 사회를 만들기 위해 노력하는 사람들이 있다. 즉, 사회적 딜레마를 극복하고 합의를 도출하여 좋은 사회를 만들기 위해 노력 하는 사람들이 있다. 물론 그들 중에는 개인의 이익을 추구하면서 모든 사람들을 위하는 것처럼 속이는 위선자들도 있다. 하지만 공공의 이익을 위해 헌신하는 사람들이 더 많다. 그들의 진정성이 확인된다면 그들을 적극적으로 응원하고 그들과 협력해야 한다. 더불어 좋은 사회를 만들기 위해서 서로 협력해야 한다. 질투와 이기심으로 가득 찬 나머지 그들을 차가운 시선으로 대하고 협력하지 않는다면 이 사회에서 함께 행복을 누리며 살아갈 자격이 없다. 누구든 모두를 위해 좋은 일이라 여겨 일한다면 그 진실성을 확인하고 적극적으로 협력하여 좋은 사회를 만드는 데 참여해야 한다. 질서 있는 좋은 사회를 함께 만들어 더불어 행복한 인생을 살도록 하자.

017. 행복하게 살기를 원한다면 타인과의 삶을 비교하지 마라

　인생을 살아가려면 각자의 롤 모델이 필요하다. 자기가 존경하는 사람이 있다면 그 사람이 어떠한 삶을 살았는지 또는 살고 있는지를 연구하여 자기도 그와 같은 사람이 되고자 노력하는 것은 좋은 일이다. 그럴 경우에도 자기라는 존재 위에 그 사람의 존경하는 점을 받아들이는 형태로 소화할 수 있어야 한다. 사람마다 자라온 환경과 성격, 그릇이 다르다. 아무리 똑같은 사람이 되고 싶어도 될 수도 없다. 자기라는 특성을 살려야만 자기다운 사람으로서 성공적인 행복한 인생을 살 수 있다.

　동료나 친구 그리고 이웃들과 항상 비교하며 사는 사람은 불행한 인생을 산다. 스스로 만족하기보다는 타인을 통해 대리 만족을 얻거나 도움을 받기 때문이다. 아무리 많은 재산을 가지고 있더라도 남과 비교하는 인생을 사는 사람은 가까운 사람 중에서 자기보다 더 많은 재산을 가진 사람이 나타나면 그 사람은 만족보다는 오히려 불만족을 느끼게 된다. 사람마다 만족하는 정도가 다르겠지만 어떤 것이라도 남과 비교하게 되면 그 순간부터 불행의 씨앗은 싹튼다. 남과 비교하여 자기가 우위에 있을 때는 순간적으로 만족감을 느낄 수 있을지 몰라도 언젠가는 자기보다 나은 사람이 나타나게 되면 자기 자신에게 불만족을 갖게 되어 결국 불행해진다.

　이렇게 불만족을 갖게 되는 순간부터 행복과는 거리가 먼 삶을 산다. 남과 비교하는 삶과 선의의 경쟁은 차이가 있다. 남의 좋은 점을 본받아 배우고 익히면서 자기의 발전에 도움이 되고자 노력하는 태도는 선의의 경쟁으로 볼 수 있다. 남의 좋은 점을 본받아 자기를 더욱 발전시키고 성장시키는 선의의 경쟁은 매우 좋은 일이다.

남과 비교하는 인생을 살지 말고 자기다운 자기의 인생을 살아야 한다. 이를 위해서는 남에게 어떻게 평가되는 것보다 자기가 어떻게 하고 싶은가를 생각한다. 주위로부터 어떤 평가를 받든 자기의 행복과는 관계없기에 주위에 신경 쓰고 고민하는 것은 아무런 의미가 없다. 남과 비교하는 삶을 살려고 하지 말고 자기가 가능하다고 생각한 만큼 배려하며 살면 된다. 자기가 만족할 때까지 성취감이나 성공을 위해 노력하면 된다. 타인과 비교하지 않고 자기다운 인생을 살면서 만족하고 행복한 인생을 살도록 하자.

018. 존경받고 매력 있는 인덕을 지닌 사람이 되자

　세상을 살아가면서 인덕이란 매우 중요하다. 사람은 혼자서 살아갈 수 없기 때문에 주위 사람들과 항상 더불어 살아가야 한다. 그런데 어떤 사람은 주위 사람들이 자꾸 멀어져 가고 좋은 사람도 그 곁을 떠나간다. 반대로 어떤 사람은 좋은 사람들이 자꾸 그 사람 가까이에 모여든다. 인덕이 없는 사람과 있는 사람의 차이다.

　'덕불고필유린(德不孤必有隣)'이라는 말이 있다. 이는 '덕이 있는 사람은 반드시 따르는 사람이 있다'는 뜻이다. 아무리 성공하고 재산이 많아도 주위에 사람이 없으면 외롭다. 더욱이 좋은 사람이 가까이에 없으면 불행한 인생을 살게 된다.

　인덕이 있는 사람은 주위에 사람들이 모여들고 가까이에 항상 좋은 사람들이 많기 때문에 행복한 인생을 살아간다. 인덕이 있는 사람은 누구한테나 평등하게 대하기에 신뢰를 얻는 경우가 많다. 또한 관대하고 친절한 사람이 많아 주위에 좋은 영향을 준다.

　인덕이 있는 사람은 항상 싱글벙글 웃는 얼굴의 모습이다. 긍정적인 사고로 자신의 일보다는 타인의 일을 우선할 수 있는 여유가 있는 사람이다. 자기의 의견을 타인에게 강요하지 않고 타인의 의견을 존중할 줄 안다. 누구에게나 겸허한 자세로 대하면서 강한 책임감을 가지고 주위를 리드한다.

　인덕이 있는 사람은 타인에 대한 험담이나 불평불만 같은 부정적인 말을 하지 않는다. 반면에 인덕이 없는 사람은 자기중심적인 성격으로 타인이 어떻게 되든 상관없이 자기 자신의 일만 생각하는 여유가 없는 사람이다. 이들은 어두운 표정을 짓고 있을 때가 많고 모든 것을 부정적으로 생각한다.

인덕이 없는 사람은 기분에 따라 말이나 행동이 자주 바뀌고 책임감이 없다. 이해득실을 따져 인간관계를 구축하는 경향이 있다. 자기가 제일이라고 생각하여 사람을 대하는 데 겸손하지 못하고 거만하다. 또 관대하거나 친절함이 없기에 이런 사람들에게는 사람이 가까이 오지 않고 오히려 주변 사람들이 하나둘씩 떠나간다.

사람들에게 존경받고 매력 있는 인덕을 지닌 사람이 되자. 또 좋은 사람들과 더불어 기쁨을 나누며 즐겁고 행복한 인생을 살도록 하자.

019. 타인의 행복은 나에게로 되돌아오므로 타인을 행복하게 하자

사람은 누구나 행복해지고 싶어 한다. 사람마다 행복에 대한 생각이 다르듯 행복의 조건과 행복을 느끼는 순간도 다르다. 어떤 사람은 돈이 많아야 행복하다고 생각하는 사람이 있고, 어떤 사람은 돈은 있는데 자식이 없어 행복을 느끼지 못하고 사는 사람이 있다. 병약한 사람은 건강하기만 하면 행복하다고 생각할 것이다. 이처럼 사람마다 자기에게 없는 것에 대한 부러움이나 불만족으로 인해 행복을 느끼지 못하고 사는 사람이 많다는 사실이다.

이 세상에서 모든 것을 다 갖추고 사는 사람은 없다. 자신에게 무언가 더 필요하고 부족하다고 생각하며 사는 사람은 행복해질 수 없다. 우리 인생은 순간순간의 이어짐의 연속이다. 그러므로 살아가면서 순간순간의 작은 행복을 소중히 하며 살아가야 한다. 감동적일 때나 기쁠 때, 운이 좋았다고 생각했을 때마다 행복을 느낀다. 또한 타인으로부터 사랑받거나 칭찬받을 때, 자신이 누군가에게 도움이 된다고 생각할 때나 누군가가 자신을 필요로 할 때도 행복을 느낀다.

사람은 받을 때보다 줄 때가 더 마음이 흐뭇하고 행복을 느낀다. 누군가가 기뻐하고 즐거워하는 모습을 보고 행복을 느낀다. 내가 다른 사람을 행복하게 해 주었다고 생각할 때 더욱 행복을 느낀다. 그러므로 주변 사람을 진정으로 사랑해 주고 가까이에 있는 사람의 장점을 찾아 칭찬을 자주 해 준다. 그리고 작은 일에도 감사의 표시를 한다.

지금 내가 가지고 있는 것만으로 얼마든지 행복해질 수 있다. 지금 내가 할 수 있는 능력만으로 얼마든지 행복을 얻을 수 있다. 지금 나에게 없는 것을 탓하지 말고 내가 가지고 있는 것에 감사해야 한다. 내가 행복해지고 싶으면 지금 나에게 있는 것과 내가 할 수 있는 것만으로 타인을 행복하게 하자. 그 행복은 나에게로 되돌아와 나를 행복하게 할 것이다.

1. 늘 표정이 어둡고 부정적인 사고를 가진 사람을 만나 기분 상하는 일이 없도록 하자.

사람은 주위 사람의 영향을 받기 쉽다. 부정적적인 말만 하는 사람과 함께 있으면 당신도 영향을 받아 부정적인 사람이 되기 쉽다. 그런 상황에서는 의식적으로 밝은 얼굴로 상대를 대하면서 좋은 이야기와 희망적인 이야기를 하기 위해 노력한다. 그렇게 하면 아무리 부정적인 사람이라도 밝은 얼굴로 대하거나 당신과 함께 있을 때만큼은 좋은 분위기를 유지하게 된다.

2. 자기 자신이 선택한 결정에 대해 후회하거나 비판하지 말자.

사소한 일부터 중대한 사항에 이르기까지 선택하는 순간은 자신의 마음속에서 갈등을 겪게 된다. 혹시 선택한 일이 잘못되지나 않을까 걱정하거나 주저하면서 결정을 내린다. 하지만 모든 결정은 죽는 날까지 마지막 결정은 아니란 사실이다. 결정한 사항들이 잘되지 않아 실패한다 해도 모두는 인생 학습이고 경험이라고 생각하자. 실패의 경험을 통해 자신감이 생겨난다. 자신이 선택한 결정이나 결단을 후회하거나 비판해서는 안 되는 이유이다. 우리는 모든 결정과 결단을 학습의 기회로 삼아 거기에서 배움이나 깨달음을 얻고 자기 성장의 기회로 삼자.

3. 자기에게 가치가 없다고 생각하지 말자.

좋은 기회가 찾아와도 자신에게는 자격이 없거나 가치가 없다고 생각할 때가 있을 것이다. 때로는 자신의 인생을 몹시 힘들어 하면서 '어째서 나에게만 이렇게…'라고 생각되는 일이 있을 것이다. 그럴 때는 한 발 물러나 관찰자 입장에서 생각하자. 당사자가 아닌 관찰자가 되는 것이다. 관찰자 입장에서 자기 자신의 좋은 점만 찾아보도록 하자. 절대로 자기는 가치가 없다고 자학해서는 안 된다.

4. 이미 일어난 과거의 일에는 얽매이지 말자.

너무나 기분이 상해서 객관적인 사고를 할 수 없는 심적인 상태일 때는 자기를 기분 상하게 한 그 사람들을 용서할 수도 없고 잊을 수도 없을 것이다. 그 때문에 행복을 느낄 수도 없다. 금방 그 사람들을 용서할 수 없어도 잊을 수 없어도 괜찮다. 앞으로 나아가는 것만 생각하자. 언젠가 용서할 때가 올 것이다. 먼저 이미 일어난 일에 얽매이지 말고 오늘을 좋은날로 만드는 것만 생각하자.

5. 아직 일어나지 않은 일을 걱정하지 말자.

대부분의 사람들은 미래에 대한 불안을 안고 살아간다. 무슨 준비나 계획을 세우고 있을 때 일어나지도 않은 일을 걱정하여 정신적으로 약해질 때가 있다. 미래에 대해 이것저것 생각하여 불안에 사로잡히는 것을 피하도록 하자. 매일 몇 분 정도만 나쁜 일이 일어났을 때의 일을 생각하고 어떻게 대처할까에 생각할 시간을 할애하면 된다. 그밖에 시간은 걱정거리로 '나중에 해결할 수 있는 일'로서 마음 한구석에 놓아두자.

6. 자신의 행복을 나중으로 미루지 말자.

지금 해야 할 일이 너무 많아서 쉴 틈이 없는 상태가 지속된다고 자기를 희생해서는 안 된다. 항상 예정표에 쉬는 시간과 여가를 즐길 수 있는 시간을 확보해 두고 일하는 시간과 즐기는 시간의 균형을 이루도록 계획해야 한다. 해야 할 일이 많다고 쉬는 시간과 여가를 즐기는 시간을 나중으로 미뤄서는 행복해지지 않는다.

7. 타인에게 상처 주는 일을 두려워하지 말자.

'진심으로 세상을 바꾸고 싶다', '남과는 다른 일을 해 보고 싶다'고 생각하며 결단을 내리려고 할 때 주저하는 경우가 있다. 가족이나 친구가 어떻게 반응할지 혹시나 비판받을지도 모르고 누군가에게 상처 주는 일이 있을지도 모른다. 그럴 때는 '절대로 상처 주지 않겠다고 하는 사람'을 한 사람 정해 놓고 다른 사람은 잊도록 하자. 그 한 사람은 부모도 좋고 배우자, 자신의 자식이나 자신의 가치관에 맞는 상상의 인물이라도 상관없다. 우선은 한 사람이라도 좋으니 소중히 해 놓으면 마음이 한결 가벼워질 것이다.

021. 우리 모두 기쁨과 행복을 만들어 내는 사람이 되어야 한다

　지구가 돌고 돌듯이 세상의 모든 것은 돌고 돈다. 인간의 감정도 마찬가지이다. 자신의 행복은 누군가의 행복이 되고 자신의 기쁨은 누군가의 기쁨이 된다. 누군가의 행복이 나의 행복이 되고 누군가의 기쁨이 나의 기쁨이 된다. 반대로 누군가의 슬픔이 나의 슬픔이 되고 누군가의 불행이 나의 불행이 된다. 나의 슬픔이 누군가의 슬픔이 되고 나의 불행이 누군가의 불행이 된다.

　기쁨과 슬픔, 행복과 불행은 돌고 도는 게 일반적이다. 사람들의 기쁨과 행복 그리고 슬픔과 불행이 서로 엉켜 세상을 만든다. 타인을 이롭게 하는 마음을 가지고 세상을 위해 기쁨과 행복을 추구한다면, 기쁨과 행복도 돌고 돌아 나에게 돌아온다.

　나의 웃는 얼굴은 누군가에게 기쁨을 주고 누군가의 웃는 얼굴을 만들어 낸다. 누군가의 웃는 얼굴은 누군가의 행복을 만들어 낸다. 그 행복은 다시 내게로 돌아온다. 우리 모두 슬픔이나 불행이 아닌 기쁨과 행복을 만들어 내는 사람이 되어야 한다.

세상에는 '아직 반이나 남았어'라고 낙관적으로 생각하며 사는 사람과 '이제 반밖에 안 남았어'라고 비관적으로 생각하며 사는 사람이 있다. 낙관적인 사고를 가지고 사는 사람은 대부분 건강하며 어려운 상황에 직면해도 굴하지 않고 잘 극복한다. 낙관적인 사고를 가지고 사는 사람은 통계적으로 건강하게 오래 살며 암에 걸린 환자도 생존율이 높다고 한다. 병이 들거나 사고를 당해도 절망하지 않고 노력하는 경향이 있다.

낙관적인 사고를 가지고 사는 사람은 언뜻 보면 무책임한 사람처럼 보인다. 반면 비관적인 사고를 가지고 사는 사람 중에는 완벽주의자들이 많다. 이런 사람들은 나름대로 계획을 가지고 완벽한 삶을 추구하다가 갑작스런 일을 당하게 되면 금방 절망하게 되고 생각대로 되지 않게 되면 의욕을 상실하거나 비관하기 쉽다. 이 세상은 완벽하게 계획대로 되는 것은 별로 없으며 생각대로 되지도 않는다.

비관적인 사고를 가지고 있는 사람은 완벽주의적인 생각을 버리고 좀 더 삶의 여유를 갖고 자신의 삶을 긍정적으로 받아들이는 사고를 해야 한다. '무슨 일을 당해도 어떻게든 되겠지'라고 낙관적으로 생각한다. 인생에는 우여곡절이 있지만 낙관적인 사고는 무엇보다도 건강의 비결이다. 살다 보면 불운한 날들도 있지만 희망을 가지고 살다 보면 행운을 불러오는 경우도 많다. '어떻게든 되겠지'라는 생각은 무책임한 생각이 아니라 소중한 마음가짐이다.

023. 자기 자신을 아는 것이 행복하게 사는 길이다

　가장 알기 어려운 것은 무엇보다도 자기 자신에 대해서 아는 것이다. 소크라테스는 너 자신을 알라고 했다. 그는 올바르게 아는 것이 올바른 행위로 이어지고 행복을 가져다준다고 했다. 모른다는 자각이 없는 한 사람은 그것에 대하여 알려고 하지 않는다. 자기 자신이 무지하다는 것을 모르면서 아는 것처럼 행동하기 때문이다.

　그런 사람들은 일반적으로 거만해지기 쉽고 교만에 빠지기 쉽다. 그렇게 살다 보면 부끄러움을 당하기 쉽고 위기에 빠지기도 쉽다. 자기 자신을 모르면서 알려고 하지도 않은 사람이 타인을 이해하거나 알려고 할 리가 없다. 사람은 여러 사람과 더불어 살아가는 존재이다. 더불어 살아가는 사람들을 이해하지 못하고 알지도 못하면서 행동하면 신용을 잃기 쉽다.

　더불어 살아가는 사람들을 이해하지 못하면 주변에 좋은 사람들이 모여들지 않는다. 가까이에 있는 사람조차도 떠나가 버린다. 자기 자신을 깊이 안다는 것은 타인을 깊이 아는 것으로 통한다. 타인을 깊이 안다는 것은 사람을 깊이 아는 것으로 통한다. 사람을 깊이 안다는 것은 인생을 깊이 아는 것으로 통한다. 인생을 깊이 안다는 것은 세계를 깊이 아는 것으로 통한다. 세계를 깊이 안다는 것은 더욱 자기 자신을 안다는 것으로 통한다. 사람은 자기 자신을 깊이 알려고 탐구하고 노력해야 한다. 그것이 좋은 인생을 사는 길이고 행복한 인생을 살 수 있는 길이다.

024. 긍정적인 사고는 인생을 편안하고 행복하게 한다

인생은 긍정적인 상황과 부정적인 상황이 수없이 반복된다. 긍정적인 상황이 전개될 때는 기쁘고 마음이 편안하지만, 부정적인 상황에 직면할 때는 마음이 불안하고 초조해진다. 인생에서 언제까지나 좋은 일만 계속되는 경우도 없고 나쁜 일이나 슬픈 일도 영원히 지속되지도 않는다. 좋지 않은 일이나 부정적인 상황에 처하더라도 이 시기가 지나면 반드시 좋은 일이나 긍정적인 상황이 찾아온다고 확신하며 행동한다면 좋지 않은 상황에서도 불안해하거나 초조해할 필요가 없다. 그러기 위해서는 평상시에 어떤 상황에서도 긍정적인 사고를 갖는 마음가짐이 중요하다. 즉, 솔로몬 왕의 '이 또한 지나가리라'란 말을 되새기며 낙관적인 사고로 주어진 상황을 이겨내는 것이 중요하다.

긍정적인 사고를 위해서는 자기 자신을 비롯하여 모든 사람을 바라볼 때 약점이나 단점에만 시선을 주지 말고 강점이나 장점에 시선을 주는 습관을 들여야 한다. 자기 자신의 약점과 잘못을 자책하지 말고 작은 것이라도 스스로 잘한 것에 대해 칭찬을 해 주어야 한다. 잘못한 것에 대해서는 앞으로 어떻게 할까를 생각하고 타인에 대해서도 가능한 한 장점을 찾아 칭찬을 해 주는 습관을 들여야 한다.

긍정적인 사고를 갖기 위해서는 방에만 틀어박혀 멍해 있는 것보다 밖으로 나가 돌아다니며 생각을 정리해 본다. 아직 일어나지도 않은 일을 걱정하며 불안에 떨지 말고 지금 가능한 일을 찾아 하면 된다.

일을 무리하게 하는 것보다는 주위의 시선에 신경 쓰지 말고 재충전을 위해 충분히 쉰다. 혼자 생각해도 문제가 해결되지 않는다면 주위 사람들과 상의하여 해결책을 찾는 것도 좋다. 혼자서 계속 고민하는 것보다는 모든 걸 잊어버릴 정도로 다른 일에 몰두한다. 아무리 긍정적으로 생각하려고 해도 안 될 때는 더 이상 고민하지 않고 잠을 푹 자도록 한다. 긍정적인 사고는 인생을 편안하고 행복하게 한다.

025. 행복이란 무엇일까?

　세계의 위인들이 공통적으로 말하기를 사람은 행복해지기 위해 산다고 했다. 여기서 행복이란 무엇일까? 사람마다 삶의 방식이 다르고 생각이 다르기 때문에 행복의 기준 또한 다르다. 하지만 행복은 자기만족과는 다르다. 만족한다고 해서 행복해지는 건 아니기 때문이다. 만족은 행복의 조건 중에 하나일 뿐이다. 그렇다면 행복이란 무엇일까? 행복이란 나답게 있을 수 있는 것을 말한다. 또한 행복이란 나만이 아닌 타인의 행복도 바라는 것이다.

　행복이란 한마디로 누군가에게 도움이 되는 것을 말한다. 행복은 나보다 누군가를 생각하는 것이며 소중한 사람이 옆에 있는 것이다. 또한 행복은 진심으로 웃을 수 있는 것이며 몸과 마음도 건강한 것이다. 행복은 날마다 같은 일을 할 수 있는 것이며 내일이 온다는 것이다. 행복이란 감사할 수 있는 것이고 언제든 만족하다고 느낄 수 있는 것을 말한다.

　여기서 행복에 관한 명언 몇 가지를 제시한다.

　행복을 두 손 안에 꽉 잡고 있을 때는 그 행복이 항상 작아 보이지만, 그것을 풀어준 후에는 비로소 그 행복이 얼마나 크고 귀중했는지 알 수 있다. - 막심 고리끼

　행복은 현재와 관련되어 있다. 목적지에 닿아야 행복해지는 것이 아니라 여행하는 과정에서 행복을 느끼기 때문이다. - 앤드류 매튜스

　계속되는 불행은 없다. 가만히 견디고 참든지 용기를 내어 내쫓아버리든지 이 둘 중의 한 가지 방법을 택해야 한다. - 로맹 롤

026. 긍정적으로 살면 보람되고 행복하게 살 수 있다

사람의 생각과 바라보는 시선은 어떻게 생각하느냐와 어떤 각도로 바라보느냐에 따라 그 결과는 크게 달라진다. 사람의 생각과 바라보는 시선은 그 사람의 생활 습관이기도 하다.

세상을 항상 부정적으로 생각하며 사는 사람의 시선은 좋은 점을 보려고 하지 않고 안 좋은 점만 보려고 한다. 이런 경향은 항상 현실에 대해 비판적이며 미래를 바라보는 시각도 비관적이다. 미래를 비관적으로 바라보고 있기 때문에 안정을 추구하려고 하거나 희망을 보려고 하지 않는다. 모든 일에 대해 보수적이 되기 쉽고 무언가 새로운 일에 도전하려고 하지를 않는다. 인생에서 앞으로 나아가지 못하면 더 이상 발전과 성장은 없다.

이 세상에는 긍정적인 면과 부정적인 면이 항상 공존한다. 어느 쪽을 선택하여 살아가느냐는 자기 몫이며 자기의 역량에 달려 있다. 긍정적인 면을 선택한 사람들에 의해 인류 문명의 역사는 발전해 왔다. 항상 부정적인 면보다 긍정적인 면을 보고 부정적인 부분을 긍정적인 부분으로 바꾸어 가도록 노력하는 사람에게 성공이라는 보수가 따라온다. 스스로가 부정적인 면만을 보는 습관을 가지고 있다고 생각한다면 의식적으로 긍정적인 면을 보려고 하는 노력을 해야 한다. 다른 사람에 대해서도 약점을 보는 것보다 좋은 점을 찾고 그 좋은 점에 대해 칭찬을 해 주는 습관을 들이도록 해야 한다.

부정적인 면이 많고 긍정적인 면이 적은 상황이라 해도 조금이라도 가능성이 있다면 그것은 한 톨의 밀알로 희망의 씨앗이 된다.

그 작은 희망의 씨앗을 살려 일을 성공시킨다면 인생의 큰 보람을 느낄 수 있다. 그것이 인생을 살아가는 보람이며 가치이다. 앞으로는 '무엇이 좋지 않은가?'가 아니라 '무엇이 좋은가?'에 의식을 모아 행동한다. '무엇이 좋지 않은가?'의 물음은 이것저것 흠 잡는 빌미가 되어 스스로 그곳에서 본래 가지고 있는 힘까지도 빼앗아 버린다. '무엇이 좋은가?' 또는 '무엇을 하는 것이 최선인가?' 이런 긍정적인 물음에 대한 답은 스스로가 취하는 행동에 힘을 실어 줄 것이다.

세상의 긍정적인 면을 보면서 좋은 일을 선택하여 희망을 가지고 밝은 미래를 만들어 가도록 하자. 그리하여 보람되고 행복한 인생을 살자.

027. 덕이 있는 사람은 외롭지 않는 인생을 살 수 있다

옛말에 '덕이 있는 사람은 길지를 만난다'는 말이 있다. 덕을 쌓은 사람이 명당을 얻을 수 있다는 뜻으로 그만큼 덕을 갖추고 산다는 것은 중요하다. 덕이 있는 사람이란 선행을 쌓은 사람을 말한다. 덕이 있는 사람은 어느 한순간에 되는 것은 아니다. 항상 변함없이 자기의 손득을 따지지 않고 사람들에게 도움이 되는 일을 묵묵히 행하는 사람이다. 그래서 덕이 있는 사람은 존경받고 주위에 많은 사람이 모여든다. 권력을 가진 사람 주위에도 사람이 모여들지만, 그 사람이 권력을 잃게 되면 모여들었던 사람들도 어디론가 떠나 버린다. 돈이 많은 부자에게도 사람은 모여들지만, 재산이 없어지면 마찬가지로 그 사람들은 흩어져 버린다. 그 사람을 존경하고 따르기 위해서 모여든 게 아니고 권력과 돈을 보고 모여든 사람들이기 때문이다.

그러나 덕이 있는 사람은 그 사람을 존경하고 따르는 사람들이기 때문에 항상 함께 할 수 있다. 이처럼 덕이 있는 사람은 외롭지 않은 인생을 살 수 있다. 따라서 덕이 있는 사람이 되기 위한 스스로의 노력이 필요하다.

덕을 쌓기 위해서는 아주 작은 일부터 습관화하는 게 중요하다. 예를 들어 먼저 가까이 있는 사람들에게 인사를 하거나 노약자에게 자리를 양보한다. 길바닥에 떨어져 있는 쓰레기를 줍는다. 주위의 모든 사람들에게 항상 감사한다. 그러한 나날들의 일이 쌓여서 덕이 있는 사람이 만들어지는 법이다.

028. 작은 승리와 행복이 더 큰 승리와 행복을 얻는 원동력이 된다

행복이란 무언가 큰일을 해내고 크게 성공해야만 얻어지는 것은 아니다. 하지만 대부분의 사람들은 크게 이루거나 승리하지 않으면 성공이라고 생각하지 않을뿐더러 만족하지도 못한다.

인생이란 순간순간의 이어짐이다. 일상생활 속에서 작은 승리의 이어짐이 인생의 큰 승리가 된다. 정상에 도달하기 위해서는 크고 작은 고개를 넘어야만 한다. 크고 작은 고개 하나하나가 작은 승리이다. 사람은 작은 승리에도 행복을 느낄 수 있어야 한다. 일상생활 속에서 얻어지는 작은 승리에도 조용히 박수를 보낼 줄 알아야 한다. 사람이 꿈을 가지고 목표를 세워 그 목표를 향해 노력하며 살아가는 것은 중요하다. 하지만 목표를 달성하고 꿈을 이루었을 때만이 승리이고 성공이라고 생각해서는 안 된다.

사람은 목표를 달성하고 꿈을 이루기까지는 수많은 고난과 역경을 스스로 극복해야 한다. 인생은 꿈을 이루어 가는 과정이므로 그 과정에서 행복을 느끼지 못한다면 정작 꿈을 이루고 나서는 오히려 행복보다는 불행과 허무함을 느끼게 될 것이다. 즉, 사람은 고난과 역경을 극복할 때마다 승리의 희열을 맛보고 행복을 느끼게 된다.

사람들은 대부분 괴롭거나 힘들 때일수록 큰 승리가 없으면 기뻐할 수 없다고 생각한다. 그런 때일수록 내가 오늘 할 수 있었던 것, 오늘 했던 것, 그것이 아무리 작은 것이라도 무엇인가 달성하고 완성했다면 그 작은 승리에 대해서 칭찬해 준다. 그래야 행복을 느끼거나 맛볼 수 있다.

사람은 누구나 본능적 욕망이 잠재되어 있다. 그 본능적 욕망은 감정으로 나타나며 대부분의 사람들은 그 감정을 이성으로 절제하며 살아간다.

감정에는 좋은 감정과 좋지 않은 감정이 있다. 기쁨은 자기가 바라는 게 이루어졌을 때 느끼는 좋은 감정이고, 분노는 자기의 바람과 상반되었을 때 생기는 좋지 않은 감정이다. 슬픔 또한 자기의 소중한 것을 잃었을 때 생겨나는 좋지 않은 감정이고, 즐거움은 자기의 욕구가 채워졌을 때 느끼는 좋은 감정이다. 질투는 자기보다 다른 사람이 우월하다고 생각될 때 일어나는 좋지 않은 감정이고, 고민과 불안 역시 자기가 하는 일이나 하고자 하는 일이 잘 되지 않을 때 느끼는 좋지 않은 감정이다.

사람은 세상을 살아가며 이성으로 감정을 적절히 절제하지 못하면 좋지 않은 상황을 만들게 되어 불행한 삶을 살게 된다. 사람이기 때문에 각자 자신의 감정을 완전히 컨트롤할 수는 없지만 때에 따라서 적절히 대응하면 불행을 초래하지 않고 현명하게 인생을 살아갈 수 있다.

행복하려면 좋지 않은 감정은 좋은 감정으로 바꾸어야 한다. 분노, 슬픔, 질투, 무시, 고민과 불안 등 좋지 않은 감정이 생길 때는 감정의 모드를 긍정적으로 바꾸는 노력을 해야 한다. 예컨대 화가 날 때는 화를 내는 것보다 조용히 그곳을 떠나 마음을 진정시킨다. 질투심이 일어날 때는 질투만 할 것이 아니라 자기보다 나은 점을 찾아 모방해 본다.

남을 부러워할 필요도 없다. 자신의 기량을 닦으면 된다. 후회할 필요도 없다. 후회보다는 반성을 해 본다. 후회는 과거에 머무르는 것이고 반성은 미래를 만들어 가기 위한 초석이 되기 때문이다.

　어떤 일을 할 때는 적당히 하는 것보다 온 정성과 최선을 다해서 해야 한다. 그저 그렇게 흘러간다고 생각하기보다 의식하며 긍정적으로 일한다. 변명이나 핑계를 대기보다 먼저 움직이고 행동한다. 어떤 일을 기대하기보다 함께 노력해 본다. 고민하기보다 가까운 사람과 상담한다. 무리하여 건강을 해치기보다 차라리 체념해서 건강을 챙겨야 한다. 불안해하는 것보다 자신을 믿고 행동한다. 이와 같이 긍정적인 삶의 태도로 바꿀 수 있는 감정부터 바꾸어 가면 좀 더 편안한 인생을 살 수 있을 것이다. 그리하면 행복은 저절로 따라오고 행운의 여신은 미소를 지어 줄 것이다.

030. 마음이 안정되고 여유로운 사람은 행운을 잡을 수 있다

인생을 살아가면서 누구에게나 행운은 찾아온다. 그 행운을 붙잡는 사람과 놓치는 사람이 있을 뿐이다. 평소에 마음이 안정되고 여유로운 사람은 작은 기회라도 금방 알아차리고 그 기회를 놓치지 않는다. 하지만 기회가 찾아와도 기회인 줄도 모르고 지나치는 사람은 항상 인생을 자기 능력의 최저로 살아가는 사람이다. 그런 사람은 마음이 불안정하고 여유가 없으며 시간과 무언가에 쫓기며 살아간다. 기회라고 생각되어도 그 기회를 잡을 수 있는 여유도 없고 행운이 들어갈 틈도 없다.

마음의 여유가 있는 사람은 주위를 잘 살필 줄 알고 누군가에 대해서도 겸손하며 배려심이 많다. 반면 마음의 여유가 없는 사람은 자기 자신의 일만으로도 감당이 어려워 주위를 살필 여력이 없고 항상 안절부절못하며 초조해한다. 타인에 대한 배려를 할 여유가 없다. 마음의 여유가 있는 사람은 항상 밝고 웃는 표정으로 사람을 대한다. 반면, 마음의 여유가 없는 사람은 항상 초조한 표정으로 자주 짜증을 내거나 화를 낸다.

마음의 여유가 있는 사람은 항상 긍정적인 사고를 한다. 남을 비난하거나 헐뜯지도 않는다. 마음의 여유가 없는 사람은 항상 부정적인 사고를 한다. 일이 잘못되면 남의 탓으로 돌리고 비난하고 험담을 하기에 바쁘다. 오래전의 일이긴 하지만 천주교에서 벌였던 '내 탓이오' 운동을 생각해 보자. 잘잘못을 떠나서 남을 탓하기 전에 자신을 돌아보고 반성하는 삶을 살다 보면 일의 책임이 자신에게도 있다는 것을 알 수 있다. 이 운동은 인생의 궁극적 목표인 자

아실현을 하는 데 도움이 되었다

마음의 여유가 있는 사람은 끊임없이 새로운 일에 도전한다. 이같은 사람은 실패를 두려워하지 않는다. 설령 실패한다고 해도 당황하지 않고 그 실패를 인생의 경험으로 즐길 줄 안다. 반면 마음의 여유가 없는 사람은 미래를 불안해하므로 앞으로 나아갈 수가 없다. 어떻게든 현실에 안주하려 하고 새로운 일에 도전할 생각을 하지 못한다.

인생을 행복하게 살아가기 위해서는 항상 여유롭고 안정된 마음을 갖는 것이 무엇보다 중요하다. 행운은 마음이 안정되고 여유 있는 사람에게 찾아오기 마련이기에 그렇다.

031. 운이 좋은 사람은 사고 자체가 긍정적이다

성공한 사람들의 이야기를 들어보면 대부분 스스로의 능력과 노력보다는 운이 좋았다고 이야기한다. 운이 좋은 사람은 스스로 운이 좋다고 생각하는 사람이다. 파나소닉의 창업자 마쓰시타 고노스케는 누군가가 성공의 비결이 무엇이냐고 묻자 대답하기를 본인은 운이 좋아 신으로부터 세 개의 선물을 받았다고 했다.

첫 번째 선물이 가난이다. 가난했기 때문에 먹고 살기 위해 열심히 일할 수밖에 없었다고 했다. 두 번째 선물은 병약한 몸이다. 어렸을 때 몸이 약해 자주 아파서 평생 동안 건강에 유의하고 살았기 때문에 오래 살면서 일을 할 수 있었다고 했다(그는 95세까지 살았다). 세 번째 선물은 학교 교육을 받지 못한 점이다. 가정 형편상 초등학교밖에 다니지 못해서 본인 이외의 모든 사람을 스승으로 생각하고 배울 점을 찾아 배웠다고 했다.

보통 사람들은 그가 말한 세 가지 선물은 행운의 선물이 아니라 불행의 조건이라고 생각할 것이다. 하지만 성공한 사람은 약점을 강점으로 바꾸고 부정적인 것을 긍정적으로 바꿀 수 있는 힘과 용기를 갖고 있다. 운이 좋은 사람이란 사고 자체가 긍정적이다. 그런 사람에게 운은 저절로 따라오게 마련이다.

현재 나에게 주어진 모든 것은 행운이라 생각해야 한다. 지금 있는 것에 감사하면서 긍정적인 사고로 살다 보면 운은 내 인생의 최대의 협력자가 되어 행복하고 성공한 인생을 보장해 줄 것이다.

Part 2

건강한 인생을 위한
삶의 지혜

032. 자기의 잘못을 지적해 주는 사람이 곁에 있다면 행운이다

사람은 누구나 좋은 말이나 칭찬을 들으면 기분이 좋지만, 나쁜 말이나 잘못을 지적받으면 기분이 좋을 리가 없다. 하지만 대부분의 사람은 잘못을 지적받으면 처음에는 기분이 나쁘지만, 혼자가 되어 자기 자신을 되돌아보면 자기의 잘못을 깨닫게 된다. 자기의 잘못을 알게 되면 반성하게 되고 개선을 하게 된다. 그래서 자기의 잘못을 지적해 준 사람에게 오히려 고마움을 느낀다.

잘못을 알면서 잘못을 저지르는 사람은 그다지 많지 않다. 대부분의 사람은 잘못이라고 자각하지 못하고 행동한다. 누군가가 그런 잘못을 지적해 주지 않으면 언제까지나 잘못은 습관처럼 반복된다. 그런 사람은 인생의 발전도 없을 뿐만 아니라 성장하지도 못한다.

옛 왕들의 역사 기록을 보아도 이를 알 수 있다. 항상 임금이 듣기 좋은 말만 하는 간신들이 있는가 하면, 목숨을 내어놓고 임금의 잘못을 지적하는 충신들이 있었다. 간신들의 말만 듣고 충신들의 충언을 듣지 않은 왕들은 결국 파멸하게 된다. 현명한 군주나 성군으로 역사에 이름을 남긴 왕들은 귀에는 거슬리지만, 충언을 하는 충신들을 소중히 하였다. 요즘 시대에는 잘못을 해도 잘못을 지적하거나 꾸짖어 주는 사람이 거의 없다. 만약 어른이라고 하여 젊은이의 잘못을 지적하거나 꾸짖으면 오히려 봉변을 당하는 경우가 많다. 참으로 안타까운 일이 아닐 수 없다.

성장하고 발전하는 인생을 살기 위해 자기의 잘못을 지적하거나 꾸짖어 주는 사람이 내 가까이에 있다면 이것은 행운이다. 절대 멀리하거나 싫어해서는 안 되는 소중한 사람이다. 왜냐하면 진심으로 꾸짖어 주는 사람은 진실한 사랑이 담겨 있기 때문이다.

아무래도 괜찮다고 생각하고 있다면 꾸짖을 필요가 없을 것이다. 귀에 거슬리는 말을 들으면 잘못된 행동을 고치고 잘못된 길을 바로잡는 사람은 누구보다도 잘 성장해 간다. 잘못을 저질렀는데 아무도 꾸짖어 주지 않는다면 이것은 불행이다. 오히려 꾸지람을 당하는 것이 행복이다. 자기를 진심으로 아껴 주고 사랑해 주는 사람이 곁에 있음에 감사하는 삶을 살자. 이는 인생에서 행운이고 행복을 보장해 준다.

033. 좋지 않은 기억들을 지워라

우리는 살아가면서 머릿속에 너무 많은 것을 기억하며 산다. 기억이 많을수록 생각도 많아진다. 사람은 하루에 오만 가지 생각을 하며 산다고 한다. 하지만 거의 대부분이 불필요한 생각이라고 한다. 생각하며 사는 것은 매우 유용하다. 하지만 쓸데없는 생각을 너무 많이 하며 사는 것은 건강에 좋지 않을 뿐더러 삶의 질도 떨어뜨린다.

때로는 기억 속을 정리할 필요가 있다. 아름다운 추억은 죽을 때까지 기억하고 싶지만, 좋지 않은 기억은 빨리 잊어버리는 것이 좋다. 좋지 않은 기억들을 오래도록 기억하며 사는 것은 건강에 좋지 않기 때문이다. 나쁜 기억을 잊는 것만이 건강한 인생을 살 수 있게 하므로 좋지 않은 기억들을 잊기 위해 노력해야 한다.

안 좋은 일이 있다면 잊어버리자. 언제까지 마음속에 묻어둘 것인가? 기억하지 말고 확 잊어버리자. 안 좋은 기억들은 과감히 지워버려야 건강한 삶을 살 수 있다. 중요한 것은 과거에 무슨 일이 있었는가가 아니고 지금부터 어떻게 해야 할지가 중요하다. 깨끗이 지우고 잊어버림으로써 여유로운 마음으로 미래를 향하여 나아가자. 좋지 않은 기억들은 잊음으로써 건강하고 행복한 인생을 살 수 있다,

034. 가끔 피곤을 해소하고 마음을 리셋하라

　사람은 피곤한데도 무리하게 일을 해서는 안 된다. 무리해서 일하게 되면 몸에 무리가 가게 되어 건강을 해칠 수도 있으며 일의 성과도 오르지 않는다. 대부분의 사람들은 단기적으로 일을 서둘러 빠른 결과를 바라고 무리를 하는 경우가 많다. 하지만 무리를 하게 되면 반드시 어딘가가 왜곡되게 되어 있다. 무리해서 목적을 달성했다 하더라도 그 이후에 후유증이 나타나는 경우가 많다.

　인생의 여정은 짧지 않는데도 서둘러 가다가 오래가지 못하는 경우가 있다. 긴 안목에서 보면 무리를 하지 않고 사는 게 현명하다. 그러니 조금 피곤해지면 건강을 위해 쉬어야 한다. 그 일터에서 잠시 떠나 리프레시(refresh)를 한 다음 다시 일을 시작하면 된다. 특별한 여가를 즐기지 않아도 된다. 단순히 아무것도 하지 않고 멍한 시간을 가져 보는 것도 도움이 된다. 아무것도 생각하지 않고 멍할 수 있으면 마음이 무(無)가 되어 리셋된다. 무엇인가를 하는 것이 아니고 아무것도 하지 않는 것이 마음을 치유하는 뜻 깊은 시간이 된다.

　일반적으로 무(無) 속에 '무한'이 깃들여져 있다. 언제나 무언가를 열심히 하고 있다면 가끔은 멍한 시간을 가짐으로써 육체적 피곤을 해소하고 마음을 리셋하는 게 인생을 살아가는 데 큰 도움이 된다. 이것은 건강하고 행복한 인생을 살아가기 위한 현명한 방법이다.

035. 억지로 좋은 사람이 되는 것보다 강한 사람으로 인정받아라

평소 주위로부터 좋은 사람이라고 평판을 받은 사람은 늘 좋은 사람으로 살아가야 하는 부담을 안고 살아간다. 스위스의 정신과 의사였던 칼 구스타프 융은 사람은 자기라는 가면을 쓰고 평생 연기를 하며 살아간다고 했다. 사람은 개인의 본능대로 행동하고 표현하는 것이 아니라 상황에 따라 연기하듯 적절한 행동이나 태도를 취한다는 뜻이다.

주위로부터 좋은 사람으로 인식되어 있는 사람은 자신의 감정 상태와 상관없이 항상 좋은 사람의 이미지를 유지하기 위해 무리하게 연기를 하며 살아간다. 주변 사람들에게는 좋은 영향을 주겠지만 정작 본인은 자신도 모르게 스트레스를 받는다. 좋지 않은 감정이 들 때 감정을 잘 조절하여 좋은 감정으로 전환하면 자연스럽게 미소가 흘러나오고 주위 사람들에게 밝은 웃음을 선사할 수 있게 된다. 하지만 상대에 대한 좋지 않은 감정이 그대로인데 무리하게 웃으며 연기를 하는 것은 문제 해결에 아무런 도움이 되지 않는다. 자신을 위해 무리한 연기는 하지 말아야 한다. 즉, 자신은 드라마의 주인공이 되어 연기해야 하지 조연이 되어 연기해서는 안 된다는 것이다.

일이 잘 안 되거나 감정이 상해 있을 때는 무리하게 웃지 않아도 된다. 일부러 좋은 사람으로 보이기 위해 아무것이든 받아들이려고 하지 않아도 된다. 빛이 있기 때문에 어둠이 있듯이 누구에게나 생각처럼 잘 안 되는 일이 있는 법이다. 비록 거절당하거나 상처받는 일이 있더라도 결코 주저앉지 말고 포기해서도 안 된다. 무리해서 좋은 사람으로 남기보다는 오히려 강한 사람이 되어야 한다. 더욱 강해져서 주위로부터 강한 사람으로 인정받는 사람이 되는 것이 인생에 도움이 된다. 강한 사람으로 사는 것이야말로 건강하고 활기찬 인생을 살 수 있을 것이다.

036. 웃음은 인생에 활력을 주는 영양제이자 행복을 불러오는 마술사다

우리는 행복해서 웃는 것이 아니라 웃으면 행복한 기분이 들어서 웃는다. 매일 웃는 얼굴로 사람을 대하며 생활해야 한다. 웃음을 잃지 않으면 나와 주변 사람이 행복해지므로 웃는 얼굴로 생활해야 한다.

사람은 누군가의 웃는 얼굴을 보면 즐거워진다. 즐겁게 웃는 얼굴은 사람을 행복하게 만든다. 웃음은 인생의 활력소이자 영양제이다. 웃음은 행복을 불러오는 마술사다. 웃음은 나를 위해 누군가를 위해 없어서는 안 될 인생의 소중한 동반자다.

웃음은 행복이다. 웃으면 건강해진다. 건강한 몸과 정신을 위해 많이 웃으며 살자.

웃음과 관련된 시 한 편을 소개한다.

웃자
삶의 활력소가 된다
감미로운 음악처럼 샘솟는 엔도르핀
꽃보다 아름다운 게 사람
설레는 봄날의 흔들리는 아지랑이
한두 발자국 내딛노라면
뒤를 보며 걷지는 말자.

요즘 일본에서는 단샤리(斷捨離)가 유행이다. 단샤리의 '단(斷)'은 들어오는 불필요한 물건을 차단하고, '사(捨)'는 집에 있는 오랫동안 쓰지 않는 불필요한 것들을 버린다는 것이고, '리(離)'는 물건에 대한 집착으로 부터 멀어진다는 뜻이다. 이를테면 불필요한 것을 끊거나 버리고 물건에 대한 집착으로부터 멀어진다는 말이다. 이렇게 함으로써 자기의 어깨를 무겁게 하고 있는 짐을 벗어버리고 해방되어 몸이 가벼워져서 쾌적한 생활과 인생을 손에 넣는 것이 목적이라 할 수 있다.

이 단샤리는 정리, 정돈과는 차원이 다르다. 현대를 사는 사람들은 물건 속에 파묻혀 산다고 해도 과언이 아니다. 오랫동안 가정을 이루고 살다 보면 어느덧 집 전체가 물건으로 넘쳐난다. 집이 좁다고 넓은 곳으로 이사하면 처음에는 쾌적한 공간을 즐길 수 있지만 그것도 잠시 동안이다. 시간이 지남에 따라 점점 집안은 물건으로 가득 채워져 간다.

그런데 그 많은 물건들이 모두 꼭 필요한 물건들은 아니다. 선물로 받은 물건이니 버릴 수 없어 보관하는 물건, 아직 쓸 수 있으니까 버릴 수 없는 물건, 추억이 깃들어 있으니 버릴 수 없는 물건, 버리기에는 아까워 버리지 못하는 물건… 대부분 거의 사용하지 않는 물건이지만 여러 가지 이유로 인해 버리지 못하고 집에 쌓아두고 있을 뿐이다.

지금 당장 없어서는 안 될 물건만 제외하고 필요 없는 것들은 과감히 버리도록 하자. 버리면 쾌적한 공간을 확보할 수 있으며 기분이 밝아진다. 집안에 불필요한 것을 과감히 버리면 기분이 상쾌해진다. 이와 마찬가지로 마음속에 담아두었던 불필요한 생각도 과감히 버리면 마음이 가벼워진다. 심호흡을 하면서 하나씩 하나씩 버리도록 하자. 버림으로써 기분을 상쾌히 하여 밝고 건강한 인생을 살도록 하자.

038. 항상 웃는 얼굴로 사는 사람은 세상에서 가장 행복한 사람이다

'웃으면 복이 온다'거나 '웃으면 행복해진다'는 말도 있다. 또한 '웃을 일이 없어도 웃다 보면 웃을 일이 생긴다'는 말도 있다. 웃을 일이 없으면 가끔 혼자서 거울을 보고 스스로 재미있는 표정을 지으면서 웃어 본다. 자주 소리를 내어 웃지는 못하더라도 항상 웃는 얼굴을 의식하며 생활하다 보면 웃는 얼굴이 자연스러워진다. 살다 보면 고달프고 힘든 일이 많다. 자신도 모르게 얼굴에 주름을 만들고 짜증난 얼굴이 되어 있을 것이다. 화난 얼굴이나 무표정으로 있게 된다.

그런 자신을 깨닫는 순간 곧바로 웃는 얼굴로 바꾸어 본다. '웃는 얼굴에 침 못 뱉는다'는 속담도 있다. 이는 다소 실수를 하더라도 항상 웃는 얼굴의 사람은 너그럽게 용서해 줄 수도 있다는 뜻이다. 언제나 웃는 얼굴로 있기 위해서는 마음이 여유로워야 한다. 마음이 여유로운 사람은 모든 일에 긍정적이며 적극적인 자세로 일관한다. 여유로운 마음을 갖기 위해서는 먼저 긍정적인 사고를 해야 한다. 어떤 문제가 생겨도 너무 심각하게 받아들이거나 끙끙대지 말고 과거의 웃을 수 있었던 좋은 추억만을 떠올리며 담담하게 대처한다.

하찮은 일로도 웃을 수 있는 친구를 만드는 것도 중요하다. 친구의 기쁨이나 슬픔도 자기의 일처럼 기뻐하거나 슬퍼해 주기 때문이다. 어떤 즐거운 일을 기다리는 게 아니고 스스로 찾아서 발견하고 만들도록 하자. 웃는 얼굴로 있는 사람은 많은 사람들에게 호감을 주고 좋은 일이 많이 일어난다.

039. 건강하고 행복하게 살기 위해서는 웃고 사는 게 최선이다

　세상을 살아가며 항상 웃는 얼굴로 살아간다는 것은 거의 불가능하다. 통계에 의하면 사람은 아기 때는 하루에 350 내지 400번 정도를 웃지만 어른이 되면 하루 10번 정도밖에 웃지 않는다고 한다. 나이가 들수록 감동의 횟수도 줄어들고 웃을 일이 적어져서 그럴까? 하지만 건강하고 행복한 인생을 살기 위해서는 의식적으로라도 웃고 살아야 한다.

　아기가 어른보다 면역력이 강하다는 것은 잘 알려져 있는 사실이다. 아기는 어른보다 체온이 평균 1도 정도 높다. 웃음은 면역력을 높여 준다. 사람이 웃을 때 체온이 1도 올라간다고 한다. 체온이 1도 올라가면 면역력이 30 퍼센트가 증가한다. 우리 몸에는 중요한 면역세포로 NK(Natural Killer)세포와 B세포가 있는데 웃게 되면 이들 면역세포들이 활성화된다고 한다. 또한 웃음은 뇌의 활동을 활성화시켜 기억력을 증진시키고 치매를 예방하기도 한다.

　실제로 웃음으로 병을 치료하는 의사도 있다. 이처럼 웃음의 힘은 이루 말할 수 없이 크다. 사람은 웃을 때 행복을 느낀다. 건강하고 행복하게 살기 위해서는 웃고 사는 게 최선이다. 항상 웃으며 사는 습관을 갖도록 하자.

040. 마음의 여유로움은 모든 일에 감사하는 마음으로부터 생긴다

행복은 마음의 여유에서 생긴다. 이 마음의 여유는 어디에서 생길까? 일반적으로 정신적 풍요보다는 물질적으로 풍요로워야 마음의 여유가 생긴다고 생각하는 사람이 의외로 많다. 틀린 말은 아니지만 물질적으로 풍요로워도 여유로움이 없는 사람이 의외로 많다. 물질적으로 풍요롭다고 해서 반드시 마음이 여유로운 것은 아니기 때문이다. 진정한 여유로움은 물질적 풍요로움이 아니라 마음의 풍요로움에서 생긴다. 그렇다면 마음의 여유로움은 어디에서 생길까? 그것은 모든 일에 감사하는 마음으로부터 생긴다.

여유가 없는 사람은 '감사하다'와 '당연하다'를 착각한다. 우리는 대부분 이미 가지고 있는 것에 대해서는 '당연하다'고 여긴다. 이 세상에는 팔이 없는 사람도 있고 다리가 없는 사람도 있다. 앞을 못 보는 사람도 있고 다리가 있어도 걸을 수 없는 사람도 있다. 입이 있어도 먹을 수 없는 사람도 있고 눈이 있어도 보지 못하는 사람도 있다. 태어날 때부터 버려져 부모 없이 자란 사람도 있고 부모가 있어도 사랑받지 못 하는 사람도 있다.

지금 우리가 가지고 있는 모든 것에 대해 '당연하다'고 생각하는 게 아니라 '감사하다'는 것을 알아야 한다. 그 감사하는 마음에서 마음의 풍요로움이 생기고 여유로움이 생긴다. 타인의 아픔을 배려하지 못하고 친절에 대한 고마움을 모르는 사람은 인간관계로 힘들어하거나 괴로워하는 경우가 많다. 사람은 누구나 직접 체험하고 맛보지 않으면 실감하지 못한다. 괴롭힘을 당해 본 사람이나 타인에게 냉정하게 따돌림을 당해 도움을 받지 못한 경험이 있는 사람은 타인의 도움과 친절에 마음속 깊이 감사할 줄 안다.

독일의 정치가로 재무부장관을 역임한 마티 바텐은 매사에 감사하며 모든 일을 긍정적으로 처리함으로써 국민으로부터 칭송을 받았다. 그가 젊은 시절에 지방 출장을 갔을 때 묵었던 여관에서 구두를 도둑맞은 일이 있었다. 신발 때문에 여관 주인에게 화를 냈고 교회에 가서 하나님까지 원망했다. 그런데 자기 옆에서 눈물을 흘리며 기도하는 두 다리가 없는 장애인을 보고 충격을 받았다. 저 사람은 신발을 잃은 것이 아니라 두 다리를 전부 잃어 버렸으니 신발이 있다고 한들 신을 수 없겠다는 생각이 들었다. '신발이야 몇 푼을 주고 다시 사면 되겠지만 두 발을 살 수 없는 옆 사람은 어떻게 할 수 있을까?'라며 미안한 마음이 들었다.

이 일로 바텐의 인생이 달라지기 시작했다. 그는 자신에게 없는 것에 대해 불평하는 대신 자신에게 있는 것에 대해 감사하는 마음으로 삶을 살기로 했다. 남을 원망하기에 앞서 자신을 먼저 살폈고 모든 일에 적극적이고 긍정적인 삶을 살았다. 결국 그는 훌륭한 정치가가 되었다. 이렇듯 감사하는 마음이 성공적인 삶을 살 수 있게 해 주었음을 알 수 있다.

우리는 바텐처럼 지금 우리가 가지고 있는 것이나 우리에게 주어지는 모든 것이 '당연'의 연속이 아니라 '기적'의 연속이라고 인식해야 한다. 그렇게 인식하면 감사하는 마음은 저절로 우러나온다. 순간순간 우리가 직면하는 일에 불평 대신 감사하는 마음을 갖게 되면 마음이 풍요로워지고 여유로움이 생겨난다. 여유로움이 넘쳐나는 사람은 모든 것에 친절하고 자신감이 넘치는 행복한 사람이다.

041. 말을 많이 하기보다는 남의 말을 듣는 데 집중하라

'침묵은 금이다'라는 격언이 있다. 우리는 예로부터 남자는 과묵해야 한다는 말을 많이 듣고 자랐다. 그런데 자기 자신을 잘 알려야 살아갈 수 있는 요즘 같은 세상에 이러한 격언은 시대에 맞지 않는 말처럼 들린다. 또한 직업에 따라서는 침묵은 오히려 마이너스로 작용한다. 영업을 하는 사람이나 코미디언, 평론가들은 말을 잘해야 좋은 평판을 받고 살아갈 수 있기 때문이다.

하지만 말을 잘하는 것과 말을 많이 하는 것은 커다란 차이가 있다. 말을 잘한다는 것은 설득력이 있고 논리적이라는 의미가 내포되어 있다. 때로는 말을 잘하는 사람이 침묵하기도 한다. 이는 구구절절 말을 하는 것보다 침묵이 설득력이 있고 최고의 답이 될 때가 있음을 알기 때문이다.

말을 많이 하는 사람은 상대방을 설득하는 논리와는 아무런 상관이 없다. 상대방의 입장은 안중에도 없으며 상대방의 이야기는 잘 듣지도 않을 뿐더러 그냥 자기 자신에 도취되어 자기 이야기를 하는 사람이다. 쓸데없이 필요 이상으로 말을 많이 하는 사람이다.

어느 모임이나 직장, 그리고 조직에서 말을 많이 하는 사람은 좋은 평가를 받지 못한다. 이런 사람들은 누군가의 말에 토를 달기도 하고 의미 없는 언쟁을 벌이는 것을 좋아한다. 그러다가 실언을 하여 분위기를 망치는 경우도 더러 있다. 가능한 한 말은 적게 하고 침묵하는 사람은 사려 깊게 생각하는 신중한 사람이어서 왠지 신뢰가 가고 호감이 간다.

사람들은 누구나 남의 말을 듣는 것보다 자기 이야기를 들어주

는 사람을 좋아하기 마련이다. 일반적으로 조직 속에서는 과묵한
사람이 불필요한 말을 많이 하는 사람보다 출세할 가능성이 높다.
현명한 인생을 살아가기 위해서 침묵을 금처럼 활용하며 멋진 인
생을 살자.

042. 인생을 살아가면서 '멈춤'은 커다란 기적이다

'족지불욕 지지불위(足知不辱 止知不危)'라는 말이 있다. '만족할 줄 알면 부끄러움을 당하지 않고 멈출 줄을 알면 위험에 빠지지 않는다'라는 뜻이다. 주어진 현실에 만족하지 못하고 더 많은 것을 얻기 위해 너무 바쁘게 살다 보면 멈출 여유가 없어진다. 그러다가 갑자기 앞에 절벽이 나타나면 멈추지 못하고 그 절벽 아래로 떨어지고 만다. IMF나 리먼쇼크 또는 코로나19와 같은 블랙스완이 출현할 때 낭패를 본다.

사람의 욕심은 끝이 없다. 그 욕심 때문에 서둘러 가기 위해서 달리는 말에 올라타서 너무 빨리 달리다 보면 갑자기 낭떠러지가 나타나도 멈출 수가 없다. 낭떠러지로 떨어지면 생명이 위험할 수도 있고 살아난다고 해도 큰 부상을 당해 누군가의 도움을 받을 수밖에 없다.

인생은 무거운 짐을 지고 먼 여행을 하는 것과 같다. 서두르지 않고 중심을 잡고 주위도 잘 살피면서 천천히 가야 멀리 가고 오래 갈 수 있다. 피곤할 때나 쉬고 싶을 때 가끔 멈춰서 주위를 살펴보는 여유를 갖는 것도 중요하다. 주위 사람들의 소리에 신경 쓰지 말고 천천히 시간을 두고 자기 내면의 소리에 귀를 기울여야 한다. '자신은 어떤 사람이 되고 싶은가? 무엇을 어떻게 하면서 살아야 행복한 인생을 살 수 있을까? 어떻게 살아야 세상을 살아가면서 부끄러움을 당하지 않고, 위험에 처하지 않고 행복하게 살아갈 수 있을까?'

043. 피곤하다고 느끼면 멈춰서 속도 조절을 해야 한다

길을 서둘러 가다 보면 멀리 가지 않아 숨이 찬다. 너무 서둘러 가면 먼 길을 갈 수가 없고 주위를 살펴볼 여유도 없다. 또 어떤 일이든 서두르다 보면 금방 피곤해지고 하기 싫어진다. 일을 서두르다 보면 문제가 생겨 오히려 좋은 결과를 기대하기가 힘들다.

중심을 잡고 천천히 가는 습관을 가져야 한다. 조금 피곤하다고 느끼면 멈춰서 자기 진단을 해 본다. 지금 자신이 하는 일에 속도를 내고 있지는 않는지 잘 살펴본다. 당황하거나 초조해하지도 않고 여유롭게 천천히 속도 조절을 해 본다. 살아가는 속도를 조절하면 마음이 안정된다. 마음이 안정되면 주위를 잘 살필 수가 있고 문제점을 잘 발견할 수도 있다. 천천히 걸으면 주위의 아름다운 풍경이 잘 보이듯이 천천히 나날을 보내다 보면 평상시에 깨달을 수 없었던 무엇인가를 느낄 수가 있다. 그 무엇인가가 미래에 희망을 갖게 하는 살아가는 힘이 된다.

차분히 마음의 소리에 귀를 기울여 보자. 자기의 마음속 깊은 곳에서 희망의 소리가 들려올 것이다. 인생은 당황하거나 초조해하지 않고 중심을 잡고 안정된 마음으로 휴식을 취하며 천천히 가라. 그래야 건강하고 행복한 삶을 살 수 있다.

044. 세상이 어수선할 때는 편하게 기다리는 시간을 갖도록 하자

폭풍우는 지나가기를 기다려야 한다. 폭풍우에 맞서 대항해서는 안 된다. 안전한 곳으로 대피하여 폭풍우가 지나갈 때까지 기다리는 것이 최선의 방책이다.

이 세상에서 영원히 지속되는 것은 없다. 세상에서 생겨난 모든 현상은 언젠가는 소멸한다. 너무 기분이 침울해져서는 안 된다. 마음의 병이 생기기 쉽다. 세상이 어수선할 때는 마음을 편하게 가지고 느긋하게 기다리는 것도 기분을 부드럽게 푸는 요령이다. 분위기가 침울해질 때도 가족이나 다정한 사람들과 스스럼없이 이야기하며 기분을 풀어주면 마음이 한결 가벼워진다.

기다림이 지루하지 않게 나름대로 시간을 보내는 방법을 모색해 보자. 평소에 일이 바빠 시간에 쫓기면서 하지 못했던 일들을 하나씩 해 보자. 추억의 영화를 봐도 좋고 좋아하는 음악을 들어도 좋다. 독서를 해도 좋고 요리를 해도 좋다. 평소에 할 수 없었거나 하지 않았던 일들을 하면서 시간을 보내면 사고가 긍정적으로 바뀌고 마음속에서 용기가 생겨난다.

마음의 여유가 생기면 침울했던 기분이 밝아진다. 마음이 편안하고 여유가 있으면 삶의 의욕이 생기고 여유로운 마음은 삶의 원동력이 된다. 제아무리 세상이 어수선하고 침울해도 주눅 들지 말고 마음을 편하게 먹고 웃으며 살도록 하자.

045. 마음의 여유가 있는 사람이 그릇이 큰 사람이다

살다 보면 '그릇이 큰 사람, 그릇이 작은 사람'이라는 말을 자주 듣는다. 사람은 누구나 큰 그릇의 인간으로 평가받고 싶어 한다. 그렇다면 어떤 사람을 그릇이 큰 사람이라고 할까? '그릇이 크다'를 살펴보면, '상대방의 이야기를 부정하지 않는다', '작은 것에 신경 쓰지 않는다', '어떤 경우에도 냉정히 대응할 수 있다', '감사의 마음을 잊지 않는다', '자신의 잘못을 솔직하게 인정할 줄 안다', '상대의 실수를 용서할 수 있다', '언제나 웃는 얼굴로 주위 사람을 밝게 해 준다' 등, 많은 예를 발견할 수 있다.

어느 정도 이해는 하지만 실제로 자기가 그릇이 큰 인간이 되기 위해 어떻게 하면 되는지 어떤 조건을 갖추어야 하는지 곰곰이 생각해 본다. 대체로 그릇이 큰 사람과 작은 사람은 마음의 여유가 있는지 없는지(마음이 안정되어 있는가 마음이 불안정한가?)에 따라 정해진다고 생각한다.

모든 행동은 마음에서 우러나온다. 순간적으로 자신의 마음을 감추고 일부러 위선적인 행동을 하는 경우도 있겠지만, 그러한 행동은 오래 가지 못하고 주위 사람들이 금방 알아차리게 되는 법이다. 마음으로부터 자연스럽게 우러나오는 행동이 그 사람의 참모습이다.

마음의 여유가 있는 사람은 어떠한 상황에서도 차분하게 대응할 수 있는 사람이다. 마음의 여유가 있으면 자기의 손득을 생각하지 않고 좋은 일이라고 생각하면 얼마든지 행동할 수가 있다. 손해나는 역할을 맡아서 우는 소리 하지 않고 몰두할 수 있게 하면 그릇은 더 커진다. 조금 손해를 보지만 누군가의 도움이 되는 선한 행위는 몇 배나 더 덕을 쌓게 된다. 손해 본 것처럼 보이지만 실제로는 이득을 보게 된다.

마음의 여유가 없는 사람은 그릇이 작은 사람으로 보일 수밖에 없다. 마음의 여유가 없는데 여유로운 행동이 나올 리가 없기 때문이다. 꾸준히 덕을 쌓아 그릇이 큰 사람이 되자. 그릇이 큰 사람이 되기 위해서 마음의 여유를 갖도록 하자.

046. 뇌의 피곤을 풀기 위해 자기중심적인 모든 행동에 OK를 해 보자

사람은 누구나가 살아가면서 피곤함을 느낀다. 이 피곤을 적절하게 잘 풀어줘야 건강하게 힘이 넘치는 즐거운 삶을 살 수 있다. 우리 현대인이 피곤해하는 것은 육체보다는 뇌(정신)라고 생각한다. 충분한 잠을 많이 자도 피곤이 풀리지 않고 휴일을 충분히 쉬면서 보내도 왠지 피곤이 남아 있다. 그래서 월요일마다 육체적, 정신적 피로를 느끼는 증상인 월요병이 생긴다. 즉, 주말에 흐트러진 생체 리듬 때문에 원래의 리듬으로 적응해 가는 과정에서의 신체적인 현상과 주말 동안의 남아 있는 휴식에 대한 미련으로 새롭게 시작해야 한다는 심리적 긴장감이 생겨 스트레스나 우울증이 오는 것을 말한다. 이는 육체의 피곤은 풀렸을지 몰라도 뇌(정신)의 피곤이 풀리지 않았기 때문이다.

잠을 잘 때도 뇌는 어느 정도 활동하고 있다는 사실이 알려져 있다. 뇌는 의식적으로 쉬게 해 주지 않으면 쉬지 않는다고 한다. 하지만 뇌를 의식적으로 쉬게 하기 위해 쉬려고 생각하는 순간 뇌는 움직인다. 뇌를 의식적으로 쉬게 하는 건 쉽지 않다. 어떻게 하면 뇌를 쉬게 할 수 있을까? 많은 사람들이 뇌를 쉬게 하기 위해 행하고 있는 방법이 명상이다. 명상에는 여러 가지 명상법이 있다. 좌선을 하고 하는 명상, 서서 하는 명상, 누워서 하는 명상, 걸으면서 하는 명상, 그밖에도 많은 명상법이 있다. 명상을 하기 위해서는 어느 정도 훈련이 필요하다.

필자도 뇌를 쉬게 하는 방법으로서의 명상을 좋은 방법이라고 생각한다. 하지만 아주 쉽게 뇌를 쉬게 해 주는 방법이 있다. 마음이 내키는 대로 행동해 보는 것이다. 이를테면 조금 자기중심적으로 행동해 보고 자기가 하고 싶은 일을 하고 싶은 만큼 해 본다. 우리 인생에서는 해서는 안 되는 일이 많이 있지만 조금은 좋아하는 일, 기분 좋은 일을 하는 자기 자신에게 OK를 한다. NG는 필요 없으니까.

사람은 살아가면서 사회적 제약이나 주위의 시선, 그리고 자기가 속해 있는 조직의 규정을 의식하면서 살아가기 때문에 자기의 의지와는 무관하게 살아야 하는 경우가 많다. 그런 삶 속에서 사람들은 많은 스트레스를 받으면서 뇌는 피곤에 지치게 된다. 가끔은 자기중심적인 모든 행동에 OK를 해 보자. 그 순간부터 새로운 힘이 솟아날 것이다. 그리고 곧 뇌(정신)의 피곤이 풀리는 것을 느낄 것이다.

047. 쉬고 싶으면 쉬어도 된다

세상을 살아가며 일하는 것도 중요하지만 쉬는 것도 매우 중요하다. 아무리 일을 좋아하는 사람도 쉬지 않고 일을 계속할 수는 없다. 쉬지 않고 돌아가는 기계와 가끔 멈춰 주는 기계의 수명은 어느 쪽이 오래 갈까? 당연히 후자이다. 사람 또한 마찬가지다. 쉬고 싶을 때 쉬지 못하는 사람은 몸(육체적)이나 정신적으로 병이 날 가능성이 높다.

'쉰다'는 것은 자신의 몸과 마음을 지키기 위한 가장 기본적인 행위이며 권리이다. 그렇지만 대부분의 사람들은 쉬고 싶어도 쉬지 못하는 게 현실이다. 주위의 시선이나 체면 그리고 책임감 때문에 쉬고 싶어도 쉬지 못하는 사람들이 많이 있다.

하지만 쉬고 싶어도 쉬지 못하는 사람 중에 우울증이나 적응 장애에 걸린 사람이 얼마나 많은지 아는가? 자신이 일을 쉬게 되면 동료나 주위 사람들에게 폐를 끼치게 된다고 죄책감을 느끼는 사람은 그 사람의 착각일 뿐이다. 자기 자신이 병이 나면 자신뿐만이 아니라 주위 사람들한테도 오히려 폐를 끼친다. 주위의 시선이나 죄책감, 체면, 책임감 따위는 필요 없다. 쉬고 싶을 때는 용기를 내어 쉬면 된다. 재충전을 통해 삶을 즐겁게 살자. 재충전은 휴식 따위를 통해 힘이나 실력을 축적하고 새롭게 함을 일컫는다. 쉬면서 몸과 마음을 재충전하여 항상 건강한 모습으로 인생을 살아가자.

048. 모든 일에 스릴을 느끼며 재미있고 신나는 게임처럼 즐겁게 살자

인생은 재미있는 게임처럼 즐기면서 살아야 행복한 인생을 살 수 있다. 나에게 부닥친 어려운 상황에서도 게임하듯 즐겁게 살기 위해서는 나 자신을 다스릴 줄 알아야 한다. 그러나 자기 자신을 다스린다는 것은 쉬운 일이 아니다. 성냄과 화냄, 사랑과 증오, 기쁨과 슬픔 등 인간의 감정을 감추거나 드러낸다는 것 자체가 자신의 감정만으로는 절제되지 않기 때문이다. 옛 성현이 말하기를 백만 대군을 거느리고 전쟁터에 나가 싸워서 이기는 것보다 단 한 사람 나 자신과 싸워서 이겨야 인생의 승자가 될 수 있다고 했다. 그래서 사람들은 종교에 소속되어 신앙인이 되거나 마음 수행 공부를 한다. 하지만 감정을 가진 사람으로서는 대부분 어려운 일이나 힘든 일을 당하게 되면 짜증을 내거나 화를 낸다. 또 당황해하거나 초조해하며 불안해진다. 즉, 인간은 마음의 여유가 사라져 자신을 다스리기 어려워진다.

그렇다면 어떻게 하면 어려운 환경에 직면해도 그 순간을 잘 극복하면서 게임처럼 인생을 즐길 수가 있을까? 기본적으로 객관적인 시각을 갖는 게 중요하다. 주어진 상황에 매몰되거나 절망하지 않고 한 발 뒤로 물러나 당사자가 아닌 관찰자가 되어 보자. 그렇게 하면 처한 상황을 좀 더 잘 파악할 수 있다. 내가 처한 상황에 최선을 다해 대처한 다음 여유를 갖고 기다린다. 어차피 결과는 크게 달라지지 않는다. 아무리 어려운 상황이라 할지라도 시간이 지나면 결과는 어떤 형태로든 수습되게 마련이다.

인간을 기억의 동물이라 한다. 우리 인간은 수년 전의 일은 잘 기

억하지 못한다. 더욱이 좋지 않은 기억은 빨리 잊어버리는 경향이 있다. 밤잠을 이루지 못할 정도로 고민하고 힘들었던 일도 수년이 지나면 대부분 기억에서 사라진다. 1년 전의 일조차도 기억하기 힘들어진다. 어느 정도 시간이 지나면 결과가 크게 달라지지 않고 일이 해결된다는 사실을 깨닫게 된다면 크게 당황하거나 초조해할 필요가 없다.

삼국지에는 '진인사대천명(盡人事待天命)'이라는 말이 나온다. '인간으로서 해야 할 일을 다 하고 나서 하늘의 명을 기다린다'는 뜻으로 자신이 할 수 있는 일은 최선을 다해 놓고 기다리는 것이다. 내 자신이 당사자가 아닌 관찰자가 되어 밖에서 지켜보며 마음의 여유를 가지고 너그러운 마음으로 살자. 모든 일에 스릴을 느끼며 재미있고 신나는 게임처럼 즐겁게 살아야 행복해진다. 인생은 게임처럼 즐기며 살자. 행복한 인생을 살기 위해 어떤 어렵고 힘든 상황에서도 인생을 즐기며 살자.

049. 떨어져 있으면 외롭고 보고 싶은 사람을 삶의 동반자로 선택하라

떨어져 있어도 보고 싶지는 않지만 만나면 즐거운 사람이 있다. 연인 사이가 아니더라도 마찬가지다. 아주 친한 친구나 연인이 아니더라도 함께 만나서 즐거운 시간을 보낼 수 있다. 그러나 인생은 마냥 즐거운 일만 있는 게 아니다. 어떤 일을 추진하다가 실패하거나 갑작스럽게 어려움을 당하기도 하고, 주위의 사람들에게 미움을 받아 외톨이가 되는 경우도 있다. 이럴 때 외로워지고 보고 싶고 그리워지는 사람이 있다. 인생의 동반자는 항상 함께 있고 싶은 사람이어야 한다. 함께 있으면 마음이 편안해지고 위로가 되는 그런 사람, 무슨 일이 있어도 그 사람과 함께라면 괜찮을 것 같은 그런 사람……

우리는 인생을 살아가면서 누구나 동반자를 필요로 한다. 그 동반자가 꼭 결혼 상대나 연인이 아니더라도 아주 오래도록 인생을 함께 살아가는 동반자가 있다면 외롭지 않고 행복한 삶을 살 수 있을 것이다. 그런 동반자를 선택할 때는 반드시 떨어져 있으면 외롭고 보고 싶어지는 그런 사람을 선택해야 한다.

생로병사, 인간이 태어나서 늙고 병들어 죽는 것은 자연의 당연한 이치다. 하지만 우리 인간은 그 이치를 쉽게 받아들이지 못하고 늙고 병들어 죽는 것을 가장 두려워한다. 이 같은 두려움을 극복하기 위한 방편으로 종교가 생겨난 것은 아닐까?

늙는다는 것은 나이를 먹어 연륜이 쌓인다는 것을 뜻한다. 요즘 유행하는 트로트 중에 '바램'이라는 노랫말의 '우린 늙어가는 것이 아니라 조금씩 익어가는 겁니다'처럼 '늙는다'는 것은 과일처럼 '익어가는' 것이라 할 수 있다. 따라서 '늙는다'는 것은 '무르익어가다'라는 것을 뜻한다. 나이가 들면 주름이 많아지거나 피곤이 잘 풀리지 않고 젊었을 때처럼 깊은 감동이나 즐거움이 줄어들기 마련이다. 같은 나이를 먹어도 자기 자신이 어떠한 자세로 살아가느냐에 따라 많은 차이가 난다. 나이가 들어도 멋있어 보이는 사람이 있는가 하면 추하게 보이는 사람도 있다. 나이가 들어도 멋있는 사람은 내면이 멋있는 사람이다. 내면에서 풍겨 나오는 분위기, 말씨, 부드럽고 온화한 눈빛이나 표정 등으로 그 사람의 매력을 느낄 수가 있다.

부정적인 생각으로 많은 불평불만을 갖고 살아가는 사람은 나이가 들어갈수록 추해진다. 삶의 목표를 가지고 매일 성장하기 위해 살아가면 나이가 들어갈수록 매력은 오히려 점점 증가할 것이다. 나이가 들어도 젊은 사람은 항상 목표와 희망을 가지고 있는 사람이다. 극히 개인적인 작은 목표여도 좋고 커다란 목표여도 상관없다. 앞으로 해 보고 싶다고 상상하는 것만으로 하루하루를 소중히 생각하게 된다. 하루하루를 소중히 여긴다면 그 앞에 있는 미래는 지금보다도 더 멋진 날이 될 것이다.

늙는다는 것은 두려워할 일이 아니라 그것보다도 인생의 목표를 잃는 것을 더 무서워해야 한다. 이 세상에서 우리의 생명이 다할 때까지 항상 목표와 희망을 잃지 말고 즐거운 인생을 살기 위해 노력하자.

051. 우리 모두는 누군가의 덕택에 살아간다

사람은 언제나 누군가의 도움을 받으며 이 세상에서 더불어 살아가는 존재이다. 사람은 누군가의 '덕택'이라는 힘이 있어 매일 희망을 갖고 살아갈 수 있다. 삶은 거만해져서도 안 되고 자만에 빠져서도 안 된다. 자기 혼자서 일할 수 있고 살아갈 수 있다고 착각을 해서는 안 된다. 그런 삶을 살고 싶으면 무인도에서 혼자 살면 된다. '인간(人間)'은 '사람 사이'라는 뜻처럼 혼자 사는 존재가 아니라 더불어 사는 존재이기 때문이다. 우리는 항상 매사에 감사하며 살아야 한다. 누군가의 '덕택'에 감사하며 살아야 한다.

오늘날 우리 사회에는 갑질 논란이 끊이지 않고 있다. 사회의 지도층에 있다는 사람들이나 권력이나 부를 가진 자들한테 그러한 현상들이 두드러진다. 그들을 지탱해 주는 '덕택'이 있다는 걸 까마득히 잊고 사는 것 같아 안타까울 뿐이다. 항상 '덕택'에 감사하는 마음을 갖는다면 겸손해지고 겸허해질 것이다. 겸허하고 겸손한 사람이 갑질을 할 리가 없다.

'덕택' 그것은 매우 든든한 서포터다. 그러기에 작은 자존심 같은 건 미련 없이 버리고 거만하지 않고 겸허한 자세로 행복한 인생을 살아가자.

052. 인생에 있어서 낭비라는 건 없다

우리는 인생을 살아가며 자기와는 상관이 없다고 생각되는 일을 하는 경우가 많다. 당연히 그 순간은 괴롭고 힘들다고 생각한다. 어쩔 수 없어 하는 일이라서 충실히 하기보다는 성의 없이 대충 하는 경우가 많다. 그럴 경우 일을 하고 나서도 만족감이나 성취감을 느끼지 못한다. 오히려 뒷맛이 씁쓸하다거나 괜히 헛수고를 하지 않았는지 후회가 되는 경우가 더 많다.

일뿐만이 아니라 사람과의 만남도 마찬가지다. 괜히 시간만 낭비했다는 생각이 들기도 한다. 하지만 이러한 헛수고나 낭비라고 생각했던 것들이 살다 보면 언젠가 의외로 도움이 되는 경우가 있다. 그러나 이는 시간이 경과하지 않으면 알 수가 없기 때문에 문제이다. 우리 인간은 모르는 것이 많고 미래에 대해서는 알지 못한다. 그렇기 때문에 지금 나에게 주어진 사소한 일이라도 자신과는 무관하다고 생각하지 않고 충실히 정성을 다하면 그것은 자기 자신의 경험으로 축적된다.

사람과의 만남 또한 마찬가지다. 어떠한 사람과의 만남도 불필요한 만남으로 생각하기보다 소중한 인연으로 생각하고 진실로 대한다면 그 사람에게는 자기 자신에 대한 좋은 이미지로 각인될 것이다.

비록 괴로운 일, 힘든 일, 헛된 일도 반드시 그 사람의 강점이 된다는 것을 알아야 한다. 어떠한 사람과의 만남도 시간 낭비라고 생각하지 않고 소중한 인연이라고 생각한다면 언젠가 틀림없이 자신에게 행운이 되어 돌아올 것이다.

053. 인생은 자기 자신의 작품이다

아무리 고달픈 인생이라 하더라도 나의 인생을 누군가 대신 살아줄 수는 없다. '나'는 '나'라는 존재로 이 세상을 살아갈 수밖에 없다. 인생은 스스로 설계하고 창조해 가며 살아가야 한다. 새로운 '나'를 창조해 가며 '나'라는 인생의 작품을 만들어 간다. 인생이라는 작품은 예술이며, 이 예술은 정답이 따로 없다.

'나'라는 존재를 최선을 다해 표현해 가며 행복을 추구하는 작품을 만들어야 한다. 인생이라는 작품은 내가 평생 살아온 발자취이자 삶의 태도이며 하나밖에 만들 수 없는 유일한 작품이다.

언제나 새로운 것에 도전하고 성장하려는 적극적인 자세와 좋아하거나 하고 싶은 일을 하며 어떠한 고난이 닥쳐도 헤쳐 나가면 된다. 또한 스스로 세운 목표를 이루고자 하는 의지와 정열은 그 사람만의 인생의 해답을 찾아낼 수 있다. 스스로의 감성으로 몸부림치며 최선을 다해 열심히 사는 인생이야말로 타인에게도 감동을 줄 수 있어서 가치가 있다.

인생은 자기 자신의 작품이다. 인생은 모두 자기 자신이 설계하고 선택하여 최선을 다해 만들어 가는 작품이다. 누군가를 원망하거나 후회하지 않는 자기 자신의 작품이다. 타인에게 감동을 줄 수 있고 스스로 행복하다고 느끼는 인생의 작품을 창조할 수 있다면 정말 멋지고 행복한 인생을 살 수 있을 것이다.

054. 사람들은 모이는 곳으로 모이게 되어 있다

　일본의 총리를 지낸 다나카 가쿠에이는 물은 낮은 곳으로 흐르고 사람은 높은 곳으로 모인다고 했다. 이 말은 사람들은 권력을 중심으로 모인다는 뜻이다. 사람은 자기에게 도움이 되는 곳으로 모이기 마련이다. 권력이 있는 곳으로 가까이 가서 무언가 얻고자 하는 심리가 작용하여 권력을 중심으로 모여든다. 권력의 세계에서 우리가 흔히 접하는 씁쓸한 현상이다.

　하지만 그 외에도 사람들이 모이는 곳이 있다. 기본적으로 사람들의 습성은 사람들이 모이는 곳으로 모이게 되어 있다.

　사람은 쾌적한 곳으로 모인다
　사람은 소문이 나는 곳으로 모인다
　사람은 꿈을 꿀 수 있는 곳으로 모인다
　사람은 좋은 것이 있는 곳으로 모인다
　사람은 만족을 얻을 수 있는 곳으로 모인다
　사람은 감동할 수 있는 곳으로 모인다
　사람은 마음을 얻고 싶은 곳으로 모인다

우리 인간은 누구나 다 자기 뜻대로 살아가고 싶어 한다. 그러나 대부분의 사람은 인생은 생각대로 되는 게 아니라고 말한다. 그렇게 말하는 사람들은 자기 뜻대로 사는 사람들이 거의 없다는 것을 알기 때문이다. 하지만 대부분의 위인이나 성공한 사람들은 공통적으로 고난이나 실패는 겪었지만 죽을 때까지 자기 뜻대로 살아가는 인물들이다.

'갈매기의 꿈'의 저자 리처드 바크는 말한다.

"어떤 소망이 너의 마음속에 생겨나면 너는 동시에 그 소망을 실현시킬 수 있는 힘이 있다는 것을 깨달아야 한다."

자기 자신이 불가능한 일은 처음부터 마음속에서 싹이 트지 않는다. '무엇인가 하고 싶다, 무엇인가 되고 싶다'는 생각이 드는 것은 동시에 그것을 이룰 수 있는 가능성도 함께 지니고 있다는 것을 의미한다. 소망이 싹튼다는 것은 그 소망을 이룰 수 있는 성공의 징조로 생각하고 스스로의 능력을 믿고 소망 실현을 위해 도전해야 한다.

파나소닉의 창업자인 마쓰시타 고노스케는 '열심(熱心)은 인간에게 주어진 소중한 보물이다. 그리고 그 보물은 누구나 가지고 있다며, 자기 속에 있는 보물을 발견하라'고 충고한다. 예를 들어 2층으로 올라가고 싶으면 사다리나 계단을 떠올린다. 그러한 생각은 열심히 궁리한 결과이지 재능과는 무관하다는 것이다.

'무엇인가 하고 싶다'는 소망이 싹트면 포기하지 말고 뜨거운 마음(열심)으로 자기 속에 내재된 능력을 믿고 소망을 이루어 가자.

사람들은 모두가 제각각 다른 능력과 생각을 갖고 있다. 자기 능력에 맞게 생각대로 살아가면 된다. 어떠한 삶의 방법도 틀렸다고 말할 수 없다. 각자 삶의 방법이 다를 뿐이다. 살아가는 데 정답이 있을 리 없다. 그러니 남의 삶을 부러워할 필요도 없다.

조물주는 평등하다. 조물주는 이 세상의 만물을 창조할 때 모두를 평등하게 창조했다. 평등하다는 것은 똑같다는 게 아니다. 아름다운 꽃을 피우는 장미는 열매가 별 볼일 없다. 호박은 훌륭한 열매를 맺지만 꽃은 그다지 아름답다거나 예쁘지 않다. 호랑이와 사자는 날카로운 이빨을 갖고 있지만 뿔이 없다. 사슴과 소는 날카로운 이빨은 없지만 훌륭한 뿔이 있다. 호박꽃이 장미꽃을 부러워할 필요도 없으며 장미꽃이 되고 싶어도 될 수도 없다.

사슴과 소가 호랑이나 사자를 부러워할 필요도 없을 뿐더러, 호랑이나 사자가 되고 싶어도 될 수도 없다. 우리 모두 놓인 자리에서 자기가 가지고 있는 능력을 최대한 발휘하면서 최선을 다하고 사는 것이 행복한 인생이다. 지금의 자기 자신을 인정하면서 살면 다른 사람도 인정한다. 지금의 자기 자신을 인정하지 않고 타인의 삶을 부러워하여 놓인 자리에서 벗어나려고 방황하거나 고뇌하면 사악한 무리들한테 현혹되어 인생을 망치기 쉽다.

인생에는 정답이 없다. 정답이 있다면 인생은 무미건조하고 재미없는 인생이 될 것이다. 인생을 자기 생각대로 최선을 다해 살다 보면 언젠가 자기만의 인생의 정답을 얻게 될 것이다. 자기만의 정답을 얻을 수 있는 인생은 정말 행복한 인생이다.

불평불만이 많은 사람은 자기 인생을 사는 것이 아니라 남에게 의지하는 삶, 즉 타인의 인생을 사는 사람이다. 타인의 인생을 살다 보면 어떤 일이 생겨 잘못되면 남의 탓을 하게 된다. 일이 잘 안 풀리거나 문제에 봉착하게 되면 해결하려는 의지는 전혀 없고 오직 불평불만이나 푸념만 늘어놓는다.

인생을 살아가는 판단 기준이 타인에 의해 정해져 있기 때문에 타인의 기대에 부응하려고 한다. 때로는 타인의 기대에 잘 부응하여 칭찬받기도 하고 능력 있는 사람으로 평가받기도 한다. 하지만 타인의 기대는 점점 높아지기 마련이다. 타인의 기대에 부응하지 못하고 평가받지 못할 때 이윽고 불평불만이나 푸념만 늘어놓게 된다. 자기 인생을 남에게 맡기는 남의 인생을 살면 남을 탓하고 싶어지고 불평불만이 가득한 불행한 인생을 살 수밖에 없다.

자기 인생을 사는 사람의 판단 기준은 자기의 가치관이나 만족감 그리고 기쁨 등이 자기 자신의 내면에서 생겨나고 그것을 만족시키기 위해 행동한다. 주위의 평가나 의견에 좌우되지 않고 남과 비교하지도 않으며 스스로 세운 목표를 달성하기 위해 혼신의 노력을 하면서 성장을 지향한다. 어떤 문제가 생기더라도 모두가 자기가 선택하고 자기가 결단한 일이기 때문에 남을 탓하지 않는다.

인간은 자신의 직간접적인 경험을 통해 성장해 간다. 혼신의 힘을 다해 문제를 해결하고 개선해 감으로써 자기 인생의 경험으로 삼으려 한다. 때문에 자신에 대한 불평불만이나 푸념을 해 가면서까지 남을 탓할 이유가 없다.

058. 인생을 행복하게 살기 위해서는 인생을 즐길 줄 알아야 한다

즐거움은 사람마다 다르고 즐기는 방법도 다르다. 친구들과 함께 골프를 치거나 스포츠를 하며 즐기는 사람이 있는가 하면, 술을 마시고 노는 것을 즐기는 사람도 있다. 여행하면서 새로움을 접하며 우연을 즐기는 사람이 있는가 하면, 독서를 하거나 창작을 하며 즐기는 사람도 있다. 조선시대 말기 기철학자 최한기는 한가함을 즐긴다고 했다. 이와 같이 즐거움이나 즐기는 방법은 사람마다 다르다. 하지만 요즘 세상에서는 즐기면서 살아가는 사람이 그다지 많지 않은 것 같다.

즐기면서 살고 싶어도 경제적인 이유에서나 일에 쫓기어 살다 보면 즐길 수 있는 마음의 여유가 없어서 즐기지 못하는 사람이 많다. 더러는 죄책감 때문에 즐기지 못하는 사람도 있다. 자기 자신은 즐길 수 있는 여유가 있지만 가족이나 직장 상사, 동료들에 대한 죄책감 때문에 쉬고 싶어도 쉬지 못하고 즐기고 싶어도 즐기지 못하는 사람들이 있다.

한번밖에 없는 자기의 인생이다. 즐기면서 살지 못하면 행복한 인생을 살 수 없다. 주위의 시선을 너무 의식하지 말고 자기 자신에게 솔직한 삶을 살도록 한다.

자기 인생을 즐기기 위해서는 먼저 꼭 해야 한다는 고정된 사고를 그만 두어야 한다. 꼭 해야 한다는 고정된 사고는 의무여서 즐거움을 느끼지 못한다. 자기가 하고 싶어서 하는 게 아니라 반드시 해야 하기 때문에 의무적으로 하는 것은 그다지 즐거움을 주지 못한다.

059. 사람은 우여곡절을 겪으며 인생의 맛을 알아간다

인생을 살아가는 데에는 적당한 불평불만을 가지고 평탄하게 살아가는 사람과 때때로 죽을 고비를 넘기며 고난과 역경을 딛고 살아가는 사람들이 있다. 전자와 같이 사는 사람은 삶이 무료하고 별로 재미를 느낄 수 없이 살 수 있지만 쓸데없는 에너지를 소비하지 않고 살 수 있다. 후자와 같은 삶을 사는 사람은 무료하지는 않겠지만 수없이 잠 못 이루는 많은 날과 고통스러운 날의 삶을 살 것이다.

사람마다 생각이 다르고 삶의 방식이 다르기 때문에 어느 쪽이 좋은 삶의 방식이라고 단정 지을 수는 없다. 하지만 현실에 만족하지 않고 자신의 한계에 도전하는 사람들의 삶의 방식이 더 좋다고 생각된다. 예를 들어 몇 번의 죽을 고비를 넘기며 히말라야 등반에 도전하여 정상에 오른 사람이라든가, 대기업을 그만두고 위험을 무릅쓰고 빚을 져가며 몇 번의 창업 실패를 거듭하며 성공하는 사람도 있다. 이런 사람들은 현실과 타협하지 않고 스스로가 만족할 때까지 끝장을 보는 사람들이라 할 수 있다.

인생은 우여곡절을 겪으면서 그 맛을 알아간다. 기쁜 일이나 슬픈 일 등 여러 가지 일들이 겹치고 또 겹쳐서 인생의 맛은 깊어져 간다. 평탄한 삶의 방식을 선택하여 사는 사람보다는 고난과 역경을 겪더라도 자기 자신의 한계에 새롭게 도전하는 사람들이 진정한 인생의 맛을 더 알게 될 것이다. 당신이 어떤 삶의 방식을 선택하든 그것은 당신의 자유다.

060. 인간은 스스로 약한 존재라는 것을 깨닫고 인식하며 살아야 한다

인간은 본래부터 약한 존재여서 누구나 강해지려고 노력한다. 정신과 달리 육체는 신체 단련을 통해 어느 정도 강해질 수 있지만, 이 또한 나이가 들어갈수록 쇠퇴할 수밖에 없다.

마음도 정신적인 수련을 통해 어느 정도 다스릴 수는 있으나 근본적인 인간의 연약함을 강하게 바꿀 수는 없다. 인간은 강한 척하며 살아갈 수는 있다. 하지만 예상 밖의 상황이 일어났을 때 대부분의 사람은 당황하거나 불안하고 초조해진다. 평소에 강한 척하며 사는 사람은 더욱 안절부절 못하게 된다. 인간은 스스로 약한 존재라는 것을 깨닫고 인식하면서 사는 게 현명한 삶의 자세이다. 힘들고 어려울 때는 참지 않고 약한 소리를 내뱉어도 된다. 사람이니까 강한 척하지 않아도 된다. 병이 날 수도 있으니까.

가까이에 있는 누군가에게 언제든지 의지해도 된다. 자기에게 의지해 준 사람은 기뻐할 수도 있으니 솔직해져도 된다. 그렇게 하는 것이 훨씬 마음이 편하니까 언제나 긍정적인 마음으로 인정시키거나 위로해 준다.

사람은 좋은 때만 있는 게 아니어서 좋지 않을 때도 초조해하지 말아야 된다. 한 발자국이라도 앞으로 나아가고 있다면 실패해도 된다. 실패는 인생의 낭비가 아니라 삶의 경험이 된다. 때로는 방황해도 된다. 진지하게 생각하고 있다는 증거이니까. 우리 모두 자신감을 가지고 알차고 멋진 인생을 살도록 하자.

061. 소중한 것들을 소중히 여기며 행복한 인생을 살도록 하자

사람들은 대부분 진짜 소중한 것은 잊고 살아간다. 소중한 것은 항상 내 가까이에 있으며 늘 같은 자리에 있어서 사람들은 공기처럼 그것이 당연히 있다고 생각하며 산다. 평소에 소중하다고 의식하지 않고 무심코 지나치기 쉬운 것들이 사실은 소중한 것들이다.

사람도 마찬가지다. 가족이나 친척, 친구들, 항상 가까이에 있으면서 함께 지내고 만나고 싶으면 만날 수 있는 사람들은 소중하다는 생각보다는 당연하다고 생각한다. 그래서 때로는 다투기도 하고 서로에게 상처를 주기도 한다.

그러나 소중한 것들과 소중한 사람들이 갑자기 내 곁에서 사라져 버리는 안타까운 경우가 생긴다. 그때서야 사람들은 소중함을 깨닫고 후회한다. 소중한 사람이나 소중한 것들을 잃고 나서 후회하지 않으려면 평소 소중히 하며 사는 게 중요하다.

사람들은 누군가의 기대에 부응하려고 날마다 바쁘게 산다. 그러다 보면 소중한 것들을 잊고 살기 쉽다. 때때로 혼자가 되어 평온한 마음을 갖고 살아야 한다. 인생의 소중한 것들은 조용한 마음의 시간을 가짐으로써 발견할 수 있고, 그동안 간과하고 있었던 소중한 것들을 실감하게 된다. 잃어버렸던 소중한 것들도 다시 찾을 수 있다. 잃어버린 인생의 소중한 것들은 바로 옆에 떨어져 있는 경우가 많다. 잃어버린 소중한 것들도 다시 되찾아 소중한 것들을 소중히 여기며 행복한 인생을 살아가자.

062. 때때로 혼자 있는 시간을 즐길 줄 알아야 한다

고대 그리스의 철학자 아리스토텔레스는 '인간은 사회적 동물이다'라고 했다. 인간은 개인으로 존재하고 있어도 혼자서는 살 수 없으며 사회 속에서 끊임없이 다른 사람과 상호 작용을 하며 관계를 유지한다는 말이다. 대부분의 정상적인 사회생활을 영위하는 사람들은 항상 사람들 속에 파묻혀 살아간다. 가족, 친척, 친구, 연인, 직장동료 등 많은 사람들과 만나며 살아간다. 때로는 좋아하는 사람만이 아니라 싫어하는 사람과도 어쩔 수 없이 만나야 할 때도 있다.

좋아하는 사람과도 항상 좋은 것만은 아니다. 때때로 다투거나 의견 충돌이 생겨도 버티며 살아야 한다. 그러다 보면 스트레스나 피곤이 쌓여 간다. 인간관계로 조금 피곤해지면 혼자의 시간을 즐기도록 해야 한다. 무리하게 교류하거나 사귀지 않아도 되고 무리하게 만나지 않아도 된다.

혼자가 되는 것을 두려워하고 불안해하는 사람도 있다. 하지만 나름대로 혼자의 시간을 즐길 수 있어야 한다. 평소에는 시간이나 여유가 없어서 생각하지 못했던 것들을 혼자 있으면서 자문자답해 보면 많은 것을 깨달을 수 있다. 혼자서 생각나는 대로 하고 싶은 대로 해 보자. 혼자서 거리를 어슬렁거려도 좋고 혼자서 자연과 접하는 기회를 자주 갖는 것도 좋다.

불가근불가원(不可近不可遠)이라는 말이 있다. 적당히 거리를 둠으로써 오히려 좋은 인간관계를 만들 수도 있다.

063. 인간만사 세옹지마, 돌고 도는 게 인생이다

　산이 있으면 계곡이 있듯이 인생길 또한 평탄한 길만 있는 것은 아니다. 살다 보면 기쁜 일도 있지만 슬픈 일도 있다. 괴로운 날도 있지만 편안한 날도 있다. 싫은 일도 있지만 감동할 정도로 좋은 일도 있다. 이와 같이 희비가 수없이 교차하며 우여곡절을 겪으며 사는 게 인생이다.

　아무리 좋은 일도 언제까지나 지속되지 않고 아무리 슬픈 일이라도 언제까지나 지속되지 않는다. 좋은 일이 있다 하여 너무 기뻐하지 말고 슬픈 일이 있다 하여 너무 슬퍼하지 말아야 한다. 높은 지위에 올랐다 하여 교만에 빠지지 말아야 하며 가난한 인생을 산다고 하여 너무 기죽지 말아야 한다.

　인간만사 새옹지마(人間萬事 塞翁之馬)라 했던가! 사람의 화복 (禍福)은 예측할 수는 없다. 화를 당했다고 생각하면 더 큰 복이 되어 돌아오고, 복이 들어왔다고 생각했더니 화근이 되고, 그 화근이 다시 복이 되어 돌아오기도 한다.

　이와 같이 돌고 도는 것이 인생이다. 지금 인생의 계곡에 있다고 하여 절망하지 말고 얼굴을 들고 당당하게 유연하게 걸어가자.

064. 훌륭한 인격을 가진 사람들과의 인연을 통해 인생을 배운다

사람의 인연은 중요하다. 이 인연은 인생의 성패를 좌우한다. 인생에서 만나야 할 사람은 반드시 만나게 되어 있다. 이를 우리는 인연이라 부르는데, 우리는 여기에서 필요한 것을 배운다.

좋은 생각을 갖고 사는 사람은 훌륭한 인격을 가진 사람과 만나게 될 가능성이 높다. 반면 좋지 않은 생각을 가지고 사는 사람은 그와 비슷한 사람과 만날 가능성이 높다. 좋지 않은 생각을 가지고 사는 사람은 훌륭한 인격을 가진 사람과 만나고 싶어도 만날 수 없다. 설령 그런 사람과 만났다고 해도 아주 작은 일로 오해가 생겨 관계가 나빠지거나 멀어지게 된다. 이런 사람일수록 신기하게도 나중에 후회하게 될 좋지 않은 만남만 생긴다. 또 타인으로부터 피해를 입거나 상처를 받는 만남이 많아진다.

세상에는 존경할만한 훌륭한 사람들이 있다. 사람은 항상 좋은 생각을 가지고 살면서 훌륭한 인격을 가진 사람들을 만남으로써 배우며 성장해 간다. 훌륭한 인격을 가진 사람들은 인생에서 성공의 열매를 딴 사람들이기 때문이다.

존경할만한 사람들과의 인연은 사람을 높은 곳으로 끌어올린다. 그러한 인격자와의 만남은 자신의 마음 수행을 닦는 데 많은 도움을 준다. 또 사람은 사람에 의해서 다듬어지기에 훌륭하고 존경받는 스승이나 멘토를 만나야 한다. 이러한 인연을 소중히 하여 자신의 인격을 높이고 사회에서 존경받는 훌륭한 사람이 되기 위해 노력하자.

065. 역풍이 불 때는 순풍이 불기를 기다려라

인생은 배를 타고 항해하는 것과 같다. 순풍을 만나기도 하고 때로는 역풍을 만나기도 한다. 마음을 설레게 하는 봄바람 같은 산들바람을 만나기도 하고, 반대로 거대한 비구름을 몰고 오는 태풍이나 폭풍을 만나기도 한다. 무더운 여름에는 더위를 식혀 주는 시원한 바람이 불기도 한다.

태풍이나 폭풍이 불 때는 어딘가 안전한 곳으로 대피하여 지나가기를 기다려야 한다. 하지만 순풍이 불거나 기분 좋은 바람이 불때는 마음껏 항해를 즐기면 된다. 폭풍이나 태풍, 역풍이 언제까지나 지속하여 부는 것도 아니고 항상 순풍이나 기분 좋은 바람만 부는 것도 아니다. 이것이 세상의 당연한 이치다. 태풍이나 폭풍, 역풍을 나쁜 바람이라고 한다면, 산들바람이나 시원한 바람, 순풍은 좋은 바람이다. 나쁜 바람이 지나가면 반드시 좋은 바람이 불고, 좋은 바람이 지나가면 반드시 나쁜 바람이 분다. 사람이 세상을 살다 보면 안 좋은 때가 있으면 반드시 좋은 때가 있다. 몸과 마음이 피곤해져 안 좋을 때는 좋은 바람이 불기를 기다려야 한다.

사람이 살다보면 모든 일이 척척 잘 풀리는 순풍이 불 때가 있는가 하면 이를 악물게 하는 역풍이 불 때도 있다. 지금이 역풍이 불 때라고 생각되면 천천히 휴식을 취하며 순풍을 기다리는 것이 좋다. 바람의 방향은 반드시 바뀌게 되어 있다. 순풍이 불기를 기다려서 순풍을 타고 기분 좋게 인생을 항해하자.

066. 사람은 살아 있는 것만으로도 의미가 있고 가치가 있다

사람은 살아가다 문득 멈춰 서서 인생의 허무함을 느끼거나 살아가는 의미를 느끼지 못할 때가 있다. 이 세상에 태어나서 지금까지 무엇을 위해 살았는지 무엇을 이루었는지 앞으로 무엇을 위해 살아가야 할지 가끔 살아야 할 의미를 잃어버릴 때가 있다. 이럴 때 심신이 피곤해지면 모든 의욕을 상실하고 페시미즘(염세주의)에 빠지기 쉽다.

'지금까지 아무것도 좋은 일은 없었다', '대단한 일도 한 적이 없었다', '산다는 의미를 모르겠다'와 같은 비관적인 생각만 든다. 그리고 방황을 하게 되어 잘못하면 극단적인 선택을 하게 된다.

사람은 살아 있는 것만으로도 의미가 있다. 사람은 누군가에게 도움이 되지 않는다 해도 살아 있다는 것만으로 가치가 있다. 자신을 믿을 수 없어졌을 때 가족들을 떠올리고 지금까지 만났던 사람들을 떠올릴 수 있다면 괜찮다. 사랑하는 사람들… 만약 당신들과 만나지 못했더라면 지금의 내가 없고 지금과는 다른 인생을 살 것이다. 만약 당신들이 없었더라면 눈물을 흘리며 슬퍼할 것이다. 사랑하는 사람들… 당신들이 있기에 인생을 살아가는 의미가 있다.

만약 과거를 후회한다면 지금부터 어떻게 해야 할지를 생각하면 된다. 사랑하는 사람들을 위해 무엇을 하며 어떻게 살아갈 것인가를 생각하면 된다. 사람은 살아 있는 것만으로도 의미가 있고 가치가 있는 존재이기에!

067. 인생을 스스로 결정하며 살기에 인생은 나의 마음이고 행복이다

사람은 주위 환경의 영향을 많이 받고 살기 때문에 환경의 동물이라고 한다. 그래서 사람은 인생의 모든 것을 스스로 결정하며 살아가야 한다. 누군가에 의지하며 사는 것이든 자력으로 사는 것이든 결국은 모두 자기가 선택하며 결정해야 한다. 그것이 자기의 인생이다.

누군가가 써 놓은 각본을 가지고 연기만 하며 살아가는 인생은 자기 인생이 아니다. 한마디로 재미없는 인생이다. 반면 살아가면서 모든 것을 스스로 결정하며 살아갈 수 있는 인생은 행복한 인생이다. 이런 인생은 재미있는 인생이다. 즉, 인생을 스스로 결정하며 살기에 인생은 나의 마음이고 나의 행복이다.

사람은 살다 보면 우여곡절이 있기 마련이다. 좋은 일만 있는 게 아니라 넘어질 때도 있고 상처를 입을 때도 있다. 억울한 경우를 당할 때도 있고 슬픈 일을 당할 때도 있다. 하지만 그런 일이 언제까지나 지속되지는 않는다. 그래서 인생은 살만한 가치가 있는 것이다.

살면서 좋지 않은 일을 당했다 하여 주저앉거나 포기해서는 안 된다. 오뚝이처럼 넘어지면 일어나서 앞을 향해 가면 된다. 가능한 한 오래 끌지 않고 빨리 앞을 향해 나아가야 한다. 중요한 것은 지금부터이다. 이제부터가 중요하다. 미래는 정해져 있는 게 아니다. 내 인생은 주도적으로 결정하며 살아야 하는 삶이기에 인생은 나의 마음이며 나의 행복이라 할 수 있다.

068. 자기의 장점을 살려가며 자기 페이스로 살아가라

남이 빨리 달린다고 하여 나도 빨리 달릴 필요는 없다. 그리스의 동화 작가 이솝의 '토끼와 거북이'라는 우화가 있다. 토끼는 빨리 달릴 수 있지만 거북이는 빨리 달릴 수가 없다. 그러나 토끼는 헤엄을 칠 수 없기에 도중에 강이나 호수를 만났을 때 건널 수 없다. 반면 거북이는 헤엄을 쳐서 강이나 호수를 잘 건널 수가 있다. 토끼는 육지에서는 강점을 살릴 수 있지만, 거북이는 물속에서 강점을 살릴 수가 있다. 이처럼 사람도 각자의 강점이 있다.

인생길에는 평탄한 길만 있는 게 아니다. 험한 산길이나 비탈길, 도중에는 강과 계곡도 있고 산과 바다 등 수많은 장애물이 있다. 자신의 장점을 살려 자기 페이스를 지켜가며 장애물을 극복해 가야 한다. 또한 자기의 장점을 최대한 살려 현명하게 살아야 한다. 자기 자신은 잘 달릴 수가 없는데 남이 달린다고 해서 따라 달리다 보면 얼마 가지 못해 숨이 차서 쓰러져 버릴지도 모른다.

천천히 걸으면 멀리 갈 수 있다. 인생은 자기 자신을 알고 자신의 페이스로 살아가는 것이 중요하다. 목표를 세워 놓고 그 목표를 향해 중심을 잡고 천천히 가면 된다. 도중에 숨이 차다고 생각되면 숨을 고르고 쉬었다가 가면 된다. 서두르거나 당황하고 초조해할 필요도 없다. 남은 남이고 나는 나다. 자신의 페이스를 지켜가며 멀리 가도록 하자. 자신이 목표한 지점까지 확실하게 도달하도록 하자. 행운의 여신은 노력하는 사람에게 미소를 지어 줄 것이다.

069. 진정한 마음가짐이란 어떤 것일까?

사람은 살아가면서 많은 역경과 시련 과정을 겪으며 성장한다. 이 과정에서 중요한 것은 어떠한 상황에서든 진정성이다. 얼마만큼 진정성을 가지고 임하느냐에 따라 상황 인식이 달라지고 그 결과 또한 달라진다. 인생에서는 진정한 마음가짐과 행동이 중요하다. 그렇다면 과연 그 진정한 마음가짐이란 어떤 것일까?

두 번 다시 같은 잘못을 저지르지 않으려고 노력하며 생각하는 것(진정한 반성), 실패를 두려워하지 않고 실패로부터 배우려고 하는 것(진정한 학습), 어떠한 일이 일어나도 양보하려 하지 않는 것(진정한 자신감), 상대방에게 다시 한 번 해 주고 싶은 마음이 생기게 하는 것(진정한 감사), 나보다도 상대방을 생각할 수 있는 것(진정한 사랑), 이미 내 곁에 있는 것(진정한 친구), 대가를 바라지 않고 지속할 수 있는 것(진정한 친절), 노력이라고 생각하지 않을 정도로 몰두할 수 있는 것(진정한 꿈), 나이에 개의치 않고 지속적으로 도전할 수 있는 것(진정한 젊음), 돈에 구애받지 않고 자신에게 솔직하게 사는 것(진정한 자유) 등이 진정한 마음가짐이다.

진정한 자신은 그 어디에도 없다. 진정한 자신은 지금의 당신이기 때문이다.

070. 이기심을 버리고 이타심을 가지고 사는 것이 자기를 위한 일이다

　일반적으로 사람은 이기적인 존재이다. 그러나 현명한 사람은 원래의 이기심을 버리고 이타심을 가지고 산다. 이기심이란 자기 자신의 이익만을 꾀하거나 남의 이해는 돌아보지 않는 마음을 말한다. 이런 사람은 모든 것을 자기중심적으로 생각하기 때문에 세상을 넓고 멀리 보지 못한다. 자기만 좋으면 된다고 생각하기에 자신만 손해를 보지 않으면 된다. 자기에게만 이익이 되면 된다는 생각으로 다른 사람은 아랑곳하지 않고 자신의 눈앞의 이익만 쫓는 경우가 많기 때문에 아무도 협조해 주지 않는다. 설령 이익을 얻는다 해도 큰 이익은 얻을 수가 없다.

　반면에 이타심은 남을 위하거나 이롭게 하는 마음이기 때문에 자기의 이익보다는 먼저 남의 이익을 생각하게 된다. 좀 더 멀리 보고 넓게 생각하게 되어 시야가 넓어진다. 주위 사람들로부터 협력을 얻게 되고 큰일을 성공시킬 수 있게 된다. 누군가를 위해 힘쓰고 이익이 되게 하는 일은 어떠한 형태로든 자신에게 되돌아온다. 이기심으로 자기 자신의 이익만 추구하는 것보다 훨씬 큰 이익이 되어 돌아온다.

　누군가를 위하는 것과 나를 위하는 것은 어딘가에서 반드시 연결되어 있다. 누군가를 위해 하는 일이 자신을 위하는 일이 되고 자신을 위하는 일이 누군가를 위하는 일이 된다. 이타심을 가지고 행동하다 보면 가끔 손해를 보고 있다는 생각이 들 때도 있을 것이다. 하지만 그때 무엇인가 이루어지고 있을 때임을 명심하라. 이기심이 아닌 이타심으로 갖고 있는 역량을 다하며 살도록 하자.

Part 3

만남과 감사에 대한
삶의 지혜

071. 있는 그대로의 자기 자신을 표현하면 편안한 마음으로 살 수 있다

행복한 인생을 살기 위해서는 우선 마음이 편안해야 한다. 하지만 대부분의 사람은 환경의 영향을 많이 받기 때문에 편안한 마음으로 안정을 유지하기란 쉽지 않다. 환경의 영향을 받는 것은 사람의 감정이기에 그 감정은 환경의 영향을 받아 상황에 따라 변하고 흔들린다. 그러니 감정을 잘 다스리면 편안한 마음을 유지할 수가 있다.

옛날 어느 절에서 수행하는 행자 둘이 있었다. 나무 위에 흔들리는 깃발을 보고 한 행자는 깃발이 스스로 흔들리고 있다고 하였고, 또 다른 행자는 바람이 깃발을 흔들고 있다며 서로 우기고 있었다. 결론이 나지 않자 큰스님에게 여쭤 보기로 했다. 큰스님이 대답하기를 "깃발이 흔들리는 것도 아니고 바람이 흔드는 것도 아니다. 너희들 마음이 흔들리고 있기 때문이다."라고 했다.

이 세상 모든 것은 마음먹기에 달려 있다. 사람의 마음은 환경의 영향을 받아 감정이 변한다고 하지만 사실은 자기가 받아들이는 마음에 따라 환경이 바뀔 수 있다. 모든 것은 오로지 마음이 지어 내는 것이다. 이처럼 사람도 주어진 환경보다 마음먹기에 따라 자신의 감정을 잘 다스릴 수 있다.

환경이란 자기가 만들어 내는 현상이다. 이렇게 만들어진 현상은 결국 소멸하게 되어 있다. 환경이나 상황은 자기의 감정에 따라 바뀐다. 어떠한 상황에서도 고요하고 잔잔하게 흐르는 자기의 마음을 강물에 흘려보내면 편안한 마음을 유지할 수가 있다. 마찬가지로 분노와 슬픔도 마음속으로 흘려보내면 사라져 편안해진다.

대부분의 사람은 주위의 환경에 자기를 맞추면서 살려고 한다. 남의 눈을 의식하며 살아가기 때문에 상황에 따라 감정이 바뀌고 마음이 흔들리게 된다. 내 주변의 외부 환경은 시시각각 변하고 있기 때문에 편안한 마음을 유지하기가 힘들다. 하지만 주위의 환경이나 남을 의식하지 않고 있는 그대로의 자기 자신을 표현하며 살아가면 자기의 감정을 조절하기가 쉽다. 또한 마음이 흔들리지 않고 편안한 마음을 유지할 수 있다.

　타인이나 주위 환경에 맞추어 사는 인생이 아닌 자기의 인생을 살아가며 자기의 마음을 다스리도록 하자. 그러면 항상 편안한 마음으로 행복한 인생을 살아갈 수 있다.

072. 만남은 인연이고 기적이므로 만남을 소중히 하라

사람은 일생을 살아가면서 수많은 사람들과 만나고 헤어진다. 하지만 일생 동안 아무리 많은 사람을 만난다고 해도 세계 인구 약 77억 명에 비하면 조족지혈에 불과하다. 만나는 한 사람 한 사람이 77억분의 1이라고 생각한다면 만남이란 인연이고 기적이다.

사람은 인연이 없으면 만나고 싶어도 만나지 못한다. 스스로 지금 가까이에 있는 사람과 어떻게 만나게 되었는지를 한번 돌이켜보라. '그때 그 일이 없었더라면 그 사람을 만나지 못했을 텐데…', '그때 그곳에 가지 않았더라면 그녀를 만날 수 없었을 텐데…' 이 모든 만남은 참 신기하다. 우연이 겹치고 또 겹쳐서 만남이 이루어진다. 우연이 아니고 필연이었다고 할지라도 만남은 인연이다. 우연이든 필연이든 만남은 인연이다. 옷깃만 스쳐도 인연이라는 말처럼 만남은 반드시 깊은 의미가 있다.

사람은 인연을 통해 자신을 만들어 간다. 이론적으로는 설명할 수 없는 사람과의 만남이기에 인연을 소중히 여기면 멋진 인생을 살 수 있다.

'일기일회(一期一會)'라는 말이 있다. 평생에 한 번뿐인 기회 또는 만남이란 뜻이다. 이 세상에서 만난 모든 사람은 인연에 따라 단 한 번밖에 만날 수 없는 소중한 만남이며 기회이다. 그래서 만남은 인연이고 기적이다. 우리는 멋진 인연을 소중히 여기며 살자.

073. 그 어떤 만남이라도 소중히 여길 줄 알아야 한다

만남은 필연이라는 말이 있다. 우연이 아니라 인과관계에 따라 만남은 이루어진다는 뜻이다. 당신과 만나는 사람 중에는 무엇인가 이유가 있어 당신 앞에 나타나는 사람이 있는가 하면 잠깐 만났다가 헤어지는 사람도 있고 평생 동안 관계를 이어가는 사람도 있다. 인생을 살아가며 당신과 만나는 사람이 왜 당신과 만나게 됐는지 그 이유를 알면 그 사람과의 관계를 어떻게 만들어 가면 좋을지도 알 수 있을 것이다.

만남에는 좋은 인연이 있고 나쁜 인연이 있다. 그 만남을 당신 자신이 어떻게 만들어 가느냐에 따라 좋은 인연이 되기도 하고 악연이 되기도 한다. 만남은 우연일 수도 있고 필연일 수도 있으나 좋은 인연이든 악연이든 인연은 필연이 동반된다. 그러기에 만남을 소중히 여겨야 한다.

어떤 사람이 당신 앞에 나타날 때는 당신 자신이 그 사람을 필요로 했기 때문이다. 모든 만남은 당신이 필요로 했기 때문에 이루어진 것이다. 당신과 만나는 사람은 모두가 당신에게 육체적으로나 정신적·물질적으로 도움을 주고자 당신 앞에 나타난다. 예컨대 어떤 사람은 당신에게 평화와 기쁨을 주고 멋진 인생을 가르쳐 주기도 한다. 또 어떤 사람은 당신에게 미움과 증오 그리고 슬픔을 주기도 한다. 하지만 그러한 만남들은 대부분 짧은 만남이다.

평생 동안 관계를 이어가는 만남은 사랑이기도 하고 우정이기도 하다. 가족과의 사랑, 연인과의 사랑, 친구와의 우정, 이러한 만남을 통해 당신은 평생 동안 인생을 배우며 실천해 간다. 당신이 인생을 살아가며 만나는 모든 사람들은 당신에게 가르침을 주기 위해 당신 앞에 나타난 필연적인 만남이다. 그 만남에 항상 감사하며 좋은 인연으로 만들어 가야 한다. 당신이 필요로 했기 때문에 이루어진 만남이란 것을 깨닫고 어떤 만남이라도 소중히 해야 한다.

074. 가끔은 귀에 거슬리는 말을 귀가 아프도록 해 주는 사람들을 만나라

행복한 삶을 살기 위해 자기 생각대로 살아가는 것은 매우 중요하다. 하지만 주위를 살피지 않고 너무 자기 페이스로만 살다 보면 이솝 우화의 '벌거숭이 임금'이 되기 쉽다. 사람은 더불어 살아가야 한다. 자기라는 중심을 잡고 주위 사람들의 소리에도 귀를 기울이며 살아야 한다. 물론 자기라는 중심이 없이 주위의 소리에 너무 휩쓸리다 보면 자기의 삶을 잃어버릴 수도 있다.

자기중심적으로 살되 '벌거숭이 임금'이 되지 않도록 사는 것이 제일 중요하다. 그러기 위해서는 가까운 사람과 원활한 소통을 하며 사는 것이 무엇보다 중요하다. 자기의 행동에 대해 솔직하게 이야기해 주고 충고해 줄 수 있는 사람이 가까이에 있어야 한다.

사람은 누구나 귀에 거슬리는 말을 들으면 기분이 좋을 리 없다. 그래서 아무리 가까운 사람이라도 싫은 소리는 쉽게 하지 못한다. 하지만 평소에 허심탄회하게 속마음을 터놓고 이야기할 수 있는 아주 가까운 친구나 멘토에게 싫은 소리를 듣는 것은 괜찮다. 그 사람들에게 스스로가 먼저 물어볼 수 있어야 한다. 자신에 대해 요즘 어떻게 생각하느냐고 솔직하게 이야기해 달라고 먼저 말을 해야 한다.

'벌거숭이 임금'이 되지 않기 위해 가끔은 친구나 멘토를 만나야 한다. 즉, 귀에 거슬리는 말을 귀가 아프게 이야기해 주는 부모님이나 스승님을 만나 보기를 권한다. 그리고 때때로 자문자답을 해 보자. 겸손과 겸허함을 잊고 있는 것은 아닌지 거만해져 있는 것은 아닌지 생각하자.

075. 자기 일 이상으로 나를 생각해 주는 사람을 소중히 여기자

우리는 가족이나 친척 그리고 친구, 직장 동료 또는 비즈니스와 관련된 많은 사람들과 관계를 맺으며 살아간다. 천하에 고아라고 할지라도 혼자 살아가는 사람은 없을 것이다. 이러한 다양한 사람들과 함께 살아가며 때로는 서로 다투기도 하고 때로는 함께 즐거워하기도 한다. 하지만 가까운 사람 중에서도 항상 나에게 부탁만 하거나, 나에게 좋은 일이 생기면 함께 기뻐해 주기는커녕 질투하거나 짜증나게 하는 사람이 있다.

반면에 항상 나를 웃게 해 주고 즐거운 일이 있으면 자기 일처럼 함께 기뻐해 주는 사람이 있다. 내가 외로울 때나 나에게 좋지 않은 일이 일어났을 때 함께 있어 주고 위로해 주는 사람이 있다. 자기 일처럼 기뻐해 주는 사람, 나를 웃게 해 주는 사람, 나를 위로해 주는 사람, 자기 자신 이상으로 나를 생각해 주는 사람을 소중히 여겨야 한다. 내 곁에서 이런 사람들을 절대로 떨어지지 않도록 해야 한다.

사람은 의외로 자기한테 잘해 주는 사람에게 소홀해진다. 자기가 특별히 신경 쓰지 않아도 잘해 주니까 당연한 것으로 생각하고 받아들인다. 하지만 그 사람이 어느 순간 어디론가 떠나버린 후에야 깨닫고 후회한다. 후회해도 때는 이미 늦었고 소용없는 짓이다. '있을 때 잘해'라는 노랫말처럼 있을 때 잘해야 한다. 있을 때 소중히 해야 한다. 그래야 후회 없는 삶을 살 수 있다.

076. 좋은 만남, 좋은 인연, 좋은 운명으로 좋은 인생을 살자

사람의 운명은 정해진 게 아니다. 운명(運命)의 '운(運)'은 돌고 돈다는 뜻이다. 운이 돌고 돌아 사람에게 행운과 불행을 가져다준다. 그것이 운명이다. 사람은 사람과 만나 생활하며 살아간다. 운명적인 만남으로 사람은 사람들과 인연을 맺는다. 인연은 운명을 바꾸고 사람을 보다 좋은 운명으로 이끌어 주기도 하고 불행의 나락으로 떨어뜨리기도 한다.

'어떤 사람과 만날 것인가?, 어떤 사람과 인연을 맺을 것인가?' 그것은 운명이다. 운명은 정해져 있는 게 아니어서 스스로 얼마든지 바꿀 수가 있다. 자기의 축을 확실하게 해서 좋은 생각을 가지고 살아가면 좋은 사람들과 좋은 만남이 이루어지고 스스로를 좋은 운명으로 이끌 수 있게 된다.

자기 자신이 쾌락을 추구하거나 남을 이용하고 속이려는 나쁜 생각을 가지고 살아가다 보면 그런 부류의 나쁜 사람과 만남이 이루어져 불행한 운명의 나락으로 빠지게 된다. 결국 불행한 인생을 살게 된다.

좋은 생각으로 진실하고 소중한 만남을 하면 운명을 소중히 여기게 된다. 반대로 나쁜 생각으로 거짓되고 부정적인 만남을 하면 운명을 소홀히 하게 된다. 어떤 만남이라도 반드시 깊은 의미가 있다. 어떤 만남을 선택하여 자기 스스로가 어떻게 만들어 가느냐에 따라 운명은 달라진다. 행운과 불행은 자신의 선택에 의해 이루어지므로 운명을 스스로 개척하여 건전하고 행복한 삶을 위해 노력하자.

077. 인연을 소중히 하면 행복한 인생을 살 수 있다

불교에서는 옷깃만 스쳐도 인연이라고 했다. 인생에서 만나는 사람은 모두가 스승이고 선물이라고 생각해야 한다. 그렇게 생각하면 모두가 운명의 만남이고 인생에서 일어나는 일은 모두 중요한 의미가 있는 것이다.

지금 자기 자신의 주변 가까이에 있는 사람들과 친구나 연인을 어떻게 만나게 됐는지를 떠올려보라. 세세한 우연이 쌓여서 만났거나 기적적으로 만나게 된 경우가 있을 것이다.

우리의 모든 만남에는 중요한 의미를 가지고 있다는 것을 깨닫게 된다. 그래서 인연을 소중히 해야 한다. 부부 사이나 인간관계가 좋지 않은 사람은 상대에 대해 어느 한쪽에서만 보지 말고, 위에서 바라보는 시선으로 양쪽을 동시에 바라보면 상대의 다른 일면이 보인다.

자신의 현재의 모습은 주위의 현상으로 비추어져 있다. 진실한 파트너는 바깥쪽에 있는 것이 아니고 자신 내면의 원래 하나였던 또 한 사람의 자기라는 것을 체감할 때 비로소 모두가 바뀐다. 지금까지 일어난 모든 것들은 나에게 주어진 선물이기 때문이다. 어떠한 작은 일이라도 나를 필요로 한다. 내 마음속에 원래 하나였던 것이 표면화되어 내 앞에 나타난 것이다.

밤과 낮이 합해져서 하루가 된다. 어둠과 빛 양쪽을 경험하면서 보다 의식을 넓히면 어느 한쪽만이 아니라 전체가 보인다. 세상을 살아가면서 만나는 사람은 원래 내 마음속에서 나온 사람들이라고 생각하고 인연을 소중히 해야 한다.

078. 친절을 베풀며 신념을 갖고 사는 사람에게 좋은 인연이 만들어진다

사람은 만남을 통해 인생이 바뀔 수도 있다. 항상 친절을 베풀며 신념을 가지고 사는 사람에게 좋은 만남이나 인연은 찾아오게 되어 있다. 사람은 사람과 만나면서 자신을 성장시켜 간다. 좋은 사람과 만나면 좋은 시간이 흐르고 좋은 만남이 있으면 좋은 운명이 기다린다고 한다. 한진그룹의 창업자 조중훈 회장의 인연과 만남은 좋은 예라 하겠다.

그는 20대 중반에 미군 영내에서 청소 하청 일을 했다. 어느 날 물건을 싣고 인천에서 서울로 가는 도중 외국 여자가 차를 길가에 세워놓고 곤란해 하고 있는 모습을 발견했다. 조회장은 그냥 지나치지 않고 차를 세우고 그 이유를 물어보았더니 그녀는 차가 고장이 났다며 난감해했다. 조회장은 1시간 반이 넘게 걸려 차를 고쳐주었다. 그 외국 여성은 고맙다며 상당한 금액의 돈을 주었다. 그러나 조회장은 돈을 받지 않고 우리나라 사람들은 이 정도의 친절은 베풀며 산다고 정중히 거절했다. 하지만 주소라도 알려달라고 해서 어쩔 수 없이 주소를 알려주었다. 훗날 그 여자는 남편과 함께 조회장 집으로 찾아왔다. 그 남편이 미8군사령관이었다. 그 인연으로 조회장은 미8군에서 나오는 폐차의 권리를 부여받아 폐차를 수리하여 판매하는 사업을 시작하게 된다. 그렇게 해서 만들어진 그룹이 한진그룹이다.

친절을 베풀며 신념을 가지고 사는 사람에게 좋은 만남과 좋은 인연이 만들어져서 행복한 인생을 살 수 있다.

079. 소중한 사람을 잃어 후회하지 말고 가까운 사람을 소중히 하자

사람은 모두가 후회 없는 인생을 살고 싶어 하지만 그리 뜻대로 되지 않는다. 후회 없는 인생을 살기 위해서는 먼저 후회할 일을 하지 말아야 한다. 후회할 일을 했더라도 후회하지 말고 그 다음부터는 후회할 일을 반복하지 않아야 한다. 그러나 후회하지 않고 살기란 말처럼 쉽지 않다. 사람은 인생을 살아가며 많은 후회를 하며 살지만 인간관계의 실패로 인한 후회는 오랫동안 가슴을 아프게 한다.

소중한 사람을 잃고 난 후의 후회는 오랫동안 지속되는 경우가 많다. 소중한 사람을 잃고 나서 후회하지 않기 위해서는 평소에 가까이 있는 사람과 항상 좋은 관계를 유지하면서 소중한 삶을 살아야 한다.

거짓말을 하는 것은 간단하고 배신하는 것은 쉽다. 하지만 한번 깨지고 무너져 버리면 원래대로 되돌리는 데 많은 시간이 걸린다. 두 번 다시 되돌릴 수 없을지도 모른다. 아무리 후회해도 소용없다. 시간이 지나 소중한 사람이란 걸 깨닫게 되어 후회해도 소용없다. 또한 어떤 일을 하기 위해 중요한 결단을 내려야 할 때 후회를 줄이기 위해서 자기 나름대로 신중하게 생각하고 행동해야 한다. 그리고 자기가 선택한 일에 대해서는 자기가 책임을 지고 최선을 다해야 한다. 그렇게 하다 보면 후회 없는 인생을 살 수 있다.

많은 친구보다는 몇몇의 소중한 친구와 진정으로 항상 함께할 수 있다면 성공한 인생이라 할 수 있다. 인생을 살아가면서 많은 친구를 사귀는 것은 매우 좋은 일이다. 하지만 많은 친구를 사귀다 보면 친구 한 사람 한 사람에게 소홀히 하기 쉽다. 사회생활을 하며 가정과 직장에 할애하는 시간을 제외하면 친구에게 할애할 시간은 한정되어 있다. 물론 친구라면 그런 사정을 서로 이해하며 살아가겠지만 자주 만나지도 않은 그런 친구가 진정한 친구라고는 말할 수 없다. 서로가 필요할 때는 도움을 주고받을 수는 있겠지만 오랫동안 연락도 못하고 만나지도 못한 친구에게 갑자기 부탁을 한다고 해도 들어주는 친구는 많지 않을 것이다. 눈에서 멀어지면 마음도 멀어진다는 말이 있다. 즉, 자주 만나지 않으면 마음까지 멀어지게 된다는 뜻이다.

사람은 한정된 시간 속에서 살아간다. 한정된 시간 중 친구들에게 많은 시간을 할애하게 되면 가정이나 직장에 소홀해진다. 또한 자기 계발 투자에도 소홀해지기 쉽다. 그렇게 되면 사회에서 인정받는 사람이 되기 어려울 뿐만 아니라 행복한 가정을 이룰 수가 없다. 세상은 친구들하고만 살아가는 게 아니다.

나는 이런 친구를 원한다. 못난 나를 비웃기보다는 못된 나를 이해하고 자랑으로 여기는 친구, 불평불만을 하기보다 도와주려고 하는 친구, 내가 우울하거나 슬플 때 웃으면서 나를 위로해 주는 친구, 내가 좌절하거나 방황할 때 손을 내밀어 위로해 주는 친구, 대가를 바라고 아첨하거나 교만한 행동을 하지 않는 친구, 이익을 위해 거짓말로 세상을 살지 않는 친구, 어제보다는 오늘, 오늘보다는 보다 나은 내일을 위해 힘차게 전진할 수 있는 친구가 되기를 원한다. 이런 친구는 진정한 삶의 동반자로 인생의 길잡이가 될 것이다. 그래서 많은 수의 친구보다는 몇 명이라도 진실하고 소중한 친구가 필요한 이유이다.

　친구가 많은 것도 좋지만 먼저 자기 계발에 힘쓰고 가정을 소중히 하면서 친구 관계를 유지하도록 노력해야 한다. 많은 친구보다는 소중하고 진정한 친구 몇 명만이라도 인생을 함께할 수 있다면 성공한 인생이라 할 수 있다. 자기 자신이 사회에서 인정받는 존재가 되고 행복한 가정을 이루어야 좋은 친구 관계도 유지될 수 있다. 자기라는 존재가 별 볼일 없어지면 자신 가까이에 있는 좋은 친구마저도 떠나버린다. 그것이 인지상정이다. 그리고 가끔은 혼자 있는 시간을 갖는 것도 중요하다. 인생에서 좋은 친구를 만나지 못했다면 가끔은 고독을 즐기는 것도 중요하다. 고독은 사물을 깊이 생각하는 좋은 기회가 되기 때문이다.

081. '감사'는 '기적'의 다른 말이다

감사한다는 것처럼 멋진 말은 없다. 진심에서 우러나오는 감사하는 마음과 감사의 말은 사람을 감동시켜 기쁘게 하기도 하고 행복하게 한다. 진심 어린 감사의 마음으로 날마다 가까운 사람들에게 인사한다면 그 사람의 인생은 놀라울 정도로 바뀐다. 지금 내가 처해 있는 환경이 어렵고 힘들지라도 항상 감사하는 마음으로 살아간다면 반드시 좋은 일이 생길 것이다.

사람은 혼자 살아가는 것이 아니고 누군가와 더불어 살아가는 존재이다. 누군가의 도움을 받고 이 세상을 살아간다. 서로 주고받음이 있어야 행복의 나래를 펼칠 수 있다. 지금 내게 주어진 것에 감사하고 내가 살아있게 지탱해 주는 누군가에게 감사하는 마음을 가져라. 그리한다면 아무리 힘들고 어려운 환경 속에서도 마음이 편안해지고 행복해질 것이다.

사람은 누군가에게 은혜를 입었다고 생각하면 그 은혜에 보답하기 위해 열심히 노력한다. 늘 감사하는 마음을 갖고 있는 사람은 항상 노력하기 때문에 정신이 성장한다. 감사하는 마음을 갖지 않는 사람은 항상 불평불만이 가득하고 불행한 인생을 산다.

감사하는 마음이 없으면 아무리 좋은 환경이 주어져도 알지 못하고 아무리 훌륭한 사람들과 만나도 깨닫지 못한다. 깨닫지 못하기 때문에 그러한 환경을 살리지 못하고 도움도 받지 못하고 성장할 수 있는 기회도 놓치고 만다. 결국 불행한 삶을 살게 된다. '감사'는 '기적'의 다른 말이다. 입 밖으로 내면 힘이 나고 귀에 들어가면 용기가 솟아난다.

인생을 살아가며 마음속에 어두운 그림자가 드리울 때 '감사합니다'를 수없이 반복하여 말해 보자. 그리고 마음속의 미움이나 증오심, 분노, 질투, 불평과 불만 등의 감정을 하나씩 지워 나가자. 어느새 마음속의 어두움은 서서히 걷히고 맑고 밝은 햇살이 비추기 시작한다. 마음이 깨끗이 정화되는 것을 느낄 것이다. 마음이 맑고 밝고 깨끗해지면 몸에 있는 병까지도 사라지거나 낫게 된다. 몸은 마음의 거울이기 때문이다.

일본의 작가 고바야시 세이칸은 '감사'라는 말에는 '신령이 살고 있다'고 했다. 마음에서 우러나오지 않더라도 '감사합니다'를 25,000번 말하면 왠지 나도 모르게 눈물이 나온다. 눈물이 나온 후에 다시 '감사합니다'를 말하려고 하면 이번에는 저절로 마음속으로부터 '감사합니다'의 말이 나온다. 그리고 마음을 담아서 '감사합니다'를 다시 25,000번 말하면 기쁨이 넘쳐나고 즐거워지며 행복의 기적이 일어나기 시작한다.

의사로부터 시한부 선고를 받은 어떤 말기 암환자가 '감사합니다'를 약 3개월에 걸쳐 10만 번 이상 말했더니 온몸에 퍼져 있던 암세포가 모두 사라졌다고 한다. '감사'라는 말은 내가 누군가에게 하는 것도 좋지만 내가 누군가로부터 듣는 것은 더욱 좋다고 한다. 누군가로부터 '감사하다'는 말을 듣는다는 것은 누군가에게 도움이 되는 좋은 일을 했다는 뜻이 된다.

항상 감사하는 마음을 가지고 사는 사람은 주위 사람들에게 감사를 받는 일을 많이 하며 살아가게 되고 자신도 언젠가 도움이 필요할 때 많은 도움을 받게 된다. 당연히 행운은 이런 사람들에게 찾아온다. 항상 감사하는 마음을 가지고 있는 사람에게 행운은 반드시 찾아오기 마련이다. 매사에 감사하는 마음으로 살다 보면 언젠가 행운이 찾아온다.

우리말에 감사를 표현하는 말에는 '감사합니다'와 '고맙습니다'
가 있는데, 전자는 한자어에서 온 것이고 후자는 순우리말이다.
'감사합니다'는 '감사해'라고 낮춰서 사용할 수 없지만, '고맙습니
다'는 '고마워'라고 낮춰서 사용할 수 있다. 따라서 감사 표시의 말
을 습관처럼 사용하기에는 높이거나 낮추어서 폭넓게 사용할 수
있는 '고맙습니다', '고마워'가 좋을 것 같다.

'고맙다'는 말은 메마른 대지에 내리는 단비와도 같다. 마음이 언
짢아 있거나 화가 나 있을 때 누군가로부터 '고맙다'는 말을 들으
면 기분이 좋아진다.

'고맙다'는 한마디가 사람의 마음을 즐겁게 한다. '고맙다'는 말
은 인간관계를 부드럽게 해 준다. 상대의 좋은 점을 찾아서 적극적
으로 칭찬해 주고 고마움을 전하면 상대는 나에 대한 좋은 이미지
를 갖게 되고 닫힌 마음의 문을 열어 준다. '고맙다'는 말은 말하는
사람이나 듣는 사람에게 모두 긍정적으로 작용한다. 주위 사람에
게 항상 고마움을 표시하면 주위 사람들도 똑같이 나를 대해 준다.
상대방이 풀이 죽어 있을 때 '고맙다'는 말을 해 주면 힘을 낼 것이
고, 내가 의욕을 상실했을 때 누군가로부터 '고맙다'는 말을 들으
면 의욕이 되살아난다.

'고맙다'는 세 글자는 인간관계를 부드럽게 해 주고 마음을 즐겁
게 해 주며 행복을 불러들이는 마법의 말이다. '고맙다'는 말을 습
관처럼 많이 하여 즐겁고 행복한 인생을 살도록 하자.

084. 범사에 감사하며 사는 사람은 마음이 여유롭고 행복한 사람이다

모든 것에 감사하며 사는 사람이 있는가 하면, 누군가로부터 도움을 받아도 감사할 줄 모르고 당연하다고 여기며 사는 사람이 있다. 전자는 행복한 인생을 사는 사람이고, 후자는 불행한 인생을 사는 사람이다. 일상적이고 당연한 일에도 감사하는 것, 이것은 과거의 많은 선인들이 이야기하는 행복해지기 위한 아주 간단한 방법이다. 모든 일에 감사함으로써 올바른 마음을 갖게 되고 인생을 호전시켜 가는 것은 이 세상의 절대적 진리라고 할 수 있다. 하지만 범사에 감사하는 것을 습관화하는 것은 결코 쉽지 않다.

당연한 일에도 감사할 수 있는 사람이 있는가 하면 그렇지 못한 사람이 있다. 마음의 여유가 없는 사람은 감사할 줄 모르기 때문이다. 작은 것에도 감사할 줄 아는 마음의 여유를 갖고 살아야 한다. 마음의 여유가 있는 사람은 일상적인 일에도 감사하는 것이 습관화되어 있다.

타인으로부터 무엇인가 도움을 받으면 당연히 고맙다고 느낀다. 그때 사람의 마음은 한 단계 성숙하고 인격이 더욱 높아진다. 하지만 타인으로부터 무언가 도움을 받아도 감사할 줄 모르고 당연하다고 생각하는 사람은 마음의 여유가 없다. 그런 사람의 마음은 녹이 슬어 인격이 더욱 비뚤어진다. 감사하며 사는 사람에게는 풍요로운 마음이 열리고 감사하다고 느끼는 마음에 행운의 여신이 미소를 짓는다. 행운은 행복을 가져다준다. 이처럼 범사에 감사하며 사는 사람은 마음이 여유로운 사람이며 행복한 인생을 살아가는 사람이다.

085. 아침에 눈을 뜰 수 있음에 감사하면 하루가 소중하게 느껴진다

아침에 눈을 뜨면 먼저 감사하는 마음을 갖고 하루를 시작하도록 한다. '또 기회를 주어서 감사합니다'라고 마음속으로 말해 본다. 이는 오늘 하루도 열심히 살 수 있는 기회를 얻은 데에 대한 감사이다.

하루가 끝나면 주어진 오늘 하루를 충실하고 열심히 살았는지 자신에게 물어보며 반성의 시간을 갖도록 한다. 충실하지 못했던 일이든 미련이 남았던 일이든 무언가 가슴에 남아 있는 게 있을 것이다. 가슴에 남아 있는 그 무언가를 다시 할 수 있는 기회를 얻은 데 대해 감사하는 것이다. 이럴 때는 하루의 생활을 되돌아볼 수 있도록 일기 쓰기를 생활화하는 것도 좋다.

매일 아침마다 눈을 뜨는 것은 결코 당연한 것이 아니다. 자고 있는 동안 심근경색이나 협심증 등 돌연사로 인해 세상의 아침을 보지 못하는 사람도 더러 있다. 이 세상에는 먹고 싶어도 먹을 수가 없으며 걷고 싶어도 걸을 수 없는 사람이 얼마든지 있다. 하루 세 끼나 두 끼의 식사를 할 수 있는 것도 두 발로 걸어 다닐 수 있는 것도 당연한 것이 아니라 건강하기 때문에 가능하다. 그렇게 생각하면 아침에 무사히 눈을 떠서 감사하는 마음을 갖는다는 것은 자신의 삶에 있어서 매우 중요한 의미가 있다. 아침에 눈을 뜰 수 있었다는 데 감사하게 되면 시간이 정말로 소중하게 느껴진다. 내게 주어진 하루라는 소중한 시간을 소홀히 할 수 없다. 당연한 것을 당연하지 않다고 생각하고 감사의 마음을 갖고 하루를 새롭게 시작한다면 충실한 하루를 보낼 수 있을 것이다.

086. 이 세상 모든 것은 연결되어 있다는 시스템 사고를 가져라

　대부분의 사람들은 자기중심적으로만 생각하고 남이 하는 일이나 자기가 흥미가 없는 일에는 전혀 관심을 갖지 않으려고 한다. 자기와 직접적인 관련이 없다고 생각하면 무시해 버리는 경우도 있다. 하지만 이 세상 모든 것은 다 연결되어 있다는 시스템 사고를 가져야 한다.

　사람은 부분적인 면만 보는 것이 아니라 전체적인 면을 볼 줄 알아야 한다. 혼자서 세상을 살아갈 수 없다. 특히 현대사회에서는 자급자족하며 사는 사람은 거의 없다. 우리들이 세상을 살아가기 위해서는 보이지 않는 곳에서 땀을 흘리는 많은 사람들이 있다. 다들 쉬고 있을 때 쉬지 않고 일하는 사람들이 있다. 많은 사람들이 땀을 흘리는 덕택에 우리는 행복한 생활을 할 수 있다. 쉬는 날에 쉬지 않는 사람들이 있기 때문에 우리는 휴식을 즐길 수가 있다. 누군가의 행복한 생활이나 휴식은 누군가의 땀에 의해 제공되고 있다는 사실을 잊지 말자.

　쉬는 날에 일하는 사람을 보면 감사하는 마음을 가져야 한다. 자기와는 직접적인 관련이 없다고 무시해서는 안 된다. 이 세상은 모두가 연결되어 있다. 일본에 '바람이 불면 나무통 가게가 돈을 번다'는 격언이 있다. 바람과 나무통 가게는 표면적으로는 전혀 관련이 없는 것처럼 보이지만 서로 연결되어 있다. 이를 순서도로 제시하면 다음과 같다.

　바람이 분다 → 먼지가 날아오른다 → 눈이 나빠지는 사람(장님)이 많아진다 → 샤미센(일본의 전통 악기)을 켜는 사람이 늘어난다

(옛날에 샤미센은 주로 장님들이 켰다) → 고양이의 수가 줄어든다
(샤미센은 고양이 가죽으로 만든다) → 쥐가 늘어난다 → 쥐가 나
무통을 갉아먹는다 → 나무통이 잘 팔린다 → 결과적으로 나무통
을 파는 가게가 돈을 번다

이와 같이 겉으로는 전혀 관련이 없는 것처럼 보여도 실제로는
서로 연결되어 있는 것이다. 이 세상을 살아가면서 부분적이고 표
면적인 것만을 보지 않고 이러한 시스템 사고를 갖는다는 것은 매
우 중요하다. 작은 것에도 감사할 줄 알고 하찮은 것도 소중하게
생각한다. 이렇게 하면 겸허한 마음으로 인생을 살아갈 수 있게 되
기 때문이다.

087. 매일매일 나 자신에게도 칭찬해 주자

대부분의 사람들은 자신과 남을 칭찬하는 데 인색하다. 남을 칭찬하는 데도 인색하지만 자기 자신을 칭찬하는 데는 더욱 인색하다. 누구나 칭찬을 받으면 기분이 좋아진다.

칭찬은 놀라운 힘을 가지고 있다. 체벌보다는 칭찬으로 교육한 아이들의 성적이 훨씬 좋게 나온다는 통계도 많이 소개되어 나와 있다. 자주 꾸중을 들으며 자란 아이들보다 자주 칭찬을 들으며 자란 아이들이 성공할 가능성이 훨씬 높다고 한다. 칭찬보다 좋은 교육적 효과는 없다고 보는 게 일반적이다. 이런 칭찬은 불가능한 일을 가능하게 하고 새로운 것에 대해 도전할 수 있는 용기를 주기도 한다.

일본의 자연과학연구기구인 생리연구소라는 곳에서 인간의 뇌와 칭찬에 대한 상관관계에 대해서 밝힌 바가 있다. 칭찬을 받으면 뇌 속에 쾌락 물질인 도파민이 분비되어 학습 기억이 정착하기 쉬워지기 때문이라고 연구원은 이야기하고 있다.

남으로부터 칭찬받는 것도 좋지만 자기가 자기 자신을 칭찬하는 것도 똑 같은 효과가 있다고 한다. 일본의 작가인 테즈카 치사코에 의하면 손으로 쓴 일기로 자신을 칭찬하면 의욕이나 감정을 조절하는 뇌의 전두엽 혈류가 좋아졌다고 이야기하고 있다.

칭찬은 비용이 들거나 힘이 드는 것도 아니다. 일반적으로 사람들 눈에는 장점보다는 단점이 눈에 잘 들어온다. 그러나 인간은 누구에게나 장점이 있다. 단점이 보이더라도 눈을 감고 장점을 찾아 칭찬을 해 주면 된다.

자기 자신에 대해서도 마찬가지다. 하찮고 작은 일이라도 칭찬을 습관화하자. 노력이나 성과뿐만 아니라 감정이나 행동, 신체에 관해서도 상관없다. 매일매일 아침저녁으로 나를 칭찬하는 습관을 들이면 놀라운 변화가 일어나서 성장한 자신을 발견하게 될 것이다. 나 자신에게 매일매일 많은 칭찬을 하고 들으면서 기쁨에 넘치고 행복한 인생을 살도록 하자.

088. 본인과 타인의 장점을 찾아 칭찬해 주는 습관을 길러라

이 세상에 완벽한 사람은 없기에 누구나 장단점을 가지고 있다. 아무리 잘난 사람에게도 단점이 있고 아무리 못난 사람에게도 장점은 있기 마련이다. 누군가가 싫어지면 장점은 보이지 않고 단점만 보이게 된다. 반대로 누군가를 좋아하게 되면 단점보다는 장점만 보이기 쉽다. 그래서 사람을 미워하거나 싫어해서는 안 되며 그렇다고 사람을 지나치게 좋아 해서도 안 된다. 적당한 거리를 두고 바라볼 수 있어야 한다.

사람은 적당한 거리를 두고 바라보아야 사람의 장단점 모두를 볼 수 있다. 하지만 단점이 보인다고 하여 그 단점을 부각시켜 비난하거나 고치려고 해서는 안 된다. 가능한 한 단점은 눈감아 주고 장점을 부각시켜 칭찬해 주도록 해야 한다. 사람은 누군가로부터 자기의 단점에 대해 지적당하거나 꾸지람을 받으면 불쾌해지고 단점을 알면서도 고치려고 하지 않는다. 오히려 반감을 갖게 되고 스스로 깨닫고 고치려 하지 않는다면 단점은 고쳐지지 않는다.

사람은 스스로 자기 자신의 장단점을 잘 파악하고 있다. 그런데도 조금 피곤해지면 자기 자신의 단점만 보이게 되고, 결국 자신이 싫어지게 되어 부정적인 마음 상태가 된다. 그럴 때는 조금 시간을 내서 마음을 가라앉히고 천천히 자기 자신의 장점을 찾아보아야 한다. 그리고 마음속 깊이 숨겨진 장점을 찾아내어 칭찬해야 한다. 누구나 장점은 갖고 있다. 자기의 장점을 인식하고 자신의 훌륭한 점을 칭찬하며 삶의 에너지를 재충전하자.

089. NO라고 거절할 줄 아는 용기가 건전한 사회를 만든다

세상을 살면서 부조리하다고 생각되는 일에 대하여 NO라고 자신의 의견을 확실하게 말하며 살아가는 사람이 과연 얼마나 될까? 대부분의 사람들은 자기가 소속되어 있는 직장이나 조직 속에서 자기 의지대로 살아가지 못하고 상사나 동료들의 눈치를 보며 살아간다.

일반적으로 직장 상사의 부당한 요구나 동료의 부당한 부탁을 받고 좀처럼 거절하지 못한다. 자신이 부당하다고 생각하거나 싫은 일들을 거절하지 못하고 어쩔 수 없이 부탁을 들어주고 받아들이며 살아가다 보면 스트레스가 쌓여서 마음의 병이 되기도 한다. 결국 자기의 인생을 망치는 결과를 초래할 수도 있다.

사람은 아무리 난처한 입장이라도 자기가 부당하다고 생각되면 확실하게 거절할 줄 아는 용기가 있어야 한다. 즉, NO라고 말할 수 있는 용기를 가져야 스트레스를 받지 않는다. 설령 미움을 받게 되더라도 자기의 건강을 해치고 인생을 망치는 것보다는 훨씬 낫다. 사람은 남의 인생을 사는 게 아니라 자기의 인생을 살아야 한다. 주위로부터 항상 좋은 사람으로 있을 필요는 없다.

손님은 왕이라는 말이 있다. 왕이라면 부당한 요구나 마음에 상처를 주는 말을 입에 담아서는 안 된다. 그런 왕은 왕의 자격이 없을 뿐더러 사람의 도리에서 벗어나는 짓이다. 물론 공적인 일에 사적인 감정만을 내세워 자신이 싫다고 무조건 거절하라는 이야기는 아니다. 개인적으로 싫다는 감정보다는 부당한 요구나 강요, 부탁에 대해 NO라고 말할 수 있는 용기가 필요하다.

090. 열심히 일하다 지치면 가끔 게으름피우는 용기를 내어 보자

 사람은 매일 착실하게 일만 하며 살 수는 없다. 너무 솔직하고 착실하게 일만 하고 살다 보면 자신도 모르게 스트레스가 쌓이기 마련이다. 가끔 그 스트레스를 발산시켜 주어야 한다. 그렇지 않으면 어느 순간에 몸의 균형이 무너지고 생활의 리듬이 깨지게 된다.

 사람이 가지고 있는 원초적인 것 중에 본능이라는 것이 있다. 이성이 그 본능을 컨트롤하면서 사회 질서를 지키며 살아간다. 이성이 그 본능을 잘 조절하지 못하면 억제되어 있던 본능이 어느 순간 스프링처럼 튕겨 나온다. 그래서 본능을 억제하는 것보다 조절하는 것이 중요하다. 대부분의 사람들은 주위의 시선이나 동료들을 의식하여 쉬고 싶어도 쉬지 못하고 하고 싶은 일이 있어도 하지 못하는 경우가 많다. 이 경우 자신도 모르게 스트레스가 쌓여 몸과 마음에 나쁜 영향을 주어 힘든 상황을 겪게 된다. 그와 같은 상황이 오지 않도록 본능을 잘 조절하도록 하자.

 우리 삶에서 인내심은 중요하다. 어려운 일을 참고 견디는 인내심은 매우 중요하다. 하지만 주위의 시선 때문에 자기의 감정을 너무 억제하고 살아가는 것은 좋지 않다. 이는 몸과 마음이 병들기 쉽게 한다. 자기의 인생을 살아야 하기에 타인에게 폐를 끼치지 않는 한 자신의 생각 대로 또는 하고 싶은 대로 살아가는 것은 인생을 건강하고 행복하게 사는 비결이다.

 매일 열심히 일하다가 지치면 가끔 게으름(?)을 피우는 용기를 내어 보자. 날이면 날마다 열심히 일했기에 가끔은 게으름을 피우며 앞일을 위해 충전하는 시간을 갖는 것도 중요하다. 열심히 일할

수 없을 때는 충분한 휴식과 마음의 여유를 가져야 한다. 쉬는 것
이 마음이 요구하는 자연스런 모습이다. 마음과 몸에 귀를 기울이
면서 때로는 게으름뱅이가 되어 보자. 그것이 인생을 건강하고 활
기차게 사는 비결이다.

091. 무시하는 사람들에게 기존의 평판을 뒤집고 깜짝 놀라게 하자

사람은 무시당하면 화가 나고 분노가 치밀어 오른다. 하지만 그 분노를 표출하여 상대방에게 감정적으로 대항했을 때 얻을 수 있는 것은 아무것도 없다. 힘 있는 자에게 무시를 당해 대항하면 오히려 불이익을 당하거나 더 불리해질 수 있다.

사람이 무시를 당하는 데에는 그럴만한 이유가 있다. 무시를 하는 사람들 입장에서는 평소 그 사람에 대한 이미지나 평가가 좋지 않기 때문이다. 그러니 상대방에게 무시당하면 감정에 치우쳐 분노를 폭발시킬 것이 아니라 자기 자신에 대한 반성의 기회로 삼아야 한다. 자기가 무시당한 이유를 파악하여 개선한 다음 떳떳하게 행동과 결과로 보여 주어야 한다.

우리는 무시한 사람의 이미지를 바꾸어 주어야 한다. 누군가 일을 맡기려고 할 때 "저놈은 안 돼."라고 무시당하면 어떻게 해서든 그 일을 성사시켜 자기를 무시한 사람을 깜짝 놀라게 해 준다. "저놈은 무리야."라고 비웃음을 당한 일을 성공적으로 완수한다. 기존의 평판을 뒤집고 모두를 깜짝 놀라게 하는 일은 자기를 무시한 사람들의 이미지를 바꾸어 줄 뿐만 아니라 평생을 통해 자기 자신에게도 용기를 불어넣어 주는 삶의 원동력이 된다.

비굴해서는 안 되고 감정적으로 대항해서도 안 된다. 얼굴을 들고 행동과 결과를 가지고 떳떳하게 기존의 평판을 뒤집어 어제의 나를 극복해 나가야 한다. 그러면 미래의 나는 결코 무시당하는 일은 없을 것이다.

Part 4

성격과 태도에 대한
삶의 지혜

092. 진정한 용기를 가지고 산다면 좀 더 나은 세상이 될 것이다

인생을 살아갈 때 용기를 가지고 사는 것은 매우 중요하다. 공포심이나 불안감에 두려워하지 않고 맞서 나아가는 것이 진정한 용기이다. 뿐만 아니라 용기는 두려움과 부끄러움을 극복하고 자기의 신념을 관철하기 위해 맞서 나아가는 적극적인 마음가짐이다.

용기는 용감하고 강한 마음가짐이다. 오스트리아의 정신의학자이며 심리학자인 알프레드 아들러는 스스로의 체험에 비추어 용기를 갖게 되는 동기에 대해서 다음과 같이 말했다.

"나는 나에게 가치가 있다고 생각할 때만 용기를 낼 수가 있다."

"그리고 나에게 가치가 있다고 생각하는 것은 내 행동이 주위 사람들에게 있어서 도움이 되고 있다고 생각할 때뿐이다."

이를테면 사람은 누군가에게 공헌할 수 있을 때만 용기를 갖는다. '고맙다', '당신 덕분에 살았다'라는 말을 들을 수 있는 경우에 용기를 내게 된다. 그렇게 생각하려면 사람은 살아가면서 많은 용기가 필요하다.

자기 자신의 치부를 드러내는 것이 두려워 진실을 감추려는 노력보다 진실을 이야기하는 것이 진정으로 용기 있는 사람이다. 자기 자신의 부끄러움이나 권력 또는 폭력이 두려워 진실을 감추면 누군가에게 피해를 주게 된다. 또한 자기 자신이 귀찮아지는 것이 싫어서 피하는 것보다 상황을 즐기는 용기도 중요하다.

불의를 보고 지나치는 것보다 용기를 내어 부딪치는 것이 정말 필요하다. 강한 자에게 아부하여 사랑받으려는 노력보다 약한 자에게 손을 내미는 진정한 용기를 가져야 한다.

093. 아주 작은 용기만 있어도 된다

　인간은 한 치 앞도 내다볼 수가 없는 존재이다. 우리가 가야 할 길은 앞에는 가시밭길인지 낭떠러지인지 아니면 꽃길이 펼쳐져 있는지 아무도 모른다. 우리가 앞으로 나아가거나 알 수 없는 미래로 나아가기 위해서는 용기가 필요하다. 아주 작은 용기만 있으면 된다. 자기 자신을 믿고 용기를 내어 한 발 한 발 앞으로 나아가자. 그것이 성장해가는 인생길이다.

　인생은 멈춰 있는 시계가 아니다. 앞으로 나아가지 않고 멈춰 있으면 인간은 성장하지 못한다. 인생을 살아가며 성장을 동반해야 자신이 꿈꾸는 이상을 실현할 수 있다. 인간이 '성장한다'는 것은 '변화한다'는 것을 뜻한다.

　교육학에서는 '교육'을 '인간의 행동을 바람직한 방향으로 의도적으로 변화시키는 것'으로 정의한다. 이처럼 '변화'는 '교육'이라는 개념과 일맥상통한다.

　하나하나 끈질기게 작은 변화를 쌓아가야 한다. 작은 변화가 쌓이면 이윽고 커다란 변화가 일어난다. 일명 나비 효과이다. 이는 나비의 작은 날갯짓이 지구 반대편에선 태풍이나 폭풍우와 같은 커다란 변화를 일으킬 수 있다는 이론이다. 즉, 나비의 작은 날갯짓 하나가 커다란 날씨 변화를 일으키듯 미세한 변화나 작은 사건 하나가 예상치 못한 엄청난 결과로 이어진다. 곧바로 결과가 안 나올 때도 있고 시간이 걸릴 때도 있다. 그러니 당황하지 않고 초조해하지 않고 포기하지 않고 작은 용기를 가슴에 품고 이상의 미래를 실현해 가도록 해야 한다.

세상을 바꾸거나 성공하는 사람들은 나와 가족, 세상을 위해 도움이 된다고 생각하면 온 정성과 혼신을 다해 그 일에 몰두한다. 도중에 장애물을 만나더라도 피하지 않고 과감히 용기를 가지고 도전하여 그 장애물을 넘어간다. 즉, 끊임없이 장애물을 극복할 방법을 연구하며 어떻게 행동할 것인가를 생각한다. 그리고 과감히 행동한다. 행동하면서도 혹시라도 소중한 것을 잃어버리지나 않는지를 생각하며 현실에 타협하거나 나태해지지는 않았는지 스스로 경계심을 늦추지 않는다.

목적을 이루어 가는 과정에서도 몇 번의 실패를 반복한다. 그러나 실패에 굴하지 않고 도전을 계속한다. 실패를 교훈삼아 목표를 달성하기 위해 재도전한다. 실패를 극복하고 재도전한다는 것은 그 일에 대한 그 사람의 혼이 담긴 진지함과 인내가 없으면 무척 어렵다.

모든 시련을 이겨내고 이루고자 했던 목적을 달성했을 때 그 달콤한 열매의 맛은 그 사람 본인밖에 맛볼 수 없을 것이다. 그런 사람만이 타인을 감동시키며 세상을 바꾸어 나간다. 또한 그런 사람만이 성공한 인생을 손에 넣는다.

'인내는 쓰나 그 열매는 달다'는 말처럼 시련이나 고난을 이겨내는 것도 인내가 없으면 불가능하다. 인내 없이 이루어지는 성공은 없다. 한마디로 진지함이 불가능을 가능하게 하고 인내가 시련과 고통을 보물로 바꾸어 주는 성공한 사람의 필수 도구이다.

095. 인생길은 안정된 자세로 서두르지 않고 천천히 걸어가야 한다

사람은 먼 거리를 걸어갈 때 멀리 가고 오래 가기 위해서는 안정된 자세로 중심을 잡고 천천히 걸어가야 한다. 멀리 갈 때 쉬고 싶으면 쉬면서 가야 한다. 인생 또한 마찬가지여서 인생은 먼 거리를 여행하는 것과 같다. 초조하게 서둘러 가다 보면 무리를 하게 되고 결과적으로 낭패를 보기 쉽다.

마음을 가다듬고 항상 준비하는 자세로 안정되게 나아가야 한다. 그래야만 큰 위기나 시련이 닥쳐도 헤쳐 나갈 수가 있다. 사업을 하면서도 내실을 기하기보다는 욕심이 앞서 외형 성장만을 추구하게 되면 위기가 닥칠 때 적절한 대응을 하지 못해 실패하거나 파산하는 경우가 생긴다. 태풍에 쓰러진 거목은 바람이 강하게 불어서가 아니라 뿌리가 약하거나 썩어 있기 때문이다.

우리는 안정된 자세로 마음을 가다듬고 한 발 한 발 천천히 나아가야 한다. 당황하거나 초조해하지 않고 계속해서 앞으로 가야 한다. 역경과 고난의 시기에도 참을성 있게 앞으로 나아가야 한다. 행복하고 성공한 인생을 살기 위해서는 인내심을 가지고 안정된 자세로 천천히 계속해 나아가야 한다.

세상에는 빨리 피는 꽃이 있는가 하면 때를 기다려 늦게 피는 꽃도 있다. 빨리 핀 꽃은 빨리 지기 마련이고 늦게 핀 꽃은 늦게 지기 마련이다. 마찬가지로 인생에는 시간이 걸리는 일도 있다. 초조하게 서둘러 가지 않고 어떤 고난이나 역경이 닥치더라도 결코 당황하거나 체념하지 않고 인내심을 가지고 천천히 가다 보면 행운의 여신이 당신에게 미소지어 줄 것이다.

096. 일에 임할 때는 기도하는 마음처럼 정성스런 마음가짐이 중요하다

사람은 모든 일에 임할 때는 정성스런 마음가짐이 중요하다. 정성스런 마음이란 어떤 마음일까? 그것은 온갖 힘을 다하려는 참되고 성실한 마음이 담긴 기도의 마음일 것이다. 기도를 할 때는 무언가 간절한 소망이 있기 마련이다. 소망을 위해 온 정성을 담아 간절히 기도하면 소망이 이루어진다. 소망이 이루어지길 간절히 기도를 한다고 해서 반드시 소망이 이루어지거나 잘된다는 보장은 없다. 하지만 정성을 담아 기도하는 마음으로 일을 하면 사람의 마음은 움직인다. 정성스런 마음은 눈에 보이지 않지만 정성스런 마음으로 하는 일은 눈에 보인다. 정성을 쏟아 정성스런 마음으로 일을 한다고 해서 반드시 결과가 다 좋다는 보장은 없지만 정성을 다해 일을 하면 사람들은 알아준다.

정성을 다해 일을 하면 좋은 기회가 시나브로 찾아온다. 정성을 다해 기도하는 마음으로 지금 가능한 일을 묵묵히 하다 보면 반드시 기회가 찾아오고 좋은 결과를 얻게 된다. 좋은 결과는 좋은 평가를 받게 되고 마침내 성공의 문이 열리게 된다. 따라서 모든 일에 임할 때는 기도하는 마음처럼 정성스런 마음가짐으로 일을 해야 한다. 이렇게 하는 사람은 주위로부터 신뢰를 얻게 되고 도와주는 사람도 생겨난다. 그러면 스스로도 만족한 삶을 살게 될 것이다.

097. '괴롭다, 슬프다, 외롭다'고 솔직하게 말할 수 있는 게 중요하다

우리는 인생을 살아가면서 괴로움과 슬픔, 외로움을 느낀다. 그럴 때마다 이를 극복하는 방법은 사람마다 제각기 다르다. 혼자 견디며 이를 이겨내는 사람이 있는가 하면, 친한 친구를 만나 털어놓고 위로를 받는 사람도 있다. 하지만 대부분의 사람들은 자존심 때문에 남에게 자신의 약한 모습을 보이기 싫어 감추거나 털어놓지 못하는 경우가 많다. 혼자서 끙끙 앓다가 점점 더 힘들어 한다. 결국 우울증이나 공황장애에 걸려 스스로 극단적인 선택을 하고 마는 사람도 종종 있다.

사회적 지위가 있는 사람이나 인기 연예인들의 자살 소식을 우리는 종종 듣는다. 대부분의 사람들은 혼자가 아니다. 가족이나 친구, 이웃 아니면 어느 한 곳이라도 커뮤니티에 소속되어 있을 것이다. 그럼에도 대부분의 사람들은 자신의 약점이 될 만한 이야기는 하지 않는 경향이 있다. 하지만 자신의 이야기를 들어 줄 사람이 단 한 사람이라도 있다면 그 사람에게 자신의 기분이나 감정을 솔직하게 말하는 것이 중요하다.

다음과 같이 하면 괴로움과 슬픔, 외로움으로부터 자유롭게 해방될 수 있다.

첫째, 어두운 곳에 갇혔던 자신의 기분이나 감정을 밝은 곳으로 끌어내라. 뚜껑을 닫고 가둬 두었던 자신의 기분이나 감정을 해방시키는 것이다.

둘째, 솔직하고 정직하게 자신의 기분을 이야기함으로써 가슴에 뭉쳐 있는 응어리를 토해 내라. 무겁게 쌓여 있는 자존심을 버림과 동시에 희망과 용기를 얻을 수 있을 것이다.

셋째, 이야기를 들어주는 상대는 함께 분노하거나 위로해 주기도 하면서 어쩌다가 귀에 거슬리는 충고의 말을 귀담아 들어라. 그런 이야기를 들으며 마음의 짐을 내려놓을 수가 있어 편안해질 것이다.

넷째, 자신의 이야기를 잘 들어주고 위로해 주고 충고해 준 상대에게 감사하라. 상대의 충고에 감사함으로써 마음속 깊이 박혀 있던 무거운 돌이 가벼워진다. 이는 상대방과의 동일시에서 오는 자연스런 현상이다.

마지막으로 자신의 기분을 해방시킨 자기 자신에게 감사하라. 자존심도 부끄러움도 모두 버리고 용기를 내어 다른 사람에게 자신의 모든 것을 솔직하게 이야기하고 어둠 속에 가둬 두었던 기분을 해방시킨 자기 자신을 칭찬하고 자신에게 감사한다. 그렇게 하면 자신도 모르게 어느새 괴롭거나 슬플 때나 외로울 때도 기분이 한결 가벼워져 있다는 걸 느끼게 될 것이다. 인간의 감정은 상대에 대한 배려나 감사에서 나온다는 사실을 직시하자.

098. 좋은 인상을 주는 사람은 사람들에게 신뢰를 얻고 덕망이 높아진다

세상을 살아가는 데 있어서 인상은 매우 중요하다. 타인에게 좋은 인상을 주기 위해서는 얼굴 표정을 잘 관리해야 한다. 얼굴은 거리의 간판이나 다름없다. 타인에게 어떤 인상을 주는가는 얼굴 표정에 달려 있다. 잘생기고 못생기기보다는 얼굴 표정이 그 사람의 인상을 좌우한다. 얼굴이 수려하고 아름답게 생긴 미남이나 미인인 경우에도 왠지 천박하고 비굴하게 보이는 인상이 있다. 또 사기꾼처럼 느껴지고 신뢰가 가지 않는 인상을 주는 사람이 있다. 반대로 잘생기거나 미인은 아니지만 좋은 표정으로 호감을 주고 귀티가 나는 인상을 주는 사람이 있다. 깊이가 있어 보이고 신뢰가 가는 인상을 주는 사람이 있다.

나이 40이 넘으면 자기 얼굴에 책임을 져야 한다는 링컨 대통령의 말이 있다. 이는 그 사람의 살아온 삶이 얼굴에 나타난다는 뜻이다. 얼굴은 마음의 거울이다. 좋은 생각을 하면서 항상 주어진 현실에 만족하며 감사하는 마음가짐으로 행복한 삶을 사는 사람은 항상 밝고 웃는 얼굴에 온화한 인상을 준다. 반면에 항상 불만에 가득 찬 삶을 살면서 무언가에 쫓기듯 불안하고 초조하게 사는 사람은 표정이 어둡고 얼굴이 굳어 있는 인상이다. 이런 사람에게 호감을 갖고 신뢰하는 사람은 없을 것이다.

좋은 인상을 갖기 위해서는 얼굴 표정 관리를 잘해야 한다. 얼굴에는 입이 하나, 귀는 두 개가 있다. 자기가 말을 많이 하기보다는 남의 이야기를 경청하라는 뜻에서 귀가 두 개라고 한다. 남의 이야기를 들어줄 줄 아는 사람이 인격이 높은 이유이다.

099. 비판이라는 리스크는 성공의 묘약이므로 두려워하지 말자

　사람은 어떤 일을 하고 나면 비판을 한다. 세상 사람들이 모두 같은 생각을 가지고 살지 않고 살아 온 환경도 다르기 때문이다. 한마디로 사람마다 생각이 다르고 입장이 다르다.

　대부분의 사람들은 도움이 되는 일이라 해도 자기에게 불이익이 되면 비판을 한다. 모든 사람을 완벽하게 만족시킬 수 있는 일이란 없기 때문이다. 그래서 민주주의에서는 다수결의 원칙이라는 것이 있다. 어떤 일을 추진할 때는 많은 사람에게 도움이 되고 자기가 옳다고 생각하면 비판을 두려워해서는 안 된다. 비판은 더 나은 세계로 나아가기 위한 길잡이가 되기 때문이다.

　비판이란 무엇일까? 비판은 훈장이며 행동했다는 증거이다. 비판이 두려워 아무런 행동도 하지 않는다면 당연히 비판은 없겠지만 성공의 문을 열 수가 없다. 비판을 두려워하면 아무런 일도 할 수 없기 때문이다. 비판에 따른 리스크 관리도 중요하지만 아무 일도 하지 않는 것 역시 리스크다. 성공은 반드시 리스크 위에 존재한다. 리스크를 감수하고 도전하지 않으면 큰 성공도 이룰 수 없다. 비판이라는 리스크는 성공의 묘약이므로 두려워하지 말고 리스크를 받아들이며 성공의 문을 열자.

100. 사람은 완벽하지 않다는 것을 알기 때문에 겸허해질 수 있다

　이 세상에 완벽한 사람은 없다. 사람은 태어나서부터 부모뿐만 아니라 많은 사람들로부터 도움을 받으며 살아간다. 사람은 혼자서 살아갈 수는 없고 성인이 되어서도 알게 모르게 누군가의 도움이 없이는 살아갈 수가 없다. 그래서 사람은 항상 겸허한 마음과 감사하는 마음으로 살아야 한다. 하지만 그것을 깨닫지 못하고 조금 돈을 벌거나 높은 지위에 오르면 모든 것이 자기의 능력이라고 착각하며 사는 사람이 있다. 거만한 태도로 사람을 얕잡아 보고 괴롭히는 사람이 있다. 그래서는 안 된다.

　사람은 완벽하지 않다고 인식하면서 사는 사람은 겸손하고 포용력이 있다. 누군가에게 실수하거나 폐를 끼치게 되면 상대에게 진심으로 사과할 줄 안다. 누군가로부터 은혜를 입으면 진심으로 감사하거나 은혜를 갚을 줄 안다. 누군가가 잘못을 하거나 실수해도 너그러운 마음으로 용서하고 사태를 수습할 줄 안다.

　사람은 완벽하지 않기 때문에 겸허한 마음으로 누군가에게 가르침을 받으며 성장해 간다. 또한 타인의 도움에 대한 고귀함을 알고 겸허해질 수 있으며 높은 인격을 쌓을 수 있다. 사람은 완벽하지 않다는 것을 마음속 깊이 새기며 겸허한 마음으로 인생을 살자. 이것이 덕을 쌓고 좋은 인생, 행복한 인생을 살아가는 방법이다.

101. 어른은 자기 자신만이 아니라 주위를 두루 살필 수 있어야 한다

'어른'이란 단어는 일반적으로 육체적인 의미가 아니라 정신적인 의미로 사용한다. 어른이 된다는 것은 무조건 참는 것이 아니다. 이는 매사에 참을성을 가지고 지속하며 사는 것이다. 어른이된다는 것은 부조리를 보고 모른 척하는 것이 아니다. 이는 세상에많은 부조리가 존재한다는 것을 깊이 이해하고 그럼에도 천진한어린 아이처럼 세상을 사랑하고 선의를 가지고 주위 사람을 대하는 것이다. 어른이 된다는 것은 남에게 일부러 비위를 맞추는 것이아니다. 때로는 다툼을 피하고 화합을 위해 상대방의 비위를 맞추어 주는 것이다.

논어에는 '군자화이부동 소인동이불화(君子和而不同 小人同而不和)'라는 말이 나온다. 이는 '군자는 화합하지만 자기의 생각이나 주장을 굽혀서까지 남의 의견에 동조하지는 않고, 소인은 이익을 위해서라면 남의 의견에 동조하고 무리를 짓지만 화합하지는않는다'라는 뜻이다. 화이부동(和而不同)처럼 어른이 된다는 것은자신을 속이고 남을 능숙하게 속이는 것이 아니다. 자신에게 솔직해지면서 하고 싶은 일에는 과감히 도전하고 부딪혀 보는 것을 뜻한다. 비록 실패한다고 해도 반성하고 실패를 경험 삼아 재도전하면 된다.

때로는 힘들어질 때 약한 소리를 내도 되며 누군가에게 의지해도 된다. 어른이 된다는 것은 자기 자신만이 아니라 주위를 두루살필 수 있어야 한다. 내 입장만 주장하는 게 아니라 상대의 입장이 되어 자신의 생각을 전달할 수 있어야 한다. 자기가 한 행동에는 자기가 책임을 질 수 있어야 한다. 이처럼 모두가 참된 어른이 되어 살아간다면 이 세상은 더욱 살기 좋은 아름다운 세상이 될 것임을 확신한다.

102. 정말 소중한 것은 눈에 보이지 않고 오직 느낄 수 있을 뿐이다

'어린왕자'의 작가 생텍쥐페리는 작품 속에서 소중한 것은 눈에 보이지 않는다고 말한다. 정말 소중한 것은 눈에 보이지도 않고 만질 수도 없으며 오직 느낄 수 있을 뿐이다. 어린왕자에게 특별한 존재임과 동시에 그에게 가장 소중한 한 송이의 장미꽃은 어린왕자가 그 꽃에 가장 많은 시간을 소비하여 길들여졌기 때문이다.

사람에게 가장 소중한 것은 무엇일까? 그것은 자기 자신이 가장 많은 시간을 소비하여 길들여진 존재이다.

인간은 숨을 쉬지 않고는 살 수가 없다. 숨을 쉴 수 있도록 산소를 제공해 주는 공기는 눈에 보이지도 않고 손으로 만질 수도 없다. 의식하지 않고 살아가지만 가장 많은 시간을 소비하여 접촉하고 길들여져 있는 것은 바로 공기다. 사람이 살아가면서 정말 소중한 존재는 공기와 같은 존재이다. 어린왕자에게 가장 소중한 존재인 한 송이의 장미꽃처럼 공기는 평소에는 항상 당연한 존재이기 때문에 의식하지 못하고 살아간다.

사람들은 당연함에 길들여진 존재는 미처 소중하다고 생각하지 못한다. 자기 자신에게 소중한 존재는 가장 가까이에 있다. 사랑으로 많은 시간을 소비하며 길들여진 남편이나 아내, 그리고 가족들, 우정으로 많은 시간을 소비하며 길들여진 친구들, 얼마나 소중한 존재들인가? 이러한 소중한 존재들이 있기 때문에 행복한 인생을 살 수 있는 것이다.

소중한 것들은 돈으로도 살 수가 없다. 눈에 보이지도 않고 만질 수도 없는 것들은 돈으로 살 수가 없다. 살아가기 위해서 돈은 필요하다. 의식주를 해결하고 어느 정도 품위를 지키며 살아가기 위해서는 돈이 필요한 것은 사실이다. 하지만 돈을 우선시하고 진정으로 소중한 것들을 소홀히 해서는 안 된다. 소중한 것들을 지키기 위해 돈이 필요한 것이기에 돈은 인생을 살아가는 데 있어서 수단은 될지언정 목적이 될 수는 없다. 우리는 돈을 위해 소중한 것들을 희생하는 어리석은 짓을 해서는 안 된다.

생명은 돈으로 살 수는 없다. 돈으로 병을 치료하여 수명을 조금은 연장할 수 있을지는 몰라도 생명 그 자체를 살 수는 없다. 스티브 잡스도 한국의 최대 재벌 총수도 돈이 없어서 생명을 사지 못한 게 아니다. 인간의 종착역은 죽음이다. 종착역에 서서 정말 소중한 것이 무엇인가를 떠올릴 때를 생각하며 소중한 것들을 소중히 여기며 후회 없는 행복한 인생을 살아가도록 하자.

103. 인생은 누군가로부터 주어진 게 아니라 스스로 만들어 가는 것이다

달걀은 안으로부터의 힘에 의해 깨질 때 위대한 생명의 막이 열린다. 사람은 세상을 살아가면서 타인을 의식하며 살아가는 경우가 많다. 누군가로부터 호감을 얻고 싶다거나 아니면 미움을 받지 않을까 두려워한다. 또는 누군가로부터 인정받고 싶다는 생각을 하며 살아가는 경우가 많다. 이런 사람들은 대체로 자기의 주도적인 인생을 사는 것이 아니고 타인의 인생을 사는 매우 불행한 사람들이다.

행복한 인생을 살아가는 사람들의 특징은 자기의 인생을 사는 사람들이다. 이들은 타인으로부터 인정받고 싶다는 생각도 없고 타인에 대한 관심이나 흥미도 없다. 이런 사람들은 대체로 자신의 행동에 책임을 질 수 있는 사람은 자신뿐이라고 생각하고 산다.

누군가가 시켜서 무엇인가를 하는 게 아니라 자기 자신이 하고 싶어서 무엇인가를 해야 한다. 돈을 벌 목적으로만 일을 하는 것이 아니라 그 일이 좋아서 해야 하며, 그 일을 통해 회사나 사회 또는 누군가에게 어떤 도움이 될 수 있는가를 먼저 생각하며 일을 해야 한다. 일을 통해서 자신의 인생에 어떤 도움이 되는가를 중요시해야 한다.

친구나 연인 관계도 너무 의존하는 관계가 아니라 서로 자립하는 관계로서 서로의 다름을 인정하며 스스로의 의견을 상대방에게 강요해서는 안 된다.

인생은 누군가로부터 주어진다고 생각하지 않고 스스로 만들어 가는 것이라는 신념을 가지고 살아야 한다. 이와 같이 인생을 행복하게 사는 사람들은 타인의 의견이나 생각에 따라 사는 게 아니라 스스로 룰이나 철학을 가지고 사는 사람들이다.

외부로부터 힘에 의해 달걀이 깨지면 하나의 생명이 막을 내린다. 안으로부터의 힘에 의해 달걀이 깨지면 위대한 생명의 막이 열린다. 사람은 여러 종류의 사람들과 관계하며 살아간다. 외부로부터의 힘에 의해 움직이게 되는 일도 많아서 자기의 룰이나 철학이 없으면 타인의 인생을 살 수밖에 없다. 타인의 힘에 휘둘려 살게 되면 생명의 힘이 약해진다. 내면적인 생명의 힘으로 자신의 껍질을 깨고 나와 비약하면서 자기의 행복한 인생을 살도록 하자.

104. 친절한 사람은 아름다운 사회를 만들고 행복한 인생을 산다

친절한 사람은 사회를 정화시키고 아름답게 만든다. 친절한 사람이 많으면 많을수록 그 사회는 아름다워지고 살만한 세상이 된다. 현대사회에서는 타인에게 친절을 베풀며 산다는 것이 쉽지 않다고 생각하는 사람이 많다. 제각기 살아가기 위해서 일에 시달리고 시간에 쫓기다 보면 타인에게 친절을 베풀 여유가 없다고 생각하기 때문일 것이다.

친절에는 물질적인 면과 정신적인 면이 있다. 물질적으로 친절을 베풀 여유가 없는 사람도 일상생활 속에서 얼마든지 친절을 베풀며 살아갈 수 있다. 꼭 물질적으로 어려운 사람을 도와주고 돌봐주는 사람만이 친절한 사람은 아니다. 물질적으로 타인을 돕지는 못해도 일상생활 속에서 정신적으로 친절을 베풀고 사는 사람이 많이 있다.

친절에는 타인을 배려하는 마음이 무척 중요하다. 타인을 배려하는 마음은 염려해 주고 상처받거나 기분이 상하지 않도록 마음을 써 주고 때로는 실패하지 않도록 어드바이스하면서 도와주는 마음이다.

친절은 대가를 바라지 않는다. 그러기 때문에 자기를 내세워서는 안 된다. 그것이 진정한 배려의 마음이다. 생각이나 마음은 누구에게도 보이지 않지만 배려하는 마음의 친절은 누구에게나 보인다. 물론 친절을 받은 사람도 흐뭇하지만 친절을 베푼 사람은 더 행복하다. 친절한 사람으로 살면서 흐뭇하고 행복한 인생을 살도록 하자.

105. 인생을 살아가는 데에는 유연한 마음가짐이 중요하다

너무 강하면 부러지기 쉽다는 말이 있다. 아무리 큰 나무도 큰 태풍으로 인해 부러지는 경우가 있지만 유연한 대나무는 결코 부러지지 않는다. 사람도 마찬가지다. 자기의 생각이나 주장이 너무 완고한 사람은 고립되고 도태되기 쉽다.

남의 조언을 겸허히 받아들이고 상황에 따라 변할 수 있어야 한다. 세상을 살아가는 데는 유연함이 필요하다. 모든 환경이나 상황은 시시각각 변하기에 자기가 옳다고 생각하거나 주장하는 것도 환경과 상황이 바뀌면 달라질 수 있다. 정반대의 상황으로 바뀌었는데도 환경에 대응하지 못하고 기존의 생각만을 고수한다면 그 사람은 도태될 수밖에 없다. 개인뿐만 아니라 기업도 마찬가지다.

기존의 굴뚝산업이 시대의 변화에 따라 IT를 도입하여 기존산업과 잘 융합하며 대응해 가는 회사는 지속가능한 회사가 된다. 하지만 변화를 따르지 못하고 기존의 산업 방식에만 고집하는 회사는 도태되어 살아남을 수가 없다. 유통 구조 또한 마찬가지다. 이미 온라인 유통이 오프라인 유통을 추월했다는 통계가 나와 있다.

기업을 경영하는 것도 사람이 한다. 사람은 환경의 동물이라서 환경에 적응하거나 변할 줄 알아야 한다. 내가 변함으로써 깨닫는 것이 있다. 남의 조언을 받아들이지 않고 바꿔야 할 것을 바꾸지 않고 완고하게 자기주장을 관철하다가 그것이 어떠한 계기로 인해 자기주장을 버리고 순순히 조언을 받아들이면 일이 확실하게 잘 풀린다는 것을 알게 될 것이다.

106. 내 인생을 살아가는 데 남을 탓하거나 원망해서는 안 된다

나의 인생을 다른 사람이 대신 살아줄 수는 없다. 내가 없으면 내 인생은 있을 수가 없기 때문이다. 사람은 환경의 동물이라 하지 않는가? 주위 사람이나 주어진 환경의 영향을 받지만 모든 것은 최종적으로 내 자신이 결정하며 살아간다. 어떤 일이 잘못되었다고 남을 탓해서는 안 되는 이유이다.

성공도 실패도 다 나의 몫이다. 남을 원망하고 책임을 남에게 전가시키려고 하는 태도는 인생에서 발전이 없다. 사람이기 때문에 곤경에 처하거나 일이 잘못 되었을 때 남을 원망하거나 불평하고 싶어지는 것은 당연하다. 하지만 그것은 의미가 없을 뿐더러 내 인생에 아무런 도움이 되지 않는다. 모든 것은 내가 선택한 나의 일이다. 남을 탓하기 전에 나를 되돌아보고 반성하는 기회로 삼아야 한다. 반성은 미래를 위한 특권이자 투자이다. 타인에 대한 원망이나 불평과 불만은 후회에서 나온다. 후회는 미래로 나아가지 못하고 과거에 머무르는 행위이다.

반성은 자기 성찰을 통해 잘못을 개선하여 미래로 나아가는 계기를 제공한다. 이는 한 단계 성장한 인생을 살 수 있게 된다. 내 인생의 모든 것은 내가 선택하고 내가 결정한 일이다. 좋아하거나 싫어하는 것을 선택한 것도 나이고 노력하거나 게으름 피우는 것도 내 자신이다. 어떤 행동을 할지 말지를 결정하는 것도 타인의 의지와는 상관없이 오직 나 자신이 결정할 뿐이다.

어떤 일을 계속하고 싶다면 마지막까지 진지하게 관철하면 된다. 일을 그만두고 싶을 때는 그만두면 된다. 미련을 가지고 일을 그르치거나 건강을 해치면 본인만 손해이다. 사람은 쉴 때는 쉬어야만 몸과 마음의 안정을 가져와 행복해진다. 만약 그 결과가 좋지 않다고 하여 남을 탓하거나 원망해서도 안 된다. 진지한 자기 성찰을 통해 좀 더 나은 미래로 나아가는 나의 인생을 살자.

107. 현명한 사람은 복잡한 것을 단순하게 생각한다

대부분의 사람들은 세상을 너무 복잡하게 생각하며 살아간다. 사람은 쓸데없이 불필요한 생각을 너무 많이 한다. 너무 복잡하게 생각하며 살다 보면 건강에도 좋지 않다. 그래서 때로는 불면증에 시달릴 수도 있고 우울증이나 정신장애가 올 수도 있다.

불필요한 생각을 많이 하는 것은 인생을 살아가는 데 있어서 도움이 되기보다는 오히려 해가 될 수 있다. 물론 요즘 세상은 복잡하지만 복잡하게 생각하면 할수록 더 복잡해진다. 복잡한 세상을 어떻게 단순화할 수 있는가가 매우 중요하다. 복잡한 세상을 단순하게 생각하며 살아가는 것이 현명한 삶이다.

일본에서 가장 존경받는 기업가의 한 사람인 이나모리 가즈오 교세라 명예회장은 다음과 같이 말한다.

"멍청한 사람은 단순한 것을 복잡하게 생각한다. 보통 사람은 복잡한 것을 복잡하게 생각한다. 현명한 사람은 복잡한 것을 단순하게 생각한다."

이 말의 의미는 복잡한 것을 그냥 단순하게 생각하는 것이 아니라 복잡한 것을 단순하게 풀어낼 수 있는 능력이 있어야 한다는 뜻이 내포되어 있다. 인생을 현명하게 사는 사람은 복잡한 것을 단순하게 생각하며 살아간다.

108. 성의와 열의와 창의는 인생에서 없어서는 안 될 가치이자 의지다

사람이 무엇인가 일을 성취하기 위해서는 빼놓을 수 없는 요소가 성의와 열의 그리고 창의이다. 성의와 열의(열정), 창의가 없는 곳에는 아무것도 성취되는 것은 없다. 이 중 열의야말로 창조의 원천이라 할 수 있다. 회사나 조직을 창업하거나 창시한 사람은 모두가 열정의 소유자이다. 열정도 중요하지만 성의(성실함)가 없으면 바퀴가 없는 차와 같다. 열정으로 무언가 성취한다고 해도 그것은 일시적인 것이고 반드시 어딘가에서 방향성을 잃어버리고 만다. 아무리 재능과 열정이 있다고 해도 성실함이 없으면 인생의 참된 결실을 맺기란 어렵다.

성의는 열정을 지탱해 주는 지렛대와 같은 구실을 한다. 그리고 창의는 끊임없이 탐구하고 연구하는 것을 말한다. 어제보다 오늘, 오늘보다 내일을 향해 나아가기 위해 궁리하고 끊임없이 생각한다. 그리하면 나날이 발전하고 도약해 나아갈 수 있다. 성의, 열의, 창의야말로 인생에서 없어서는 안 될 가치이자 의지이다.

성의 있는 사람에게로 인연은 이어지고 열의가 생겨난다. 열의 있는 사람에게로 일은 모이기 마련이고 창의가 생겨난다. 창의적인 사람에게로 기운이 숙성하여 행운이 다가간다. 성의와 열의와 창의로 행운과 사이좋게 지내며 인생을 풍요롭게 살아가자.

109. 자신의 성격을 단정 지어 버리면 더 이상 성장하기 힘들다

사람은 제각각 성격이 다르다. 성격은 어렸을 때 자란 환경이 많은 영향을 미쳐 형성된다. 같은 가정환경에서 자란 형제라 할지라도 각자의 역할이나 부모로부터의 받는 사랑의 온도차가 있기 때문에 모두가 다른 성격이 형성된다.

사람마다 성격에 장단점이 있다. 자기 자신의 성격에 전적으로 만족하고 사는 사람은 없을 것이다. 너무 온순한 성격 때문에 손해를 보는 사람이 있는가 하면 너무 사납고 급한 성격 때문에 손해를 보는 사람도 있다. 대부분의 사람들은 자기의 잘못된 성격을 고치고 싶어 할 것이다. 하지만 한번 형성된 성격은 바꿀 수가 없다고 생각한다.

그러나 인간은 상황이나 성격을 개조하는 동물이기에 산다는 것은 곧 개조하는 것을 뜻한다. 개조는 인간의 가치 판단의 중요한 척도이므로 먼저 사고를 개조해야 한다. 인간은 생각하는 동물이라서 철옹성 같던 의식의 변화도 작은 것에서 출발한다. 생각이 바뀌면 성격이 바뀌고 행동이 바뀌기 때문이다.

우리는 변화하기 위해서 살아간다고 할 수 있다. 성격은 행동과 밀접하게 결부된다. 행동을 바꾸면 성격도 바꿀 수가 있다. 자기 자신의 행동을 면밀히 분석하여 자기가 바꾸고 싶은 성격과 결부된 행동에 조금씩 변화를 준다. 매일매일 조금씩 자기의 행동에 변화를 줌으로써 성격은 변해 간다. 성격은 바꿀 수 있다. 성격은 바꿀 수 있으니까 자기 자신을 단정 짓지 않는 게 좋다. 나는 이러이러한 성격이라고 자신을 단정 지어 역정을 내서는 안 된다. 사람은 누구나 풍부한 가능성을 가지고 태어났다. 그런데 자신의 성격을 단정 지어 버리면 더 이상 성장하기 힘들어진다.

미국의 심리학자인 윌리엄 제임스의 말을 상기하자.

"생각이 바뀌면 행동이 바뀌고, 행동이 바뀌면 습관이 바뀌고, 습관이 바뀌면 인격이 바뀌고, 인격이 바뀌면 운명이 바뀐다."

사람의 성격은 바뀔 수가 있으므로 자신의 가능성에 대해 항상 열어 놓아야 한다. 자신에게 기대하면서 바뀌어 가는 자신에게 두근두근 설렘을 갖고 살도록 하자.

110. 덕이 있으면 따르는 사람이 있으므로 외롭지 않다

　손자병법에서는 용장보다 지장이 낮고 지장보다는 덕장이 낮다고 했다. 용감한 장수는 부하들이 무서워서 따르고 지장은 속이고 싶어도 속일 수가 없어 따르고 덕장은 존경심으로 따른다. 덕이 있는 사람은 사람들의 마음을 움직일 수 있는 사람이다. 항상 주위에 사람이 모여들고 따른다. 그래서 주역에서는 덕이 있으면 따르는 사람이 있으므로 외롭지 않다고 했다.

　반드시 이웃이 있으면 외롭지 않다. 하지만 아무리 능력이 뛰어나고 세상을 위해 선행을 쌓는다 해도 반드시 좋은 평가를 받는다고는 할 수 없다. 어느 순간 고독하고 외로워질 때 주위에 사람이 없으면 허무해질 것이다. 무엇을 위해 세상을 사는지 의미를 느끼지 못하게 된다. 하지만 그 허무함을 극복하고 덕을 계속 쌓아 가면 이해해 주는 사람들이 나타나서 도와주게 된다. 욕심을 내거나 체념하지 않고 덕을 쌓으며 살아야 하는 이유이다. 서로 이해해 주고 도와주는 사람들이 주위에 모여들면 외롭고 허무한 인생이 아니라 즐겁고 행복한 인생을 살 수 있게 된다.

111. 용서하면서 사는 인생은 고상한 삶을 사는 것이다

용서란 무엇일까? 용서란 어떤 사람이 다른 사람에게 피해나 불이익을 당했을 때 피해를 당한 사람은 피해자의 입장에서 해를 끼친 가해자에게 복수나 대응 조치를 취하지 않고 가해자에 대한 적개심을 버리고 오히려 상대의 좋은 삶을 빌어주는 것을 말한다. 사람은 감정의 동물이기 때문에 기분이 상한 일을 당하면 상대를 미워하게 되고 싫은 일을 당하면 용서할 수 없게 된다. 하물며 피해나 불이익을 당하게 되면 어떻게 될까? 일반적으로 적개심이 불타오르게 된다. 상대에 대한 적개심으로 복수하겠다는 마음을 품고 지내는 동안은 지옥에서 사는 것과 다를 바 없다. 지옥이 따로 없다. 스스로 지옥문으로 들어가게 되는 격이다.

사람은 누구나 인생을 행복하게 살고 싶어 한다. 지옥에서 살고 싶은 사람은 단 한 사람도 없을 것이다. 그 지옥에서 벗어나기 위해서는 오직 용서하는 길 뿐이다. 내 마음속의 미움과 적개심, 복수심을 모두 버리고 상대방을 용서해야 한다. 상대방을 용서하지 않고 행복한 삶을 살 수가 없다. 그 일로 인해 계속적으로 악몽에 시달리거나 힘든 생활을 한다.

상대를 용서한다는 것은 쉬운 일이 아니다. 그래서 용서는 인생에서 고귀한 행위라 할 수 있다. 용서하면서 사는 인생은 고상한 삶을 사는 것이다. 절대로 용서를 못하거나 실제로 용서할 수 없는 일이 일어났을 때 스스로의 의지로 상대를 용서하면 지옥으로부터 벗어나 마음에 평화가 찾아오고 한결 큰 인간으로 성장하게 된다.

112. 상대의 입장에서 생각하면 상대를 배려하는 마음이 생긴다

역지사지(易地思之)는 상대방의 입장에서 생각해 본다는 뜻이다. 자기의 입장과 상대방의 입장을 바꾸어 생각해 보면 상황을 좀 더 객관적으로 바라 볼 수 있게 된다. 이러한 삶의 태도는 세상을 무난하게 살아가는 데 유익하다.

이와는 정반대로 아전인수(我田引水)와 같은 삶의 태도가 있다. 이는 자기의 이익을 먼저 생각하여 상대방 입장은 아랑곳하지 않고 자기에게 이롭도록 일을 꾀하는 것으로 다툼이 끊이지 않고 결국에는 고립되어 인생의 실패자가 되기 쉽다.

사람은 여러 사람들과 더불어 살아가야 한다. 나라는 존재도 여러 사람들 속에서 존재 가치를 확인하며 살아간다. 어떠한 상황에서도 상대의 입장에서 나를 바라보는 습관을 들여야 한다. 내가 생각하는 것이 옳다고만 주장할 것이 아니라 상대가 옳다고 주장하는 의견에도 귀를 기울여야 한다. 예를 들어 6이라는 숫자를 상대방과 나 사이에 두고 바라보면 상대방 쪽에서는 9로 보인다. 내 쪽에서 바라보는 숫자 6이 옳다고 주장하면 안 되고 상대방이 주장하는 9도 옳다고 인정하며 배려해야 한다.

서로의 입장을 바꾸어 놓고 생각하면 상대를 배려하는 마음이 생긴다. 나만이 옳다고 생각하고 고집하면 마음의 시야가 좁아진다. 나도 모르는 사이에 내가 꽉 막힌 고집쟁이가 되어 있는 것은 아닌지 거만해져 있는 것은 아닌지 항상 나를 살펴보고 경계해야 한다. 상대방의 입장에서도 사물을 생각하는 여유로운 마음을 갖게 되면 마음의 시야가 넓어지고 한 단계 성숙한 인간이 된다.

113. 일상에서 벗어나려면 사고가 바뀌는 깨달음의 계기를 만들어라

　대부분의 사람들은 일상적인 생활 속에서 매일 반복되는 일에 지쳐 있다. 다람쥐 쳇바퀴같이 반복되는 생활 속에서 벗어나고 싶어도 좀처럼 벗어나기가 쉽지 않다. 이것은 몸에 배어버린 습성이나 습관 때문이다. 이 잘못된 습성이나 습관을 바꾸면 삶의 깨달음을 얻을 수 있다.

　자신에 대한 잘못된 습관을 좀처럼 바꾸지 못하거나 새로운 변화에 대한 두려움 때문에 결국 안주하고 만다. 하지만 어떤 일이 계기가 되어 무언가를 깨닫게 되면 생각이나 사고가 바뀌게 된다. 생각이나 사고가 바뀌면 행동이 바뀌게 되고 행동이 바뀌면 결과가 바뀌게 된다. 결과가 바뀌면 영향력이 바뀌고 영향력이 바뀌면 평가가 바뀐다. 평가가 바뀌면 인생이 바뀌게 된다. 사람은 계기가 중요하다. 그 계기로 인해 무언가를 깨닫게 되기 때문이다. 그 계기는 사람과의 만남일 수도 있고 책과의 만남일 수도 있다.

　지금의 반복되는 생활 속에서 벗어나 새로운 인생을 행복하게 살고 싶다면 먼저 생각이나 사고가 바뀌는 깨달음의 계기를 만들어야 한다. 알차고 희망찬 미래를 향해 나아가야 하는 게 우리네 인생이다.

114. 없다는 것을 핑계 삼지 말고 지혜를 짜는 원동력으로 삼아라

대부분의 사람들은 지금 있는 것은 당연하게 받아들이면서도 없는 것에 대한 불만을 갖고 사는 경향이 있다. 어떤 일을 할 때도 지금 있는 것을 가지고 노력하려는 생각보다는 없는 것을 핑계 삼아 하지 않으려고 하는 사람이 더 많다. 지금 자신에게 없는 것을 할 수 없다는 이유로 삼아서는 안 된다. 그런 사람에게는 새로운 삶의 지혜는 생기지 않는다. 변명만 하게 되고 조금 어려운 일이 닥치면 극복하려는 의지보다는 그 상황에서 도망칠 궁리만 하게 된다. 인생에 있어서 더 이상 발전이 없을 뿐더러 성장도 없다. 발전이나 성장이 없는 인생은 행복 또한 있을 리 없다.

없다는 것을 핑계로 삼을 것이 아니라 지혜를 짜내는 원동력으로 삼아야 한다. '돈이 없다, 시간이 없다, 사람이 없다, 재능이 없다'고 생각해서는 안 된다. 할 수 없다고 변명하거나 핑계 삼을 것이 아니라 무언가 없고 부족하지만 어떻게 하면 할 수 있을까 연구하고 지혜를 짜내어 없는 것을 생각하는 힘으로 바꿔야 한다. 이 경우 창의력을 발휘할 수 있는 계기로 삼아야 한다. 부족함은 창조의 어머니라 하지 않았던가? 여러 가지가 없고 부족한 사람은 지금보다도 훨씬 창조적 사고를 할 수 있기에 멋지고 행복한 인생을 살 수 있다.

115. 은혜 보답하기와 은혜 베풀기는 사람의 아름다운 도리이다

'결초보은(結草報恩)'이라는 말이 있다. 이 말은 '풀을 묶어 은혜를 갚는다' 즉, 죽어서라도 잊지 않고 은혜를 갚는다는 뜻으로 중국의 춘추전국시대에 유래되었다. 진(晉)나라의 대부 위무라는 사람이 있었는데 그에게는 첩이 한 명 있었다. 어느 날 위무가 병으로 몸져눕게 되었다. 아직 제정신일 때 그는 아들 위과에게 "내가 죽으면 이 첩을 다른 사람에게 개가를 시켜라."라고 말했다. 그 뒤 병이 심해져 죽기 직전에 또 말하기를 "내가 죽으면 저 여인은 순장을 시켜라."라고 유언을 했다.

위과는 난감했다. 하지만 죽음에 이르러 남긴 말보다 제정신일 때 한 말을 따라서 서모를 개가시켜 순사를 면하게 했다. 후에 진(晉)나라와 진(秦)나라 사이에 전쟁이 일어나서 위과가 전쟁에 나갔다. 진(秦)나라의 두회와 싸우다가 위험한 지경에 이르렀을 때 두회가 풀에 걸려 넘어져 위과가 두회를 사로잡아 뜻밖에도 큰 전공을 세울 수가 있었다. 그날 밤 위과의 꿈 속에 한 노인이 나타나서 말하기를 "나는 그대가 출가시켜 준 여인의 아비요. 그대는 아버님이 옳은 정신일 때의 유언에 따라 내 딸을 출가시켜 주었소. 그 때 이후로 나는 그대에게 보답할 길을 찾았는데 이제야 그 은혜를 갚은 것이오."라고 말했다.

사람은 남에게 은혜를 베풀 때는 보답을 바라지 말아야 하고, 누군가로부터 은혜를 입었을 때는 잊지 않고 반드시 갚도록 해야 한다. 그것이 사람의 도리이다. 남에게 받은 은혜를 베풀어 준 본인에게 은혜를 갚는 게 은혜 보답하기이다.

남에게 받은 은혜를 다른 누군가에게 베푸는 것이 은혜 베풀기
다. 사람은 누구나 은혜를 주고받으면서 성장했다. 키워 준 은혜를
안다면 누군가를 보살핌으로써 그를 키워 준 사람에게 은혜의 보
답이 된다. 은혜를 받았다면 잊지 말고 은혜를 베풀도록 하자.

은혜 베풀기가 이어진다면 반드시 좋은 인연이 퍼져 나갈 것이
다. 그렇게 되면 아름답고 살만한 훈훈한 세상이 될 것이다.

116. 상대방의 말을 잘 들으면 상대방으로부터 신뢰를 얻는다

대화를 할 때 상대방의 이야기를 잘 들어주는 것은 예의이며 상대방으로부터 신뢰를 얻게 된다. 사람은 누구나 자기 이야기를 잘 들어주는 사람을 좋아한다. 입이 하나인 이유는 말만 많이 하지 말고, 귀가 두 개인 이유는 상대방의 말을 귀 기울여 들으라는 뜻이다. 한마디로 경청하라는 말로 인식하면 된다.

사람은 대부분 상대방의 이야기를 듣는 것보다 자기 이야기를 하고 싶어 한다. 상대방의 이야기를 잘 들으려 하지도 않고 자기 이야기만 늘어놓는 사람은 신뢰를 잃어버리기 쉽다. 상대방의 이야기가 자기와 가치관이 다른 이야기나 자기가 흥미가 없는 이야기일 경우 더욱 들으려고 하지 않는다. 하지만 항상 경청하는 자세로 상대방의 이야기를 들어주면서 때로는 고개를 끄덕이며 수긍하는 태도를 보이거나 상대방의 말에 맞장구를 쳐주는 것은 상대방의 자존심을 살려주고 의욕을 북돋아주는 효과를 낳는다. 사람은 대화를 통해 서로의 신뢰 관계가 구축된다. 자기 이야기를 잘 들어주고 자기 말에 수긍하고 동조해 주는 사람에게 더욱 신뢰가 가는 법이다.

상대방의 말을 잘 들으면 상대방으로부터 신뢰를 얻는다. 신뢰는 그 사람의 인품으로 이어진다. 따라서 말을 잘 들어줌으로써 인품을 높일 수가 있다. 이야기나 대화 도중에 말을 끊는다든가 상대방의 이야기가 끝나지도 않았는데 자기 말을 하기 시작하면 상대는 말할 의욕을 상실해 버린다. 그렇게 되면 상대방으로부터 신뢰를 잃어버린다.

117. 서로가 '다르다'는 점을 인정하면 다툼 없이 평화롭게 살 수 있다

우리말에 '다르다'라는 말과 '틀리다'라는 말이 있다. 두 말은 비슷해 보이지만 전적으로 다른 말이다. '다르다'는 '같다'의 반대말로 영어의 different를 뜻한다. 반면 '틀리다'는 '맞다'의 반대말로 영어의 wrong에 해당한다. 우리는 이 '다르다'는 점을 인정하지 않고 무조건 자기 위주의 내 방식대로만을 고집하면 오해나 갈등이 생겨 다툼이 발생한다.

사람은 서로 다른 존재이기 때문에 다름을 인정하며 살아야 한다. 부모와 자식이기 때문에 생각이나 취향이 같을 것이라고 착각해서는 안 된다. 사람과 사람 사이에 불편한 관계나 다툼이 시작되는 것은 자기와 상대방의 다름을 인정하지 않고 자기 생각을 상대방에게 강요하는 데서부터 시작된다. 상대방의 다름을 인정하지 않은 상태에서 자기 생각을 상대방에게 강하게 주장했을 때 자기 자신은 그것이 강요라는 생각을 하지 않는다.

자기의 생각이 당연히 옳은 것으로 생각하고 있기 때문이다. 하지만 자기와 다른 존재인 상대방의 입장에서는 그것을 반드시 옳다고 받아들이지 않을 수 있다. 서로의 입장이 다르기 때문에 바라보는 시각도 다르다.

서로의 다름을 인정하며 사는 것은 매우 중요하다. 친구든 애인이든 부부든 상대와 나는 엄연히 다르다. 나와 같다는 착각으로부터 엇갈리기 시작하고 나의 상식을 밀어붙이다 보니 다툼이 생겨난다. 아무리 함께 있어도 아무리 친하다 하여도 나와는 다르다는 것을 잊어서는 안 된다.

118. 남의 시선 따위는 신경 쓰지 말고 생각대로 살아라

남들과 다른 생각들을 갖는다는 것은 전혀 문제가 되지 않는다. 하지만 자신의 생각대로 살면서 타인에게 피해를 주어도 괜찮다는 말은 아니다. 자기 생각을 남에게 무리하게 강요하는 것도 안 된다. 그 사람에게는 그 사람 나름의 생각이 있기 때문이다. 단, 남의 평가나 시선이 두려워 자신의 생각을 접어두고 남들과 무리하게 맞추면서 살다 보면 자신의 인생을 사는 것이 아니라 타인의 인생을 사는 것이 되고 만다. 이런 사람에게 행복은 무지개 너머로 멀어지기 마련이다.

수년 전에 기시미 이치로의 '미움받을 용기'라는 책이 베스트셀러가 된 적이 있다. 그 책에는 다음과 같은 내용이 들어 있다.

"우리들은 언젠가부터 타인의 시선에서 자유롭지 못한 채로 살아가고 있다. 왜일까? 어려서는 부모에게, 커가면서는 선생님에게, 직장에서는 상사에게······. 우리가 살아오면서 타인의 인정을 받느냐 못 받느냐와 같은 평가를 우리가 올바른 삶을 살고 있는지 우리가 가치 있는 사람인지 판단하는 잣대로 삼아왔다. 타인의 인정을 바라고 타인의 평가에만 신경을 기울이면 끝내는 타인의 인생을 살게 된다네."

남의 시선 따위는 신경 쓰지 말고 자신이 선택한 행복한 인생을 살기 위해 노력하도록 하자. 인간은 누구나 행복해질 자격이 있기 때문이다.

Part 5

경험과 도전에 대한
삶의 지혜

119. 놓인 처지보다도 그 사람의 의지가 중요하다

어려운 상황에서도 웃는 사람이 있다. 기쁘고 좋은 일이 생길 때는 누구나 다 웃을 수 있다. 하지만 어려운 상황에 처했을 때 웃을 수 있는 사람은 그리 흔하지 않다. 대부분의 사람들은 그런 상황에서 아무리 웃으려고 머릿속에서 '웃자', '웃자'를 수십 번 되뇌어도 웃음이 나오지 않는다. 만일 웃을 수 없는 상황에서 웃었다고 가정해 보자. 그 같은 상황에서 웃는다면 미친 사람이나 정신없는 사람으로 인식되기 마련이다. 하지만 처한 상황에서 이를 긍정적으로 극복하려는 의지가 있다면 그 사람은 좋은 평가를 받고 상황도 잘 극복해 낼 것이다.

우리는 평소에 사소한 일에 동요하지 않는 능력을 키우며 좀 더 대범해져야 한다. 어려움에 처했을 때 그 상황을 당사자가 아닌 객관적인 관찰자 입장에서 여유롭게 바라보며 웃을 수 있는 상황으로 바꿔보자. 또한 일의 실마리가 풀리지 않는다고 하여 결코 체념해서도 안 된다. 어려운 상황 속에서도 체념하지 않고 끝까지 극복하는 사람이 있는가 하면, 혜택 받은 좋은 환경에 있으면서도 불만투성이인 사람이 있거나 곧바로 포기해버리는 사람도 있다. 마지막의 마지막은 자기 자신이 결정하게 되어 있다. 중요한 것은 자기 자신의 의지가 중요하다. 누군가의 인생을 대신 사는 게 아니다. 인생의 주인공은 바로 나 자신이라는 사실을 명심하자.

120. 사람은 지금의 한계를 뛰어넘었을 때 무한한 가능성이 펼쳐진다

우리 인간은 평생 죽을 때까지 자기가 가지고 있는 능력의 5퍼센트도 채 사용하지 못하는 것으로 알려져 있다. 하지만 대부분의 사람들은 자기 자신의 한계를 스스로가 정해 버린다.

사람은 스스로가 정한 한계를 뛰어넘었을 때 무한한 가능성을 체험하게 된다. 사람의 뇌는 사용하면 할수록 진화하고 신체 또한 마찬가지로 진화한다. 타고난 선천적인 DNA나 신체적 차이는 있다. 하지만 자기의 잠재된 능력을 믿고 끊임없이 노력하고 도전하는 사람과 그렇지 않은 사람과는 비교할 수 없을 정도로 차이가 크게 난다.

세상에 알려진 역사적 위인들이나 성공한 사람들, 그리고 스포츠 선수나 일류 예능인들은 끊임없이 노력하여 진화해 간 사람들이다. 사람에게는 한계가 없다. 지금의 한계는 자기 자신의 노력과 마음가짐에 따라 얼마든지 뛰어넘을 수 있기 때문이다. 더 이상 무리라고 결정한 순간에 모든 것이 끝나고 한계점이 되어 버린다. 아직 할 수 있다고 마음먹는 순간부터 모든 것이 시작된다. 변명 같은 것은 아예 통하지도 존재하지도 않는다. 따라서 시작도 끝도 결정하는 것은 바로 나 자신이라는 사실을 잊지 말자.

행복과 불행은 스스로가 어떤 생각과 태도로 인생을 사느냐에 따라 정해진다. 우리는 누군가의 성공을 빌어주고 누군가의 행복을 빌어준다. 또 잘한 일은 칭찬해 주고 기쁜 일은 함께 기뻐해 준다. 슬픈 일을 당한 사람에게는 슬픔을 같이하며 위로해 준다. 이렇게 해 주는 사람들은 누군가가 자기에 대해서도 반드시 그렇게 해 주는 사람이 있기 때문에 가능하다. 그리하면 나에게 성공과 기쁨, 행복이 되돌아온다는 사실을 알고 있다.

질투와 시기심으로 누군가를 험담하거나 미워해서는 안 된다. 누군가를 이용하려고 해서도 안 된다. 그런 사람들은 누군가에게 험담을 듣고 미움을 당하거나 이용당하기도 한다. 내가 했던 행위는 잘잘못을 떠나 반드시 부메랑이 되어 내게 돌아온다. 모두가 자기 자신에게 되돌아온다. 그것이 세상의 당연한 이치다.

일본 에도막부 말기의 농정 지도자 니노미야 손토쿠라는 사람이 있었다. 어느 날 제자가 "어떻게 하면 행복해질 수 있습니까?"라고 물었다. 그는 제자를 욕조 안으로 함께 데리고 들어갔다. 그리고 자기 앞의 따뜻한 물을 제자 앞으로 밀었다. 상대방을 위해 내 앞의 따뜻한 물을 보내면 그 물은 나에게 다시 되돌아온다. 그러나 내 앞의 따뜻한 물을 더욱 내게로 끌어당기려고 하면 그 물은 오히려 달아난다. 그는 바로 이것이 행복의 원리라고 제자에게 설명한다. 내가 성공하고 행복해지기 위해서는 내가 먼저 타인의 성공과 행복을 빌어주어야 가능한 일임을 알려주는 일화이다.

122. 사람은 살아가면서 경험을 통해 배우고 깨닫는다

사람은 세상을 살아가며 직접적인 경험과 간접적인 경험을 통해 배우고 깨닫는다. 가정에서는 부모님으로부터 배우고 학교에서는 선생님으로부터 배우기도 하고 책을 통해 배우기도 한다. 또 가족이나 친구, 지인 등과 여행을 하면서 배우기도 한다.

인생을 지혜롭고 행복하게 살아가기 위해서 꼭 필요한 경험이 있다.

첫째가 연애다. 연애를 통해 사람은 미처 깨닫지 못했던 연약함을 배운다.

둘째가 사랑이다. 사랑을 통해 자신보다 소중한 것을 배운다.

셋째가 돈이다. 돈을 통해 사람은 욕망과 마주하는 법을 배운다. 돈을 많이 가졌다고 해서 성공한 것은 아니다. 성공은 명예, 지위, 인품 등이 그 요소가 된다.

넷째가 건강이다. 건강을 통해 사람은 생활의 문란함이나 나태함을 깨닫는다.

다섯째가 실패다. 사람은 살아가면서 반드시 크고 작은 실패를 경험한다. 실패는 성공의 어머니라는 격언은 성공보다는 실패의 중요성을 간파한 말이다. 그렇다고 성공하지 말고 실패하라는 뜻은 아니다. 우리는 그 실패를 통해 성장하는 즐거움을 알게 된다.

여섯째가 꿈이다. 꿈을 가지고 살면 살아가는 즐거움을 알게 된다. 꿈을 잃거나 없다면 진지한 삶의 가치를 깨닫지 못한다. '꿈을 가져라'란 말은 '꿈을 이루라'는 뜻으로 받아들여라.

일곱째가 생명이다. 사람은 언젠가는 반드시 죽는다. 인간의 삶

은 한정된 시간 속에 있다. 생명을 통해 인간은 시간의 소중함을
배운다.

누구에게나 잘못은 있다. 많은 실패를 반복하는 인생은 배움으
로 풍성해진다. 풍성해진 배움을 통해 지혜롭게 행복한 인생을 살
수 있다.

123. 인생에서 경험은 자기 자신을 알아가는 과정이다

파란만장한 인생이란 말이 있다. 이는 수많은 역경과 고난을 겪은 인생을 말하지만, 사람들은 누구나 일에서나 인간관계에서 수많은 고민과 갈등을 겪으며 살아간다. 그런 의미에서 우리 모두가 파란만장한 인생을 살고 있다고 말할 수 있다. 젊었을 때는 부모님의 타이름이나 누군가의 충고를 별로 귀담아 듣지 않는다. 사람은 누구나 스스로 경험하지 않으면 잘 깨닫지를 못한다. 직접 경험하면서 자기 자신을 알게 되고 조금씩 성장해 가는 게 인간이다. 즉, 어려움을 당하고 괴로워하면서 비로소 자기 자신의 연약함을 알게 된다.

삶에 대해 수없이 고민하면서 자신이 해야 할 일을 알게 된다. 차이고 넘어지고 울고 상처받은 후에 자신이 강해져 있는 것을 알게 된다. 기회를 몇 번이고 놓친 다음에 후회하면서 처음으로 자신의 목표를 알게 된다. 실패한 후에 처음으로 성공하는 것이 힘들다는 것도 안다. 기뻐하고 만족해하며 웃으며 살면 비로소 행복을 알게 된다.

경험이 풍부한 사람은 나이가 들어 온화하고 정신적으로도 안정되어 있다. 주어진 환경에 순응하며 겸손한 태도로 사람들을 대하기 때문이다. 그런 사람들은 어떤 문제가 생겨도 당황하거나 초조해하지 않고 조용히 문제를 차근차근 해결해 간다.

인생에서 경험이란 자기 자신을 알아가는 과정이라 할 수 있다. 경험이 풍부한 사람은 그만큼 스스로를 정확히 알게 되고 풍요로운 삶을 살 수 있다.

124. 끝까지 포기하지 않는 한 실패는 실패가 아니라 경험이다

　세상에 알려져 있는 성공한 사람들은 대부분 실패를 거듭하며 수많은 고난과 역경을 극복한 사람들이 많다. 자신에게 어려움이 닥쳤다고 하여 절망할 필요는 없다. 오히려 인생을 역전시킬 수 있는 기회라고 생각하면 된다. 사람은 위험이 닥치면 본능적으로 살아남기 위해 자기의 능력을 최대한 발휘하게 된다.

　위기가 닥치면 처음에는 물질적으로 많은 손해를 보기도 하고 정신적으로 큰 고통이 따르기도 한다. 하지만 역경에 굴하지 않고 부정적인 사고보다는 긍정적인 사고를 가지면 국면을 전환시킬 수 있다. 태풍이 지나가고 나면 화창한 날씨가 나타나거나 비 온 뒤에 땅이 더 굳어진다는 속담처럼 그 어려운 시기가 지나고 나면 반드시 더 좋은 날이 오게 되어 있다.

　일반적으로 손해는 더 큰 이익이 되어 돌아온다. 성공한 사람은 역경에 처해도 쓸데없는 일에는 전전긍긍하지 않는다. 걱정해도 의미가 없는 일은 걱정하지 않는다. 자기가 할 수 있는 일에 최선을 다하고 나머지는 하늘에 맡긴다. 자신이 주어진 일에 최선을 다하고 나서 하늘의 뜻에 맡기는 것이다. 따라서 자신의 마음가짐을 가다듬고 근본적으로 재생의 노력을 하는 사람이 성공한 사람이며 행복한 사람이다.

　인생에서 끝까지 포기하지 않는 한 실패는 실패가 아니라 경험이 된다. '끝날 때까지 끝난 게 아니다'라는 말처럼 포기하지 않는 한 실패는 성공이라는 커다란 선물이 된다. 새는 역풍을 타고 날아오른다.

125. 인생에서는 경험을 통한 깨달음이 중요하다

사람은 누구나 세상을 살아가며 많은 깨달음을 얻는다. 수도승이 오랜 기간 수행을 통해 얻는 깨달음도 있겠지만, 보통 사람들은 사람들과 더불어 살아가면서 일상생활 속에서 많은 깨달음을 얻을 수 있다. 이 깨달음은 경험 속에서 생겨나므로 인생에서 매우 소중하다. 대부분의 사람들은 살아가면서 성공해서 깨달음을 얻을 수 있지만, 그보다는 수많은 실패의 경험을 통해 깨달음을 얻고 성장한다.

경험 속에서 얻은 깨달음은 세상을 살아가는 삶의 지혜가 된다. 삶의 과정에서 깨닫지 않으면 반성은 없고 반성이 없으면 개선도 없고 개선이 없으면 변화가 없고 변화가 없으면 인생 아무것도 변하는 게 없다. 아무것도 변하지 않으면 성장할 수도 없고 성장하지 않으면 성공이란 열매도 없다. 곧 성공이 없으면 행복한 인생을 살 수가 없다. 행복한 인생을 위해 생활 속의 깨달음으로 변화하자. 변화만이 미래의 행복을 만들어 주기 때문이다.

126. 나이 듦이 아니라 내면적인 성숙이 어른을 결정하는 요소이다

나이가 들었다고 다 어른이라고 말할 수는 없다. 나이가 사람을 어른으로 만드는 것이 아니기 때문이다. 진짜 어른이란 어렸을 때의 순수한 마음과 정직성 그리고 초심을 잃지 않고 간직하면서 현실과 타협할 줄 알고 현실을 이해할 수 있는 사람으로 성장한 사람을 말한다. 어른이 된다는 것은 자기 자신의 가치관으로 사물을 판단할 수 있어야 한다. 아무리 돈을 많이 가지고 있다고 해도 다른 사람의 가치관으로 항상 다른 사람의 평가를 받으며 살아가는 사람은 어른이라고 말할 수 없을 것이다.

일반적으로 나이 마흔 살을 불혹(不惑)이라고 한다. 이는 논어에 나오는 말로 공자가 마흔 살부터 세상일에 미혹되지 않았다고 한 데서 나왔다. 예를 들어 나이 40이 넘어서도 부모님 밑에서 살아가는 사람을 어른이라고 말할 수는 없을 것이다. 어른은 어떤 사람과도 대등하게 인간관계를 유지하면서 서로 도움을 주고받을 수 있는 사회생활을 위한 최소한의 지성과 이성을 갖추고 있어야 하기 때문이다. 즉, 사회를 살아가는 구성원으로서 타인에게 폐가 되지 않고 사회에 공헌하면서 도움을 주고 살아갈 수 있는 책임 있는 사람이어야 한다.

평소에 무슨 생각을 하고 어떤 행동을 하는 그러한 내면적인 것들이 어른을 결정하는 요소가 될 것이다. 나이가 젊다고 해도 어른스런 사람이 있다. 반면에 나이가 들어도 어른스럽지 못한 사람이 있다. 이 시대의 모든 것은 다음 세대에 물려주어야 한다. 후세대로부터 존경받는 좋은 어른이 되도록 노력해야 한다.

127. 생각과 말은 현실화된다

우리말에 '말이 씨가 된다'는 속담이 있다. 이는 말이 현실화된다는 의미로 대부분 나쁜 말이나 부정적인 말을 할 때 경고하는 말로 사용되는 경우가 많다. 하지만 말은 나쁜 말이든 좋은 말이든 현실화된다.

일본의 의학박사이며 자기 계발서의 저자인 사토 토미오는 대뇌·자율신경계와 인간의 행동과 말과의 연관 관계를 연구하여 독자적인 이론을 전개했는데 '말의 습관'에 따라 성공과 실패 그리고 행복과 불행이 결정된다고 한다. 때문에 항상 긍정적인 말과 좋은 말을 습관화하여 성공한 인생, 행복한 인생을 살자고 주장한다. 그의 가르침을 실천한 많은 사람들의 성공 후기를 보면 사토 토미오의 '말의 습관론'은 과학으로 증명된 이론이라고 이야기한다.

말은 마음속의 생각으로부터 나온다. 행동도 생각으로부터 나온다. 생각, 말, 행동은 모두 연관되어 있다. 마음속의 생각을 말로 반복해서 하게 되면 무의식중에 행동하게 되고, 그 생각은 현실화되어 나타난다. 꿈을 이루기 위해서는 정확한 목표를 설정하고 좋은 말과 긍정적인 말을 반복적으로 사용하기 위해 노력하면 된다.

이루고자 하는 꿈이 있다면 희망적인 생각을 가지려 노력해야 한다. 일이 잘 풀리지 않는다고 하여 의기소침하거나 포기해서는 안 된다. 미움과 분노가 치밀어도 자신의 감정을 부정적인 말로 입밖에 내서는 안 된다. 항상 사랑과 자비로 가득한 좋은 생각과 좋은 말을 습관화해야 한다. 그렇게 하면 꿈은 반드시 이루어질 것이다. 또한 행복한 인생을 살 수 있게 될 것이다.

128. 나의 아픈 경험을 통해 타인에게 베풀 수 있는 사람이 되어야 한다

사람은 자기의 아픔을 알면 타인의 아픔도 알게 된다. 자기가 겪은 고통을 통해 타인의 고통을 알게 된다. 가난한 환경에서 자란 사람은 가난한 사람을 도울 줄 알아야 한다. 타인으로부터 가혹한 처사를 당한 사람은 타인에게 친절을 베풀 수 있어야 한다. 타인으로부터 업신여김을 받았던 사람은 타인을 존중할 수 있는 사람이 되어야 한다. 타인으로부터 거만한 태도로 괴롭힘을 당했던 사람은 타인에 대해 겸허해질 수 있는 사람이 되어야 한다.

타인으로부터 불행한 일을 당한 사람은 타인의 행복을 빌어줄 수 있는 사람이 되어야 한다. 하지만 세상에는 자신이 당한 아픔이나 불행을 제3자에게 분풀이를 하는 사람도 있다. 게다가 내가 '갑'의 위치가 되면 타인을 괴롭히고 아프게 하는 사람도 있다. 그래서는 안 된다. 내가 아팠던 만큼 내가 고통스러웠던 만큼 타인의 아픔과 고통도 살피고 배려해야 한다.

나의 경험을 통해 타인에게 베풀 수 있는 사람이 되어 더 큰 인간으로 성장하여 행복한 인생을 살도록 하자.

129. 젊었을 때의 고생은 나이 들어 풍요로운 삶의 밑거름이 된다

젊었을 때 고생은 사서도 한다는 옛말이 있다. 그만큼 젊었을 때 경험은 중요하다는 뜻이다. 젊을 때는 아무리 어렵고 힘든 일이 있어도 헤쳐 나갈 수가 있다. 젊었을 때는 힘을 필요로 하는 일도 거뜬히 해낼 수 있고 몸에 상처를 입어도 쉽게 잘 아문다. 그러나 그런 젊음이 언제까지나 지속되지는 않는다. 그 젊음을 허송세월로 낭비하는 것은 너무 아깝다.

젊었을 때 많은 경험을 할수록 지혜로운 인생을 살 수 있다. 고생이 되는 경험은 삶의 지혜가 되어 인생을 살아가는 데 큰 도움이 된다. 지혜는 책이나 누군가로부터 가르침을 받아 얻을 수도 있지만, 직접 몸으로 체험하고 경험하면서 얻는 것이 더 소중하고 가치가 있다.

인생은 경험이 많을수록 나이가 들어 여유롭고 풍요롭게 살 수 있다. 경제적인 여유로움뿐만 아니라 정신적인 여유로움이 더 크다. 정신적으로 여유로워지면 외부의 충격에 강해진다. 흔들리지 않고 편안한 마음으로 살아갈 수가 있다. 하지만 젊었을 때 경험하지 못한 것들을 나이가 들면 할 수 없는 경험들이 많다. 나이가 들면 몸도 마음도 약해지기 마련이다. 나이가 들어 경험하지 못한 어려움에 직면했을 때 이를 극복하기가 힘들어진다.

젊었을 때 일로 실패하거나 남에게 싫은 소리를 들었을 때 느끼는 마음의 아픔은 결코 헛되지 않는다. 상처를 입은 피부가 딱지를 만들고 강해져 가는 것처럼 사람의 마음도 상처입고 아픔을 느끼면서 마음의 딱지를 만들어 강해진다.

130. 나이가 든다고 모두 같이 늙어 가는 것은 아니다

만약 우리 모두가 호적 신고를 하지 않아서 태어난 해를 기억하지 못하고 산다면 사람의 나이는 어떻게 판단할까? 이 세상에 태어나서 몇 년이 지났는지는 바꿀 수 없는 분명한 사실이다. 그러나 누구나 다 똑같이 나이를 먹는 게 아니다. 어떤 사람은 실제 나이보다 젊어 보이는 사람이 있는가 하면 어떤 사람은 실제 나이보다 늙어 보이는 사람이 있다. 이는 주관적 나이와 밀접한 관계가 있다고 한다. 즉, 자기가 느끼는 나이이다.

자기 자신이 실제 나이보다 젊다고 느끼는 사람은 젊고 스스로 나이가 들었다고 느끼는 사람은 늙는다고 한다. 나이가 들어감에 따라 성격이 원만해지는 한편 사교성이 저하되고 새로운 경험에 소극적이 되는 것은 널리 알려져 있다. 이러한 성격의 변화는 주관적 연령이 젊은 사람일수록 적고 주관적 연령이 늙은 사람일수록 현저하게 높게 나타난다고 한다.

주관적 연령이 젊은 사람은 나이가 들어감에도 자신의 한계를 만들지 않고 새로운 일에 적극적으로 도전하고 실패를 두려워하지 않는다. 그래서 나이가 들어도 오히려 젊고 멋있어진다. 그런 사람은 여러 경험이나 실패를 거듭하여 자신감을 가지고 있기 때문이다. 나이가 들어도 매력 있는 사람은 자신의 마음과 마주하고 있는 그대로 있기 때문이다.

나이가 든다는 것은 늙는다는 것을 의미하지는 않는다. 나이가 든다는 것은 정신적으로 성숙해진다는 뜻일 것이다. 사람은 어떻게 살아왔느냐 어떻게 사느냐에 따라 인생이 달라지기 때문이다.

131. 빨리 잊어버려야 할 것과 잊어서는 안 되는 것이 있다

사람은 살아가면서 빨리 잊어버려야 좋은 것과 잊어서는 안 되는 것이 있다. 좋지 않은 과거를 오랫동안 간직하는 것처럼 어리석은 일은 없다. 이는 빨리 잊어버릴수록 좋다.

과거는 바꿀 수가 없다. 과거의 실패나 잘못을 되돌아가서 바꿀 수만 있다면 잊을 필요는 없다. 하지만 그럴 수가 없는데 과거에 얽매여 있다면 인생에 아무런 도움이 되지 않는다. 잊어도 좋은 것은 과거의 잘못이나 실패이다. 버려도 좋은 것은 작은 자존심이다. '자존심'이란 '나는 잘났다'면서 자신을 지키는 마음을 말하고, '자존감'은 '나는 소중하다'면서 자신을 존중하는 마음을 말한다. 우리는 하찮은 자존심 때문에 너무 많은 것을 잃어버리는 어리석은 일을 저질러서는 안 된다.

인생을 살면서 잊어서는 안 되는 것은 감사의 마음이다. 작은 것에도 감사할 줄 아는 사람은 겸허한 사람이다. 또한 절대로 버려서는 안 되는 것은 사람과의 인연이다. 사람은 사람과의 인연을 통해 배우고 성장해 간다. 인연을 소중히 하는 사람은 행복한 인생을 사는 사람이 많다.

과거의 실패를 질질 끌지 말고 작은 자존심을 과감히 버리자. 잊어서는 안 되는 감사의 마음과 사람과의 인연을 소중히 해 가면 반드시 좋은 인생, 행복한 인생을 살 수 있게 될 것이다.

132. 너무 늦었다고 생각할 때가 가장 빠르다

우리는 누구나 어렸을 때는 원대한 꿈이 있다. 그리고 그 꿈은 반드시 이룰 수 있다는 가능성을 가지고 산다. 하지만 초등학교-중학교-고등학교-대학교 학창 시절을 지나 성인이 되어감에 따라 꿈은 작아지거나 없다고 할 정도이다. 성장 과정에서 이상한 힘이 자기의 운명을 개척하는 것이 불가능하다고 믿게 만들어 버린다. 언젠가부터 자신도 모르게 궤도를 벗어나지 않고 모두와 똑같은 일을 하면서 자신 속에 내재된 꿈을 스스로 가둬 버린다. 그 후 그 갇힌 꿈은 좀처럼 깨어나지 않는다. 어느 날 문득 마음속에 갇힌 꿈을 발견했을 때 세월은 많이 흘러 있을 때이다. 시위를 떠난 화살처럼 사람들은 왜 그때 그렇게 하지 않았는지를 후회한다.

자신의 꿈을 발견했다면 마음속 깊이 잠들어 있는 꿈을 일깨워서 그 순간부터 과감히 도전하고 소망한다면 반드시 이루어질 꿈인데 말이다. 설령 그 꿈이 이루어지지 않았다고 해도 자신이 되고 싶거나 하고 싶은 도전은 인생을 행복하고 풍요롭게 해 준다. 자신이 되고 싶은 도전을 하는 데 있어 너무 늦었다고 생각해서는 안 된다. 미래의 꿈을 향하여 나아가는 데 너무 늦었다는 것은 없다. 오히려 그 꿈을 실현시킬 절호의 기회가 찾아왔다고 생각하고 꿈을 이루기 위해 과감히 도전해야 한다. 늦었다고 생각할 때가 가장 빠른 때임을 인식하고 힘차게 도전하자.

하버드 대학교 도서관에 적힌 '지금 잠을 자면 꿈을 꾸지만 지금 공부하면 꿈을 이룬다'라는 글귀를 가슴 속에 새겨 실천하자. 그래서 그 꿈을 반드시 이루자.

133. 큰 위기는 최고의 기회이기에 위기를 기회로 생각해야 한다

우리는 인생을 살아가면서 수많은 위기를 겪으며 살아간다. 내부적인 요인으로 위기를 겪을 수도 있고 외부적인 요인으로 위기를 겪는 경우도 있다. 어떤 경우든 위기는 기회라고 생각해야 한다. 위기를 당하면 힘들고 고통스럽겠지만 절대 좌절해서는 안 된다. 비가 내리고 나면 거리가 깨끗해지고 밝은 햇빛이 비추는 것처럼, 그리고 어두운 밤이 지나면 아침에 밝은 태양이 떠오르는 것처럼 위기가 지나가면 보다 좋은 환경이 펼쳐진다. 위기를 극복하고 살아남은 사람이 진정한 승자가 될 수 있다.

'대난불사 필유후복(大難不死 必有後福)'이란 말이 있다. '큰 난(어려움)을 겪고도 죽지 않고 살아남은 자는 훗날 반드시 복을 받는다'는 뜻이다. 다가올 위기를 대비하여 준비한 사람은 더욱더 큰 성공을 거둘 수 있다. 하지만 그렇지 못한 사람도 위기를 극복하기 위해 최선을 다해 지혜를 짜고 노력하면 성공의 열매를 딸 수 있다. 이를 극복하는 과정은 힘들고 고통스럽겠지만 그 과정에서 깨달음을 얻을 수 있다. 그 깨달음은 인생을 살아가는 데 큰 교훈이 되어 다음의 위기가 왔을 때는 오히려 기회가 된다.

큰 위기가 오면 파산하고 실패하는 사람도 많지만 오히려 많은 돈을 벌고 성장하는 사람도 있다. 위기를 잘 극복하면 인간적으로 성장하고 큰 돈을 벌 수 있다. 이처럼 부(富)의 이동은 위기 때 이루어진다. '위기'는 '위험'과 '기회'의 두 요인을 가진 동전의 앞뒤 면과 똑같다. 따라서 위기는 기회이므로 큰 위기는 최고의 기회가 된다. 위기를 기회로 삼아 인생의 승자가 되도록 하자.

134. 아직 오지 않은 알 수 없는 미래를 걱정할 필요는 없다

사람은 한 치 앞을 내다볼 수가 없듯이 미래 또한 알려고 해도 알수가 없다. 미래를 아는 사람은 이 세상에 한 사람도 없을 것이다. 미래를 알 수 없다고 하여 두려워해서는 안 된다.

아직 오지 않은 미래를 걱정해도 의미가 없다. 사람이라면 누구나 미래에 대한 불안을 안고 살아간다. 불안과 두려움을 극복하고 미래로 나아가는 사람이야말로 성공할 수 있다.

누구나 무언가 새로운 일을 하고자 할 때 미래에 대한 불안과 걱정이 앞선다. 성공에 대한 확신이 없으면 실패에 대한 두려움이 앞선다. 실패에 대한 두려움 때문에 앞으로 나아갈 수가 없다. 하지만 알 수 없을 때는 부정적인 사고보다는 긍정적인 사고를 갖도록 한다. 절망이 아니라 희망을 갖고 실패가 아니라 성공이 기다리고 있다고 생각한다.

미래는 장밋빛 인생이라고 생각한다. 지금까지의 자기를 버리고 새로운 생각과 행동을 통해 미래를 열어 나가자. 설령 행동하여 실패한다고 하더라도 실패를 통해 더욱 강해진다. 실패야말로 사람을 강하게 한다. 미래를 두려워하지 말고 일단 한번 시도해 보라.

성공보다 도전을 목표로 삼아야 한다. 성공하려면 실패하더라도 도전해야 한다. 발명왕 에디슨도 수십 수백 번의 실패를 통해 성공했음을 우리가 다 아는 사실이다. 항상 상상이 가능한 것은 현실이 된다는 말을 믿고 미래 자신의 성공한 모습을 상상하며 과감히 행동하면 언젠가 그 상상은 현실화되어 나타날 것이다.

135. 넘어지더라도 주저앉지 않고 다시 일어나면 된다

사람은 넘어지면 다시 일어나서 걸으면 된다. 하지만 넘어졌을 때 느꼈던 감정과 그 아픔을 잊어서는 안 된다. 실패는 인생의 끝이 아니라 실패가 바로 출발점이 되기 때문이다.

억울하고 원통한 눈물을 흘렸을 때가 시작의 순간이다. 시작도 하기 전에 포기해서는 안 된다. 넘어져서 상처가 나더라도 주저앉아서는 안 된다. 실패하더라도 주저앉아 버리면 거기서 끝이다.

성공은 실패의 조각들이 모여 이루어진다. 성공의 모습을 드러내기 위해 새롭게 도전해야 한다. 4전5기의 오뚝이처럼 몇 번이라도 넘어지면 일어나서 다시 도전해야 한다. 넘어지고 넘어져 상처투성이가 되더라도 조그만 힘과 작은 용기만 남아 있다면 일어나서 미래를 향해 나아가야 한다. 도전은 언젠가 그대에게 찬란한 영광의 빛을 비춰줄 것이다.

136. 정해 놓은 틀에 갇혀 얽매이지 말고 유연하고 차분하게 생각하자

자신에게 주어진 삶을 살면서 목표를 향해 가다가 어려운 상황에 직면했을 때 이를 극복해 가는 방법은 여러 가지가 있다. 하지만 대부분의 사람은 자기가 생각하고 있는 틀에 갇혀서 얽매이기 쉽다. 자기의 방식대로 되지 않으면 체념하거나 포기해 버리는 경우가 많다.

자기가 정한 틀 안에 있는 한 가지에 얽매이지 않고 머리를 유연하고 차분하게 생각하는 방법을 모색하다 보면 대안은 여러 가지가 있다. 사람은 자기 스스로를 자기 틀 속에 가두는 것에 유의해야 한다. 살다 보면 자신도 모르게 사회 통념에 사로잡혀 머리가 굳어져 버린 경우가 많기 때문이다. 나이가 들수록 그러한 경향은 두드러진다.

실패한 인생 경험들이 쌓여서 잘못된 판단을 내리게 되는 경우도 많다. 어떤 경우라도 하나로 규정하거나 체념해서는 안 된다. 설령 과거의 실패한 상황과 비슷한 상황이라 하더라도 과거의 경험을 대입시켜서는 안 된다. 환경이 바뀌어서 과거와는 다른 해결책이 있기 때문이다.

우물 안 개구리처럼 틀 안에 갇혀 규정짓는 것을 멈추고 여러 가능성에 눈을 돌리도록 하자. 어떤 산이라도 정상으로 오르는 길은 여러 갈래가 있는 법이다. 길은 하나가 아니다. 이것이 안 되더라도 그것이 있고 그것이 안 되더라도 저것이 있다. 유연하고 차분하게 어떤 길도 반드시 어딘가로 통하게 되어 있다는 사실을 명심하고 갇힌 틀 안에서 벗어나자.

137. 마음이 맞지 않은 사람을 통해 인생에 필요한 것을 배운다

사람은 사람과 더불어 세상을 살아가지만 항상 마음에 맞는 사람하고만 살아갈 수는 없다. 생활 주변에는 항상 마음이 서로 맞지 않은 사람이 있다. 상대방과 마음이 맞지 않는다고 마냥 피할 수만은 없다. 직장에서도 자기의 상사가 마음이 맞지 않는다고 해서 피하거나 안 보고 살 수는 없다. 다니던 직장을 그만두면 만나지 않고 살 수는 있겠지만 다른 직장에서 자기와 마음이 맞는 상사를 만난다는 보장도 없다.

어디를 가나 자기와 맞지 않는 사람은 있기 마련이다. 상대방과 마음이 맞지 않는 것은 그 사람이 살아온 삶의 태도와 자라온 환경에서 형성된 성격이나 감정으로 인해 생긴다. 이는 나와 삶의 태도나 성격이 다르기 때문이다. 때로는 마음이 맞지 않는 사람이 있어도 된다. 마음이 맞지 않는 사람이 있기 때문에 자신의 미숙함을 알고 겸허해질 수 있고 자신을 살필 수 있기 때문이다.

마음이 맞는 동료의 소중함이 몸속 깊이 스며들어 감사할 수도 있다. 마음에 맞지 않는 사람을 통해 인생에 필요한 것을 배우기도 한다. 때문에 그런 사람은 매우 의미 있는 존재라고 생각해야 한다. 마음이 맞지 않는 사람은 그런 대로 그 사람으로부터 자신에게 부족한 것을 배우면 된다. 마음이 맞지 않는다고 싫어하거나 피하지 않고 자기와 다른 무언가를 그 사람으로부터 배운다는 자세로 대하고 새롭게 도전하면 된다. 그렇게 한다면 일부러 좋아하지 않아도 되고 한 단계 성숙한 인생을 살아가게 될 것이다.

138. 다이내믹하게 살기 위해서는 안전지대를 뛰쳐나가야 한다

인생은 삶의 굴곡이 있기 때문에 재미있고 살맛이 난다. 인생은 미래가 정해져 있지 않기 때문에 삶의 의미가 있기 마련이다. 만약 사람마다 미래가 정해져 있다면 매일 기계처럼 똑같은 일만 하고 살아야 할 것이다. 항상 평탄한 길만이 인생길이라면 인생은 너무 지루하고 따분한 여행이 될 것이다.

우리는 쓴맛을 알기 때문에 단맛을 느낄 수 있다. 불안과 고통을 경험했기 때문에 편안함과 행복을 맛볼 수 있다. 순조로운 인생을 사는 것도 좋지만 다이내믹한 인생이 더 재미있는 인생이다. 다이내믹한 인생을 살기 위해서는 항상 새로운 일에 도전해야 한다. 안전지대를 뛰쳐나가 새로운 도전을 해야 한다. 안전지대로부터 뛰쳐나가려고 하면 위험하니까 그러면 안 된다고 머뭇거리게 된다. 이제 와서 바보짓 하지 말라고 마음속에서 속삭인다. 주위로부터 반대 의견이 발을 묶고 날카로운 비판에 마음에 상처를 받는 경우도 생긴다.

'삶아진 개구리 현상'이라는 교훈이 있다. 개구리는 처음부터 뜨거운 물은 놀라 도망치지만 미지근한 물에 넣고 온도를 서서히 올리면 도망치는 타이밍을 놓치고 결국에는 삶아져 그 물에 적응하다 죽어버린다. 이는 타이밍의 중요성과 환경의 영향이 얼마나 중요한지 일깨워 주는 교훈이다. 사람도 마찬가지다. 개구리처럼 미지근한 물에 머물러 있다가는 자기도 모르는 사이에 안주해 버리고 도전 정신은 어디론가 사라져 버린다. 안전지대를 뛰쳐나가 새로운 일에 도전하자.

139. 하지 않으려는 이유를 찾아 변명하지 마라

이 세상에 하지 않고 이루어지는 것은 아무것도 없다. 일을 해 봐야 실패든 성공이든 결과가 나타나기 마련이다. 무언가 하면 배우고 무언가 하면 깨닫게 된다. 일을 하면 알게 된다. 하면 된다는 말이 있으나 해도 안 되는 것도 분명히 있다. 하지만 하면 반드시 배우거나 깨닫고 알게 된다.

하면 한 만큼 반드시 손에 들어오는 무언가가 있다. 그러므로 하는 것을 두려워할 게 아니라 하지 않는 것을 두려워해야 한다. 하면 한 만큼 성장하게 되고 미래는 좋은 쪽으로 바뀐다. 하는 것이 두려워서 아무것도 하지 않는다면 인생에서 발전도 없을 뿐더러 영원히 가난하게 살 수밖에 없다. 중국의 알리바바의 창업자인 마윈은 세상에서 함께 일하기 힘든 사람은 가난한 사람들이라고 말한다. 다시 말해 가난한 사람들은 변명만 늘어놓고 아무것도 하지 않는다는 것이다.

마윈의 이야기를 다음과 같이 소개한다.

자유를 주면 함정이라 얘기하고, 작은 비즈니스를 얘기하면 돈을 별로 못 번다고 얘기하고, 큰 비즈니스를 얘기하면 돈이 없다고 하고, 새로운 것을 시도하자고 하면 경험이 없다고 하고, 전통적인 비즈니스라고 하면 어렵다고 하고, 새로운 비즈니스 모델이라고 하면 다단계라고 하고, 가게를 같이 운영하자고 하면 자유가 없다고 하고, 새로운 사업을 시작하자고 하면 전문가가 없다고 한다.

이와 같이 가난한 사람들은 하려는 이유가 아니라 하지 않으려는 이유를 찾아 변명하려 한다.

140. 위험하기 때문에 기회가 오고 기회가 왔기 때문에 위험하다

인생을 살아가다 보면 자신의 뜻대로 되지 않는 일들이 더 많다. 나름대로 열심히 하지만 결과가 따라주지 않을 때도 있다. 극단적인 경우 자기보다는 다른 사람에게 성과가 돌아가는 경우도 있다.

기회가 와도 기회인 줄 모르고 놓쳐 버리고 후회하는 일도 있다. 그때마다 좌절하거나 우울해져서는 안 된다. 한번 기회를 놓쳐도 자신을 탓하거나 절망해서는 안 된다. 혼신을 다해 열심히 하고 있다면 자신을 자랑스럽게 생각하는 그 자체가 또 기회를 불러온다.

우리는 일상생활에서 위기라는 말을 쓴다. '위기'는 '위험' 요인과 '기회' 요인의 두 가지 속성을 모두 가지고 있다. 위험하기 때문에 기회가 오고 기회가 왔기 때문에 위험하다는 말이다. 위험하다고 해서 영원히 위험한 것도 아니고, 기회가 왔다고 기회가 사라지지 않고 영원히 있는 것이 아니다. 따라서 나에게 다가온 위기를 잘 이용해야 한다.

마지막까지 체념하지 않고 포기하지 않으면 기회는 몇 번이고 찾아온다. 누군가는 반드시 당신을 바라보고 있다. 당신이 노력한 만큼 그 대가는 언젠가 당신에게 반드시 돌아온다.

141. 일이 잘 안 될 때도 반드시 큰 기회가 기다리고 있다

일반적으로 인생을 살아가면서 하는 일은 생각대로 되지 않는다는 점이다. 자기의 생각대로 되는 일보다는 안 되는 일이 더 많다. 따라서 일이 잘 되도록 노력해야 한다.

일이 생각대로 안 된다고 해서 화를 내거나 한탄만 하고 있으면 앞으로 나아갈 수가 없고 성장할 수도 없다. 좌절하거나 자포자기를 해 버리면 인생에서 더 이상 발전은 없다. 인간은 감정의 동물이면서 의지의 동물이라 할 수 있다. 진정한 인간은 주어진 환경에 능동적으로 대처하고 변화에 순응할 수 있기 때문이다.

모든 일이 생각대로 된다고 가정하면 인생은 정말 재미없고 무의미할 것이다. 잘 안 되는 일을 잘되게 하기 위해서 고민하고 노력하는 과정에서 인생의 참맛을 느끼게 된다. 인생길은 고속도로처럼 뻥 뚫려 있는 길이 아니다. 구불구불 울퉁불퉁 때로는 비탈길, 가시밭길이 수없이 반복되다가 뻥 뚫린 고속도로가 나오기도 한다.

일이 잘 안 될 때는 남의 탓만 하고 푸념이나 한탄만 하며 자포자기 할 게 아니라 어떻게든 잘되도록 노력하여 그 다음의 성공을 향해 나아가야 한다. 일이 잘 안 될 때도 반드시 큰 기회가 기다리고 있다. 그 기회를 잡고 성공하기 위해서는 잘 안 될 때를 어떻게든 잘 극복해야 한다. 잘 안 되는 시간이 노력의 소중함을 가르쳐 주고 인생의 참맛을 일깨워 준다. 일이 잘 안 될 때나 어려울 때는 더욱 노력하여 노력의 소중함과 인생의 참맛을 느끼도록 하자.

142. 사람은 방황을 통해 자기의 축이 정해진다

    사람은 인생을 살아가면서 누구나 한번쯤은 방황해 보았을 것이다. 자기라는 축이 정해지지 않은 상태에서는 이 세상을 어떻게 무엇을 하며 살아갈 것인가를 고민하며 방황한다. 이 방황은 인생을 살아가기 위한 삶의 처절한 몸부림이다.

    사람이기 때문에 방황해도 되고 흔들려도 된다. 하지만 방황하고 흔들리는 기간이 너무 길어지면 안 된다. 사람은 방황하고 흔들리면서 자기중심에 있는 마음을 발견해 간다. 자기의 신념이 되는 자기의 축을 정해 간다. 하지만 인생은 한정되어 있다. 이 한정된 시간을 사는 것이 인생이다. 방황하는 시간은 짧을수록 좋다. 방황의 시간이 너무 길어지면 안 된다. 평생을 방황하고 살 수는 없지 않는가? 한정된 인생을 허송세월로 보내지 말자.

    깊이 고민하고 자기를 찾아 방황하면서 자기라는 존재를 발견하고 인생을 살아가기 위한 자기의 축을 정한다. 자기의 축은 인생을 살아가면서 모든 행동을 위한 결단의 근거가 된다. 자기의 축은 살아가다가 가끔 피곤해질 때 되돌아갈 수 있는 마음속의 고향과 같은 곳이다. 그 축은 자신의 원점을 상기시켜 준다.

    사람은 방황해도 좋고 흔들려도 좋다. 사람은 방황과 흔들림을 통해 자기 자신을 깊게 알게 되고 자기 자신의 축을 확실히 정하게 된다. 적절한 방황으로 알차고 풍요로운 인생을 살자.

143. 무언가에 집중하면 모든 잡념들이 사라지고 마음이 깨끗해진다

　머릿속에 잡념이 많아질 때는 무엇인가에 집중한다. 잡념이 많다는 것은 마음이 불안하고 초조하기 때문이다. 잡념을 없애기 위해서는 무엇인가에 집중하는 것이 효과적이다.

　집중한다는 것은 한 가지 일에 몰두하는 것을 뜻한다. 일에 몰두하기 위해서는 여러 가지 작업을 동시에 해서는 안 되고 한 가지 일에만 집중해야 한다. 일에 집중하기 위해서는 먼저 일에 몰두할 수 있는 환경을 만들어야 한다. 주변을 깨끗이 정리 정돈하여 산만하지 않도록 하는 것도 좋은 방법이다.

　한 가지 목표를 설정하여 시간을 정해 놓고 무언가를 하게 되면 집중하기 쉬워진다. 목표를 정해 놓고 해야 할 일에 집중하면 자기 자신의 잡념들이 사라진다. 과거의 싫은 기억도 지금 내가 받고 있는 스트레스도 미래에 대한 불안과 같은 모든 잡념들이 어디론가 사라져 버린다. 자기는 안 된다고 느끼는 부정적인 생각도 절대로 용서할 수 없는 누군가도 세상의 부조리에 대한 원망이나 미움도 집중하면 사라진다. 잡념이 사라지면 자기가 만들어 낸 여러 가지 복잡한 생각도 사라지기 때문에 집중하면 머리가 맑아지고 마음이 깨끗해진다.

　머릿속에 부정적인 생각이 들거나 온갖 잡념이 많아질 때는 무언가에 집중하도록 하자. 지금 하고 있는 하나의 일에만 몰두해 보도록 하자. 나라는 존재가 내 마음속에서 사라졌을 때 모든 잡념은 사라지고 마음이 편안해져 행복감을 느낄 것이다.

144. 목표 달성을 위해서는 기분에 너무 치우쳐서는 안 된다

삶의 목표를 가지고 사는 사람은 그 목표를 이루기까지 너무 기분에 치우치는 행동을 해서는 안 된다. 사람의 기분은 시시각각 변하나 목표는 달성할 때까지 또는 목표를 포기할 때까지 변하지 않는다. 기분에 치우치게 되면 목표를 잊어버리는 경우가 있다.

기분은 항상 변하기 때문에 안 좋을 때가 있으면 좋을 때도 있다. 기분이 무거운 날도 있고 의욕이 생겨나지 않는 날도 있다. 조금 어려운 일이 닥치면 불안해져서 그 불안이 사라지지 않는 날들도 있다. 하지만 목표가 있다는 걸 잊지 않고 할 일을 해야 한다. 머릿속에서 목표를 실현한 자신의 모습을 강하게 이미지화하면서 어떤 상황에서든 자기가 해야 할 일을 찾아서 해야 한다.

많은 사람들이 삶의 목표를 실현하지 못하고 좌절해 버린다. 삶의 목표를 세우고 목표를 실현해 가는 과정에는 많은 고난과 역경이 따른다. 우리는 노력을 통해 그 고난과 역경을 극복해 가야 한다. 하지만 너무 기분에 치우치다 보면 생각처럼 일이 잘 안 풀리거나 진행이 잘 안 될 때 좌절하거나 목표를 포기해 버리기 쉽다. 불안하거나 초조한 기분을 극복하지 못하고 결국 목표를 잊어버리고 좌절하기 쉽다. 아무리 어려운 상황에서도 기분에 치우치지 않고 목표가 있으면 해야 할 일은 반드시 해야 한다.

중요한 것은 주어진 목표를 달성하는 것이다. 목표를 달성해 가는 데 의미가 있는 것이다. 목표 달성을 위해 기분은 그대로 받아들이고 그 기분에 치우치지 않도록 노력하자.

현대그룹의 창업자 고 정주영 명예회장이 즐겨 사용했던 말 중에 "이봐, 해 봤어?"라는 말이 있다. 그는 최초라는 수식어가 붙는 일을 수없이 하여 많은 업적을 남긴 인물이다. 대한민국 최초로 고속도로를 건설했으며, 한국 건설 역사상 최초로 해외 진출을 시도해 세계에 역량을 각인시켰다. 또한 대한민국 최초로 국산 자동차 1호 포니를 탄생시켰으며, 조선소 설립 역시 최초라는 기록을 남겼다. 1998년 6월 전 세계에 생중계된 소떼 500마리를 끌고 판문점을 통해 방북한 최초의 민간인이기도 했다. 그는 오늘날의 대한민국이 있기까지 지대한 역할을 했으며 중요한 업적을 남긴 인물이기도 하다.

대부분의 사람들은 타성에 젖어 살기 쉽다. 경험이 없는 일을 처음 하려고 할 때 누구나 두려움이 앞선다. 도전하기도 전에 그 두려움으로 핑계나 변명을 하고 피하려고만 하는 경향이 있다. 또한 자기의 능력으로 가능성이 희박하다고 생각되면 해 보지도 않고 포기해 버리는 경우가 많다. 하지만 해 봐야 알 수 있듯이 해 보지 않으면 알 수가 없다. 해서 성공하는 일도 있지만 실패하는 일도 있다. 하지만 새로운 일에 도전하지 않고 이룩할 수 있는 일은 아무것도 없다. 무엇을 두려워하는가? 실패하면 또 도전하라!

실패는 결코 부끄러움이 아니라 행동에 대한 훈장이라 할 수 있다. 사람은 실패라고 하는 눈에 보이지 않는 훈장을 가슴에 품고 점점 강해져 간다. 성장하는 인생을 살아가기 위해 도전하여 좋은 결실을 맺도록 하자.

146. 사람은 불완전한 존재이기에 누구나 나름대로 고민을 갖고 산다

사람은 불완전한 존재이기에 누구나 불완전한 존재라는 것을 인정하며 살아야 한다. 사람이 불완전한 존재라는 것을 인정하면 사람은 좀 더 너그러워지고 행복해진다.

내 자신이 부족하다고 느끼거나 실수했을 때도 비참해하거나 자책해서는 안 된다. 앞으로 어떻게 하면 부족함을 보강하고 실수를 만회할 수 있을까를 생각하면 된다. 다른 사람이 실수를 해도 그 사람을 책망할 것이 아니라 너그럽게 용서할 수가 있다. 그 사람 자신이 실수를 만회할 수 있도록 장점을 찾아 칭찬해 줌으로써 용기를 북돋워 줄 수도 있다.

사람은 완전한 존재가 아니기 때문에 누구나 실수가 있다. 또한 누구나 결점이 있고 단점이 있기 마련이다. 요즘처럼 힘든 이 세상을 살아가며 고민이 없거나 고민하지 않는 사람은 없다. 언제나 행복해 보여도 누구에게도 말할 수 없는 고민을 갖고 있다.

우리는 주어진 오늘을 살고 있다. 울고 싶어도 울 수 없고 의지하고 싶어도 의지할 수 없지만 열심히 살고 있다. 나만 힘든 게 아니고 나만 괴로운 게 아니다. 나만 그러는 게 아니라 모두가 고민하면서 살아가고 있다.

누구나 불완전한 존재이기에 나름대로의 고민을 가지고 산다. 권력은 권력자대로 부자는 부자대로 가난한 사람은 가난한 사람대로 삶의 고통을 안고 세상을 산다. 어렵고 힘들다고 해서 나에게만 주어진 고통이나 역경이라고 자학해서는 안 된다.

147. 바꿀 수 없는 숙명보다는 바꿀 수 있는 운명을 바꾸려고 노력하라

어떤 운명으로 인생을 사느냐는 전적으로 당신의 선택에 달려 있다. '숙명'과 '운명'이란 말이 있다. 대부분의 사람들은 숙명과 운명에 대해서 혼돈하여 인식하고 있는 경우가 많다. 비슷한 말이기는 하지만 뉘앙스 차이가 있다. 운명보다는 숙명이란 말이 더 무게가 있어 보인다. 운명이란 자기 의지와는 상관없이 자기에게 찾아오는 것이나 우연한 만남 등을 이야기하지만 미래에 대한 흐름을 뜻하기도 한다.

인생에서 미래는 정해져 있는 게 아니다. 사람마다 인생의 선택지가 있고 어느 것을 선택하느냐에 따라 그 사람의 운명은 조금씩 달라진다. 반면에 숙명이란 단어를 사전에서 찾아보면 이 세상에 태어나기 이전의 일생, 전생으로부터 정해진 운명이라 되어 있다. 이를테면 태어나기 전부터 정해져 있기 때문에 바꿀 수가 없는 것이다. 여자로 태어나거나 남자로 태어난 것은 숙명이라 할 수 있다. 또한 자기를 낳아 준 부모님이나 한국에서 한국인으로 태어난 것 등은 이미 바꿀 수 없는 숙명이라고 말할 수 있다.

숙명이란 태어나기 전에 정해져 있는 것, 운명이란 태어난 후에 정해져 가는 것이라고 말할 수 있을 것 같다. 숙명은 정해져 있어서 바꿀 수가 없지만 운명은 미래에 다가올 것이어서 얼마든지 바꿀 수가 있다. 숙명이라는 주어진 조건이나 상황 속에서 최선을 다하면 운명은 미래에 다가올 것이어서 얼마든지 보다 좋은 방향을 향해 나아갈 수 있다. 바꿀 수 없는 것을 한탄하는 것보다 바꿀 수 있는 것을 바꾸기 위해 힘을 쓰고 노력해야 한다. 숙명을 넘어 운명을 개척해 나가야 한다. 스스로에게 잠재된 제약을 벗어버리고 운명을 빛나게 해야 한다. 인생에서 어떤 운명을 사느냐는 각자가 어떤 선택을 하느냐에 달려 있다. 우리는 각자에게 주어진 숙명을 토대로 희망찬 미래로의 운명을 바꾸기 위해 노력하며 살자.

'천릿길도 한걸음부터'라는 속담처럼 모든 일은 시작이 중요하고, 아무리 큰일이라도 그 첫 시작은 작은 일로부터 비롯된다는 말이다. 누구나 처음에 무언가를 시작할 때는 서툴고 신중하다. 또한 겸허하고 정중하다. 그러나 시간이 흐르고 익숙해지면 사람들은 초심을 잊고 소중한 것을 잃어버리기 쉽다. 초심이란 특정한 목적을 가지고 본격적으로 어떤 일을 시작했을 때 맨 처음 그 일에 대해 지녔던 순수한 의도와 마음가짐을 뜻한다.

'개구리 올챙이 적 생각 못한다'는 속담처럼 자신이 어떤 경지에 이르렀다 하여 자만하며 맨 처음 가졌던 마음을 기억하지 못하는 것을 비꼬는 말이다. 예를 들어 처음 운전을 시작했을 때의 '초보운전'의 마음으로 세상을 살아갈 것을 명심하도록 한다. 진정으로 우리가 가야 할 길을 벗어나 버리면 방향을 잡지 못하고 헤매게 되어 결국 목적지에 도달할 수도 없다.

언제나 처음 내디뎠던 한걸음처럼 그리고 날마다 처음 먹었던 마음처럼 생각하고 행동한다면 후회 없는 성공한 인생을 살 수 있다. 초심에는 인생을 살아가면서 필요한 마음가짐이 모두 응축되어 있다. 그러므로 그 어떤 때도 처음의 한걸음을 잊어서는 안 된다. 매일 아침 초심으로 돌아가 하루를 시작하는 습관을 들인다면 참으로 좋은 인생을 살아갈 수 있다. 좋은 인생은 행복한 인생의 지름길이다.

Part 6

말과 행동에 대한
삶의 지혜

149. 운이란 노력하는 사람에게 중요하게 작용한다

성공한 사람들에게 성공의 비결을 물어보면 '운이 좋았다'는 말을 많이 한다. 겸손한 말로 들리기도 하지만 노력하지 않고 성공한 사람은 한 사람도 없다. 물론 운이 따라주지 않으면 아무리 노력해도 물거품이 되는 경우도 있다. 이 세상에는 사람의 힘으로는 어쩔수 없는 예상 밖의 돌발적인 큰 사건이 일어나는 경우가 있다. 그로 인해 노력한 만큼 결과를 얻지 못하는 경우도 있다. 결과적으로 노력하고도 성공하지 못한 사람은 있지만 노력하지 않고 성공한 사람은 없다.

노력하고도 성공하지 못한 사람도 그 노력이 헛되이 끝나버리는 것은 아니다. 이런 사람은 기회가 오면 다시 일어설 수가 있다. 즉, 상황이 좋아졌을 때 다시 기회를 잡을 수가 있다. 그러나 노력하지 않은 사람은 아무리 기회가 와도 그 기회를 잡을 수가 없다. 그래서 노력하여 후회한 사람을 본 적이 없다.

무엇이든지 열심히 연습하여 서툴어지는 사람은 없다. 열심히 공부하여 바보가 된 사람도 없다. 무엇인가를 해서 변한 사람은 있어도 아무것도 하지 않고 변한 사람은 없다. 무언가에 도전하여 열심히 노력하는 사람만이 기회를 잡을 수 있고 인생에서 성공할 수가 있다.

운이란 노력하는 사람에게 중요하게 작용한다. 하지만 아무것도 하지 않고 노력하지 않는 사람에게는 운 또한 오지 않는다. 노력하는 사람에게 운이 찾아와 성공이라는 열매를 맛보게 해 준다.

150. 타고난 재능의 차이는 작지만 노력의 차이는 크다

　사람의 타고난 재능은 모두가 그다지 차이가 없다. 타고난 재능이 아무리 탁월하다고 해도 그 재능을 갈고닦지 않고 태만하면 발전은커녕 퇴보하기 마련이다. 타고난 재능이 조금 부족하더라도 그 재능을 끊임없이 지속적으로 갈고닦으면 자신이 원하는 높은 경지에 이르게 된다. 재능은 열심히 노력하여 개발하면 할수록 더욱 빛을 발하게 된다.

　타고난 재능의 차이는 작지만 노력의 차이는 크다. 단기간의 노력보다 그 노력을 지속해 가는 지속성의 차이는 더욱 크다. 지속적으로 노력하지 않은 사람과 지속적으로 노력하는 사람의 차이는 시간이 가면 갈수록 더욱 커진다. 처음의 작은 차이가 나중에는 큰 차이로 나타난다.

　일반적으로 작은 것이 큰 결과로 이어진다. 조금씩이라도 매일매일 지속적으로 하는 것이 중요하다. 그러므로 작은 일이라도 좋으니까 날마다 무엇인가를 개선해 나가자. 작은 일이라고 무시하지 말고 항상 보다 정중하고 정성스럽게 매일 조금씩이라도 개선해 보자. 그렇게 하여 세월을 쌓아 가면 자기 자신도 상상하지 못했던 높은 경지에 도달할 것이다. 작은 차이가 큰 차이가 되는 것이다. 작은 것으로도 운명을 바꿀 수 있다.

　중국의 속담에 '같은 일을 10년 지속한 사람은 위대한 사람이고, 20년 지속한 사람은 무서운 사람이며, 30년 지속하면 역사에 남는다'고 했다.

151. 때(타이밍)를 놓치고 후회하는 일이 없도록 하자

인생을 살아가면서 때(타이밍)는 정말 중요하다. 때는 적절한 시기를 말한다.

'쇠는 뜨거울 때 두드려라'라는 속담도 있다. 이 말은 쇠는 뜨거울 때 연성이 강해져서 여러 가지 형태로 만들기가 쉬워진다. 즉, 쇠가 뜨거워졌을 때 그 기회를 놓치지 말고 제 때 잘 두드리라는 말이다. 모든 것에는 때가 있다. 우리들은 때를 놓치고 후회하는 경우가 얼마나 많은가? 하고 싶은 일, 해야 할 일은 그때그때 최선을 다해서 해야 한다.

때는 시간과 함께 흘러가 버린다. 때를 멈추게 할 수도 없고 저축해 둘 수도 없다. 감사를 나타내고 싶은 사람에게는 때를 놓치지 않고 감사 표시를 한다. 사과를 해야 할 사람이 있으면 때를 놓치지 않고 사과한다. 사이좋게 지내고 싶은 사람이 있으면 사이좋게 지낼 수 있을 때 사이좋게 지낸다. 소중히 하고 싶은 사람이 있으면 소중히 할 수 있을 때 소중히 한다.

내 마음을 전하고 사이좋게 지내고 싶었는데 그 사람이 갑자기 어디론가 가버릴지도 모른다. 소중한 사람이란 것을 알면서도 소홀히 하고 때로는 상처를 주기도 하다가 그 사람과 두 번 다시 만날 수 없게 된 다음에 후회한다. 한 번 주어진 때는 두 번 다시 돌아오지 않는다. 되돌릴 수도 없다. 때를 놓치고 후회하지 말고 그때그때 할 수 있는 일을 하며 최선을 다하여 살도록 하자. 때를 잘 잡아서 후회 없는 행복한 인생을 살자.

152. 성공하기 위해서는 때를 잘 만나야 하며 기다릴 줄도 알아야 한다

병아리가 알을 깨고 나올 때는 모든 조건이 갖추어진 상태에서 약 3주 정도의 시간이 필요하다. 아름다운 꽃이 피려면 제 계절을 만나야 한다. 모든 일에는 다 때가 있다. 때가 무르익어야 일이 성사된다. 초조해하거나 서둘러서는 안 된다. 어떤 일을 성사시킬 때는 모든 준비를 갖추고 때를 기다려야 한다. 아무 준비도 하지 않고 때를 기다리는 것은 의미가 없다. 그것은 씨를 뿌리지 않고 새싹이 나오기를 기다리는 것과 같다. 감나무에서 감이 떨어지기를 기다리는 어리석은 짓을 해서는 안 된다.

씨를 뿌려 놓고 때를 기다리면 단비가 내리면서 대지를 촉촉이 적셔 준다. 그때 씨앗은 땅속에서 싹을 틔우고 새싹이 돋아난다. 씨를 뿌리는 것은 사람이 하지만, 대지를 촉촉이 적셔 주는 단비는 자연의 몫이다. 모든 일도 마찬가지다. 사람의 힘으로 할 수 있는 모든 것을 하고 나서 열매를 맺게 해 주는 것은 때이다. 때가 잘 맞아야 한다. 때가 아닌데 무리하게 서둘러 일을 성사시키려고 하다가 낭패를 보는 경우가 있다. 아직 부화가 덜 된 달걀 속에서 병아리를 꺼낼 수는 없다. 무언가를 성사시킬 때는 반드시 때가 있는 법이다.

때, 그것은 인간의 힘을 초월한 눈에 보이지 않는 대자연의 힘이다. 이 세상에는 똑같은 노력을 하고도 성공하는 사람이 있는가 하면 실패하는 사람도 있다. 골 직전에 축구의 성패가 갈리는 경우와 같다. 그것은 때를 만났느냐 아니냐에 달려 있다. 성공하기 위해서는 때를 잘 만나야 하며 때를 기다릴 줄 알아야 한다.

인생을 현명하게 사는 사람은 남을 미워하거나 원망하지 않는다. 때로는 자기에게 상처를 주거나 배신한 사람도 용서해 준다. 남을 미워하거나 원망해도 자기에게는 아무런 도움이 되지 않고 오히려 자기만 상처받고 힘들다는 것을 알기 때문이다.

언제까지나 용서하지 못하고 분노해도 자기가 받은 상처가 치유되는 것은 아니고 오히려 상처를 키울 뿐이다. 불필요한 고통 속에서 아까운 인생의 시간만 낭비할 뿐이다. 사람은 100세 인생의 한정된 시간을 살아가므로 한정된 인생의 시간을 소중히 사용해야 한다.

나에게는 매일 공짜로 8만 6,400원이 생긴다. 내일도 8만 6,400원이 생긴다. 오늘 생겼던 8만 6,400원은 내일이 되면 연기처럼 사라져버린다. 어떤 사람은 이 8만 6,400원을 잘 사용하나 대부분의 사람들은 안타깝게도 다 사용하지 못한다. 그나저나 이 8만 6,400원은 하루 24시간의 가치(8만 6,400초)를 말하는 것으로 이렇게 1초를 돈(1원)으로 환산하니 아깝다는 생각이 든다. 인생은 기뻐하거나 즐거워하고 사랑하고 행복해야 할 시간으로도 부족하다. 그런데도 남을 미워하거나 원망하며 용서하지 못하고 분노의 시간을 보낸다면 얼마나 억울한 삶이 되겠는가?

현명한 사람은 시간의 가치를 알고 있기 때문에 자기를 불행하게 하는 데 시간을 낭비하지 않는다. 예수 그리스도는 '원수를 사랑하라', '한쪽 뺨을 맞으면 다른 쪽 뺨을 내주라'고 했다. 하지만 굳이 미운 사람을 사랑하지 않아도 되고 굳이 싫은 사람을 좋아하지 않아도 된다. 그냥 자기 마음속에서 지워버리면 된다. 한쪽 뺨을 맞으면 다른 쪽 뺨을 내주지 않아도 되고 그냥 참고 용서하면 된다. 남을 미워하거나 원망하는 동안은 자기 자신이 고통 속에서 살아야만 한다.

언제까지나 남을 용서하지 못하고 분노에 가득 차 있으면 그 분노는 상대방을 괴롭히는 것이 아니라 자기 자신을 괴롭히게 된다. 남을 미워하거나 원망하고 분노하는 행위는 자기의 인생을 고통 속에서 살게 하고 불행의 늪을 벗어나지 못하는 정말 어리석은 짓이다. 남을 미워하거나 원망하지 말고 용서하는 현명한 사람으로 행복한 인생을 살도록 하자.

154. 나에게 주어진 '지금'이라는 시간을 소중히 여기자

 과거에 일어났던 어떤 일들에 사로잡혀 움직이지 못하는 사람들이 있다. 하지만 과거에 어떤 실패를 했다 하더라도 고개를 들고 앞을 향하여 나아가야 한다. 과거의 실수나 실패 때문에 훌륭한 인재임에도 불구하고 멀리하는 리더들이 있다. 용병술로 잘 알려진 삼국지의 영웅 조조는 인재를 모을 때 과거는 일체 따지지 않았다. 그래서 조조의 주위에는 인재들이 구름처럼 모여들었다.

 과거는 이미 바꿀 수가 없다. 하지만 지금부터 어떻게 하느냐에 따라 미래는 달라진다. 중요한 것은 지금까지 어떤 인간이었느냐가 아니고 이제부터 어떤 인간이 되느냐이다. 지금까지 무엇을 해왔는가보다 지금부터 무엇을 성취하느냐가 중요하다.

 미래의 희망이 보이지 않는다고 의기소침해 있는 사람은 현재를 소중히 여기지 않고 소홀히 하기 쉽다. 미래는 자신의 손으로 바꿀 수 있다는 것을 한순간도 잊어서는 안 된다. 먼저 '지금'을 소중히 생각하면서 하루하루를 충실하게 살며 즐거운 시간을 보내다 보면 미래는 바뀐다.

 우리 인간에게는 살아가는 데 중요한 세 가지 '금'이 있다. 첫째는 황금이다. 인생을 살며 살아가는 데 있어서 필요한 경제적인 금이다. 둘째는 '소금'이다. 우리 인간에게 살아가는 데 없어서는 안 될 필수품이다. 셋째는 '지금'이다. 인생을 살아가기 위해 사는 시간이다. 나에게 주어진 '지금'이라는 시간을 소중히 여기자. 이 세가지 '금'들 중 '지금'은 미래의 삶의 이정표가 되어 줄 테니까.

155. 인생의 고비는 심기일전할 수 있는 좋은 기회라고 생각하라

인생을 살아가다 보면 수없이 많은 고비가 있기 마련이다. 어떤 사람은 생사의 고비를 몇 번이나 경험한 사람도 있다. 생사의 고비가 아니더라도 죽고 싶을 정도로 어렵고 괴로운 상황을 경험한 사람을 주변에서 흔하게 본다. 성공한 사람은 그 고비를 넘고 넘어서 행복한 인생을 손에 넣는다. 인생을 등산으로 비교한다면 높은 산을 오르기 위해서 계곡을 지나고 고개를 넘어 몇 개의 작은 산을 넘어가야 한다. 산을 오를 때도 반드시 험한 길만 계속되는 것은 아니다. 잠시 쉬어갈 수 있는 곳도 나온다. 쉬어가는 장소에서는 숨을 고르고 육체적 피곤이나 정신적 피로를 풀어준다. 더 높은 산에 오를 수 있도록 에너지를 재충전한다.

인생길 또한 마찬가지다. 인생의 고비를 만나면 쉬어가는 장소로 생각한다. 마음을 가다듬고 활력을 재충전하여 그 고비를 극복하고 더 높은 곳으로 나아갈 수 있는 계기로 삼는다. 심기일전하여 이전의 생각과 마음가짐을 완전히 바꾸어 인생의 고비는 마음을 새롭게 하는 좋은 기회로 생각하라. 이 좋은 기회를 살려 밝은 마음으로 행복한 미래를 위해 앞으로 나아갈 수 있을 것이다.

지금까지 살아온 과거는 지나간 과거일 뿐이다. 중요한 것은 지금 이 순간, 이제부터 새롭게 펼쳐지는 미래다. 인생의 고비를 잘 활용하면서 마음을 가다듬자. 밝은 기분으로 긍정적인 사고를 가지고 장밋빛 인생을 위해 미래로 나아가자.

156. 불운이나 고민도 마음을 깨끗하고 맑게 하면 사라진다

운이 없는 날은 왠지 하는 일마다 잘 풀리지 않는다. 이처럼 일이 잘 안되면 자기도 모르게 주위 사람들에게 짜증을 내거나 화를 낸다. 그러한 행동으로 인해 더 좋지 않은 일이 생길 수 있다. 자신이 짜증을 내면 주위 사람들을 짜증나게 하고 그 사람이 또 짜증을 내게 된다.

자신의 짜증은 나비 효과로 점점 퍼져 나간다. 만약 자신이 A회사 팀의 리더라면 자신의 짜증으로 인해 팀 전체의 분위기를 망칠 수도 있다. 분위기를 망치면 일의 성과가 오를 리가 없다. 운이 없다고 생각되는 날은 짜증을 낼 것이 아니라 마음을 다스리는 기회로 삼아야 한다.

운이란 변화무쌍하여 한 곳에 머무르지 않는다. 시간이 지나면 불운이 행운으로 바뀔 수도 있고 행운이 불운으로 바뀔 수도 있다. 불운이 자기 앞에 잠시 머물렀다 하여 짜증을 내거나 화를 내게 되면 그 불운은 같은 동료의 불운을 불러들여 더 큰 불운이 된다. 운이 없는 날이라고 생각되면 마음을 비우고 마음을 깨끗하게 하여 주위 사람들에게 의식적으로 웃는 표정을 지으며 친절하게 대해 보자. 그러한 행동이 행운을 불러오고 불운은 다른 곳으로 가버리게 한다.

또한 고민거리가 생겼다 하여 심하게 고민에 빠져서는 안 된다. 고민도 자기의 마음에서 생겨난 것이기에 마음을 맑게 하면 고민도 어디론가 사라져 버린다. 고민하기보다는 고민의 원인을 해결하기 위해 최선책을 찾아 행동해야 한다.

모든 사람에게 인생은 세 번의 큰 기회가 온다는 말이 있다. 인생에서 작은 기회는 수없이 접하며 살지만 대부분의 사람들은 기회가 와도 기회라고 깨닫지 못하고 지나고 나서야 기회를 놓치고 후회하는 경우가 많다.

위기(危機)는 危(위험)＋機(기회)로 이루어진 말이다. 위기 속에 기회가 있다는 뜻으로 동전의 앞뒷면처럼 '위험'과 '기회'의 두 요소로 되어 있다. 위험하기 때문에 기회가 찾아온 것이고, 기회가 왔기 때문에 위험한 것이다. 큰 기회는 큰 위기 속에 있다. 이 사실을 염두에 둔다면 어떤 위기가 와도 잘 극복할 수 있다고 본다. 필자도 지금까지 살아오는 동안 몇 번의 큰 위기를 겪었다. 크게는 1997년의 IMF 외환위기, 2007년의 미국 서브프라임 사태로 인한 금융위기, 2008년 리먼 사태로 인한 금융위기, 코로나19로 인한 팬데믹이 이에 속한다.

위기가 지나고 나면 승자와 패자가 극명하게 드러난다. 필자는 지금까지의 큰 위기를 통해 인생을 역전시키고 크게 성공한 사람을 많이 보아 왔다. 물론 재계에서도 이름 있는 기업이나 기업 총수가 역사의 뒤안길로 사라지는 모습도 많이 보아 왔다. 위기를 기회로 생각하여 활용한 승자가 있고, 위기로 인해 지금까지 쌓아온 모든 것을 잃어버리고 재기 불능에 빠지는 패자가 있다.

평소에 리스크 관리를 철저히 하며 사는 사람이나 기업은 큰 위기가 오면 위기를 오히려 기회로 활용할 줄 안다. 그러나 평상시에 안이한 삶을 사는 사람이나 방만한 경영을 한 기업들은 위기가 닥쳤을 때 그 위기에 매몰되어 버린다. 따라서 평소에 리스크 관리를 철저히 하며 항상 준비하는 마음가짐으로 사는 사람은 위기를 두려워하지 않는다.

우리는 위기를 위험으로만 보지 말고 오히려 기회로 삼아야 한다. 위기가 지나고 나면 자신도 모르게 한 단계 업그레이드되어 크게 성장할 수 있기 때문이다. 이 세상에서 자신에게 찾아온 기회를 접해 보지 않은 사람은 한 사람도 없다. 그것을 기회로 삼지 못하고 지나칠 뿐이다. 우리에게 닥친 위기를 기회로 삼아 도전하여 성공의 문을 열도록 하자.

158. 먼저 내가 달라지면 상대방도 달라진다

상대방은 틀리고 나만 옳다는 생각으로 살면 화합은 없고 의견 대립을 낳게 된다. 서로 화합하지 않고 대립하면 미움과 원망만이 싹튼다. 미움과 원망으로 살아가는 인생은 불행한 인생이다. 모든 사람과 더불어 행복하게 살기 위해서는 서로 협력하고 화합하며 살아야 한다.

상대방과 대립하지 않고 화합을 이루기 위해서는 나나 누군가가 바뀌어야 한다. 일반적으로 내가 옳고 상대방이 틀렸으니까 상대방이 바뀌어야 한다고 생각하기 쉽다. 하지만 사람은 더불어 살아가는 존재라는 점이다. 이는 화합을 이루면서 살 것인가 대립하면서 살아갈 것인가의 문제와 직결된다. 누가 옳고 누가 틀리냐의 문제가 아니다.

또한 옳고 틀림은 바라보는 시각에 따라 달라질 수 있다. 내가 옳다고 생각하는 것이 상대방 입장에서 보면 반드시 옳다고 말할 수 없을 때가 있다. 사람은 항상 자기중심적으로 생각하기 마련이어서 객관성이 결여될 수밖에 없다. 그래서 서로가 입장을 바꿔 놓고 생각하는 습관을 가져야 하며 사물을 객관적으로 보려고 노력해야 한다.

자기중심적으로 생각하다 보면 세상에는 마음에 들지 않는 것들이 너무 많다. 그렇다고 세상을 모두 자기 마음에 들게 바꿀 수는 없다. 옛말에 절이 싫으면 중이 절을 떠나야 한다는 말이 있다. 이는 자기의 힘으로 바꿀 수 없다면 맞추어 살아야 한다는 뜻이다. 맞추어 살기 위해서는 내가 달라져야 한다. 먼저 내가 바뀌어야 한

다. 내가 바뀌면 상대방도 바뀐다. 내 마음이 바뀌면 나의 태도도
바뀐다. 내 태도가 바뀌면 내 행동도 바뀐다. 내 행동이 바뀌면 나
의 습관도 바뀐다. 나의 습관이 바뀌면 내 인격이 바뀐다. 내 인격
이 바뀌면 나의 운명이 바뀐다. 나의 운명이 바뀌면 나의 인생이
바뀐다.

159. 바꿀 수 없는 타인이나 과거에 집착하지 말고 나부터 바꿔라

타인과 과거는 내가 바꿀 수가 없다. 바꿀 수 있는 것은 자기 자신과 다가올 미래이다. 내가 타인을 아무리 바꾸려 노력하고 기대해도 바뀌지 않는다. 타인은 그 사람 나름의 성격과 감정이 있기 때문이다.

지나간 과거에 집착하여 후회해도 과거로 돌아가서 바꿀 수는 없다. 인생은 바꿀 수 없는 타인이나 과거에 집착하기보다는 바꿀 수 있는 자기 자신이나 미래에 대해 생각하고 행동하는 것이 합리적이고 효과적이다. 지금의 자기 자신은 지금껏 자기 자신이 만들어 온 과거의 산물이다. 지금의 자기 자신이 바뀌지 않으면 미래의 자기 자신도 바뀌지 않는다. 미래의 자기를 되고 싶은 자기로 바꾸기 위해서는 과거의 잘못된 자신과 지금의 자신을 바꾸어야 한다.

자기 자신을 바꾸는 방법으로서 1960년 무렵부터 미국을 중심으로 발전해 온 심리 요법의 하나로 '브리프 테라피(단기요법)'라는 방법이 있다. 이것은 합리적이고 효과적인 인생의 삶의 방식이 될 것이다. 이 요법의 중심 철학인 3가지 룰에 자기의 미래를 바꾸는 힌트가 있다.

룰 1. 지금 하고 있는 방법으로 일이 잘 되고 있다면 바꾸지 않아도 된다.

룰 2. 한번 해서 잘 되었던 일은 같은 방법으로 반복해서 한다.

룰 3. 잘 되지 않는다면 다른 방법으로 해 본다.

매우 단순한 룰이지만 눈앞의 작은 행동을 바꾸면 미래가 바뀐다. 한번 해서 잘 된 일은 다음에도 그 방법으로 해도 된다. 잘 된

일을 몇 번이고 반복해서 하다 보면 자신감이 생기고 자신이 보다 좋은 방향으로 변화해 가는 것을 느낄 수 있다. 그리고 지금 하고 있는 방법으로 성과가 나지 않는다면 다른 방법을 모색해야 한다. 아마도 자기와 맞지 않는 방법일지도 모른다. 자기와 맞는 방법을 찾아서 하면 즐거움이나 보람을 느낄 수 있다.

　이와 같은 방법으로 자기 자신을 바꾸어 가면서 보다 좋은 미래로 바꾸어 가자. 바꿀 수 없는 타인이나 과거에 집착하지 말고 자기와 다가올 희망찬 미래를 어떻게 바꾸어 갈 것인가를 생각하고 행동하자. 자기 자신이 바뀌면 주위 사람도 좋은 영향을 받아 바뀔 수밖에 없다. 자기와 미래가 보다 좋은 방향으로 바뀐다면 후회스러운 과거에 대한 생각도 달라져 놀라운 인생의 변화가 일어날 것이다.

160. 리더는 미움과 비난을 두려워해서는 안 된다

리더로서 살아가기 위해서는 외로움과 괴로움은 어느 정도 감수하며 살아가야 한다. 주위에 많은 사람이 있다고 해도 모든 일은 결정권자인 리더가 최종적으로 결정한다. 모든 사람들을 만족시킬 수 있는 일은 이 세상에는 없다. 하지만 리더의 결정에 따라 누군가는 불이익을 당하거나 상처를 받게 되는 사람이 있다. 리더는 그러한 사람들로부터 미움을 사거나 비난받는 경우가 있지만 이를 두려워해서는 안 된다. 올바른 일이고 대의를 위해서 하는 일이라지만 리더로서는 여간 괴로운 일이 아니다.

리더는 혼자서 외로움을 달래는 경우가 많다. 리더가 누군가로부터 미움을 사는 것은 괴롭지만 미움 받는 것을 자청하여 리더로서 올바른 일을 관철해야만 할 때가 있다. 리더가 미움 받을 것을 두려워하여 올바른 일을 피한다면 리더로서의 자격이 없을뿐더러 나중에 더 힘들어진다.

리더는 괴롭고 외롭다. 리더는 어떤 일을 결정함에 있어서 다른 사람의 조언을 받긴 하지만 최종적인 결정은 본인 스스로 해야 한다. 그래서 리더는 늘 외롭고 괴로운 삶을 산다. 하지만 리더가 올바른 일을 위해 싸우는 모습은 아름답다. 언젠가 괴로움에 대한 보답을 받는다는 믿음을 가지고 고개를 들고 걸어가자. 아름다운 세상과 멋진 조직을 위해 좋은 일을 하고 있다는 자부심을 가지고 살아가자.

161. 참된 리더는 조직원이 영웅이 되도록 이끌어 준다

리더로서 살아가기 위해서는 복수의 사람(조직)이 믿고 의지할 수 있는 존재가 되어야 한다. 리더는 지배자가 아니고 조직을 이끄는 통솔자이다. 항상 선두에 서서 행동하고 조직원들의 솔선수범이 되어야 한다. 자연스럽게 조직원들이 리더를 존경하고 따르도록 해야 한다.

리더는 목표를 정해 놓고 조직원들을 올바른 방향으로 인도하여 큰 성과를 올림으로써 최종적으로 목표를 달성시키도록 해야 한다. 그러기 위해서는 조직원들과 항상 원활한 소통을 하면서 가치관이나 목표에 대한 중요성에 대해 확실하게 이해하고 공유할 수 있도록 해야 한다. 조직원들이 최대한 능력을 발휘할 수 있도록 환경을 조성하고 사기를 북돋워 줄 수 있도록 해야 한다.

리더란 자기가 영웅이 되려고 해서는 안 된다. 조직원들의 사기를 높여 주기 위해 조직원들을 영웅으로 만들어 주어야 한다. 리더란 자기가 영웅이 되어 기뻐하는 사람이 아니라 조직원들이 영웅이 되도록 이끌어 줌으로써 함께 기뻐할 수 있는 사람이어야 한다. 조직원들의 기쁨이 자신의 기쁨이 된다. 좋은 일이 있으면 함께 기뻐하는 사람이 되도록 해야 한다. '발로 뛰는 여러분이 진정한 영웅'이라는 말처럼 리더는 조직원들을 잘 배려할 수 있어야 한다.

162. 일을 한다는 것은 무슨 의미일까?

인간만이 일을 하며 살아간다. 동물들은 생존을 위해 당면한 필요 이상의 행위는 하지 않는다. 동물의 왕 사자는 배를 채우면 잠을 자고 배가 고파지기 전까지는 먹잇감이 자기 앞에 나타나도 별흥미를 갖지 않는다고 한다. 배가 부르면 이 기회에 비축을 위해 좀 더 잡아놓을까라는 생각은 아예 하지 않는다. 상황에 맞추어 그런 생각을 하는 건 인간뿐이다. '인간은 왜 일을 할까?', '일을 하는 의미는 무엇일까?' 하는 문제에 대해 곱새기게 되는 이유이다.

"일을 한다는 것은 무엇인가?"라는 질문은 취업 면접에서도 빼놓을 수 없는 유형이다. 그 대답은 사람마다 다르겠지만 일반적으로 일을 하는 목적 몇 가지의 공통적인 답은 다음과 같다.

1) 수입을 얻어 생활하면서 살아가기 위해서
2) 하고 싶은 일을 실현하기 위해서
3) 미래의 불안을 해소하고 싶어서
4) 사회적 지위를 얻고 싶어서
5) 일을 통해 성장하고 싶어서
6) 사회에 공헌하고 싶어서
7) 삶의 질을 향상시키기 위해서
8) 경험을 축적하기 위해서
9) 인간관계를 형성하여 사회와의 관계 유지를 위해서
10) 일 그 자체를 즐기기 위해서
등이 있다.

그러나 좀 더 생각해 보면 즐겁게 일하는 사람들은 일하는 의미를 알지만, 대부분의 사람들은 일을 한다는 게 무엇인지도 알지 못한다. 처음부터 일을 한다는 게 무엇인가를 생각할 필요도 없고 몰라도 상관없다고 생각한다. 그저 주어진 일만 열심히 하면 된다고 생각한다.

인간은 일을 통해 보람을 느끼면 된다. 일을 하며 자신의 한계를 알고 이를 잘 극복하여 터득함으로써 새로운 자신과 만나게 된다. 이 만남에 의해 인생이 바뀐다. 일을 하는 것은 자신을 위해 하는 것이 아니라 누군가를 위해 한다. 이 일을 열심히 함으로써 나 이상의 힘을 발휘할 수 있다는 것도 안다.

귀찮다고 생각하는 일에 가능성이 있고, 아무도 하고 싶어 하지 않는 일을 하면 가치도 있다. 요즘 3D 업종이라 불리는 일도 결국은 하고자 하는 의지가 있으면 누군가에게 도움이 된다. 내가 하지 않으면 누군가는 그 일을 하게 되어 있다. 힘들고 더럽고 어렵다고 그 일을 안 하면 사회 조직은 엉망이 되고 말 것이다. 우리는 그런 일을 하는 사람들에게 눈을 돌려 소중하게 인식하기를 기대한다.

인간은 일을 할 때마다 다음 일이 생겨나고 계속해서 일을 함으로써 성장한다. 인간은 자신의 일을 통해 성장하고 행복해지는 존재이기 때문이다.

163. 어차피 해야 할 일이라면 재미있게 즐기면서 해라

인간은 한평생 일을 하며 살아가는 존재이다. 인간은 살아가기 위해 누군가가 시키는 일을 어쩔 수 없이 하는 경우도 있겠지만 스스로 좋아서 하는 일도 있다. 어쩔 수 없이 하는 일보다 스스로 좋아서 하는 일이 더 재밌겠지만 모든 일이 재미있는 일만 있는 게 아니다. 내게 주어진 일을 즐겁게 하는 사람이 있을 뿐이다. 어떤 일을 하더라도 재미없다고 생각하며 불평불만만 가지고 있는 사람이 있는가 하면, 무슨 일을 하더라도 즐겁게 하는 사람이 있다. 일을 즐겁게 하는 사람은 좋지 않은 환경 속에서도 자기 나름대로 즐겁게 일하는 방법을 생각해 낸다. 일에도 쫓기지 않는다. 어차피 해야 할 일이라면 재미있게 즐기면서 하는 게 좋다는 것을 안다.

'피할 수 없으면 즐겨라'는 말도 있다. 스스로 좋아서 하는 일이라고 해서 꼭 재미있기만 한 것은 아니다. 일을 하다 보면 솔직히 하기 싫은 일도 하찮은 일도 마음이 내키지 않은 일도 많이 있다. 하지만 인생의 시간 대부분을 일을 하며 보내야 하는데 재미없게 일을 하며 보내다 보면 행복과는 거리가 먼 삶을 살 수밖에 없다. 그렇게 일하면 너무 아까운 시간이고 너무 안타까운 인생이다. 좀 더 적극적으로 즐겁게 일하는 방법을 찾아내고 항상 웃는 얼굴로 일을 하다 보면 어떤 일이라도 재미있어질 것이다. 즐겁고 재미있게 일을 하면서 행복한 삶을 영위하기 위해 노력하자.

164. 일의 즐거움을 가르쳐 주는 것은 다름 아닌 일 그 자체이다

　사람은 누구나 한평생 일을 하지 않고 살아갈 수는 없다. 먹고 살기 위해서든 좋아서 하는 일이든 어떠한 형태로든 일을 하며 살아간다. 그런데 세상에는 일이 싫고 힘들다는 사람이 있는가 하면 일에 즐겁게 몰두하는 사람이 있다. 일이 힘들고 싫다고 생각하며 어쩔 수 없이 일하는 사람과 일을 그만두고 일하지 않은 사람은 인생의 귀중한 시간을 헛되이 보내는 것과 같다.

　일을 즐기면서 할 수만 있다면 그 인생은 행복한 인생이 될 것이다. 세상에는 즐거운 일이 있는 게 아니라 일을 즐겁게 하는 사람이 있을 뿐이다. 일을 즐겁게 하는 사람은 대부분 인생을 즐겁게 살고 싶다는 생각을 기본적으로 가지고 있다. 때문에 어떠한 일이든 어떻게 하면 즐겁게 일할 수 있을까를 연구하여 방법을 강구해 낸다. 일이 주어지면 그 일을 최선을 다해 노력하여 성과를 낸다.

　일을 하는 과정에서 소통을 잘 하려면 인간관계를 중요시해야 한다. 이런 사람들은 일뿐만 아니라 일 이외의 여가 시간도 즐겁게 보낸다. 쉬고 싶을 때는 확실하게 쉬어야 한다. 이를테면 일과 사생활의 균형을 잘 조절하면서 인생 그 자체를 즐겁게 사는 사람이다. 일을 즐겁게 하는 방법을 나름대로 궁리하여 일에 몰두하게 되면 비로소 일에 대한 즐거움을 알게 된다.

　일을 하지 않고 그 즐거움을 맛볼 수는 없다. 일이 즐겁지 않다고 하여 일을 그만둬 버리면 진정한 일의 즐거움을 모르고 끝나 버려 불행한 인생을 살게 된다. 일의 즐거움을 가르쳐 주는 것은 다름 아닌 일 그 자체이다.

165. 사람은 무언가 하고 싶을 때는 해야 한다

대부분의 사람들은 세상을 살아가면서 주위의 시선을 의식하며 살아간다. 건강하고 자유롭게 행복한 삶을 살기 위해서는 남의 시선을 의식할 필요가 없다. 그러나 사회적 규범이나 규칙을 어겨가며 남에게 피해를 주는 행위를 해서는 안 된다. 하지만 자기의 욕구를 너무 억누르고 살 필요도 없다. 요즘 우리 사회에 우울증이나 공황장애와 같은 정신적 질환이 많은 것은 자기의 감정이나 욕구를 너무 억누르며 살아가기 때문은 아닐까 생각한다.

사람은 무언가 하고 싶을 때는 해야 한다. 자고 싶을 때는 자야 한다. 웃고 싶을 때는 웃어야 하고 울고 싶을 때는 울어야 한다. 그리고 열심히 일할 때는 열심히 일하고 즐길 때는 즐겨야 한다. 항상 자기답게 자연스런 자기를 들어내면서 자기 인생을 자기 것으로 만들어 가면 인생의 주인공으로 살아갈 수 있다.

166. 혼자서 할 수 있는 일에는 한계가 있다

사람은 자기 혼자서 할 수 있는 일에는 한계가 있기 마련이다. 능력으로나 시간적으로도 한계가 있기 때문에 무엇인가 큰일을 성사시키거나 꿈을 실현하기 위해서는 다른 사람들의 협조가 반드시 필요하다. 다른 사람과 힘을 합친다면 불가능하다고 생각되는 일도 가능하게 되고 이상적으로만 생각되던 꿈도 실현할 수 있다. 다른 사람과 힘을 합치거나 또는 협조를 받기 위해서는 무엇보다 인간관계가 중요하다. 협조자를 만나거나 또는 만난다 하더라도 자기 생각대로 그 사람을 움직이기가 쉽지 않다.

일반적으로 사람들은 이해득실을 따져 움직이는 경우가 많다. 즉, 자기에게 이득이 되지 않는 일에는 대부분의 사람들은 별로 관심을 보이지 않는다. 물론 예외는 있다. 평소에 존경하는 사람과 사랑하는 사람, 과거에 도움을 받았던 사람에게는 득실을 따지지 않고 협력하는 사람들이다.

사람을 움직이려면 먼저 협조자에게 동기 부여를 하거나 그 사람의 마음을 얻어야 한다. 동기 부여는 협조자에게 이득이 되는 무언가를 주는 것을 말한다. 즉, 일이 성사되었을 때 이익을 나누어 주거나 협조의 대가를 주는 것이다. 그러한 조건으로 협조자를 구할 수도 있다. 하지만 사람의 마음을 얻어 협조자를 구하기는 그리 쉽지 않다. 사람의 마음을 움직이거나 얻는 데는 시간이 많이 걸린다. 평소에 신뢰를 얻지 못한 사람이 어느 날 갑자기 협력을 요청해 온다 해도 선뜻 응하는 사람은 별로 없을 것이다.

167. 자신에게 최선을 다할 수 있는 사람이 행복한 인생을 산다

대부분의 사람들은 주위의 시선을 의식하여 자기가 좋아하고 정말 하고 싶은 일보다는 형식을 중요시하며 살아가는 경우가 많다. 인생을 살아가는 데는 무슨 일을 어떻게 하면서 어떤 자세로 살아가는지가 중요하다. 형식에 얽매이고 주위의 시선을 너무 의식하다 보면 자기가 좋아하고 잘하는 일과는 상관없이 먼저 회사의 간판을 보고 직장을 선택한다. 누구나 주위의 시선이나 평가를 의식하여 안정적인 대기업을 선호한다. 다행히 그 직장에서 자기의 적성에 맞는 일을 하며 보람을 느끼는 사람도 있다. 하지만, 그렇지 못한 사람들은 적성에 맞지 않아 괴로워하고 힘든 시간을 보내다가 결국 직장을 그만두고 만다. 물론 그 또한 인생의 값진 경험이지만 그다지 현명한 방법은 아니다.

중요한 것은 어떤 회사에서 일하는가가 아니고 어떤 자세로 일하는가이다. 세상에 좋은 회사로 알려진 곳에서 일을 한다고 해도 자기가 좋아하거나 잘하는 일이 아니면 최선을 다할 수가 없다. 주어진 일만 하게 되고 그럭저럭 시간을 보내다 보면 일의 성과도 오르지 않을 뿐더러 자신의 발전에도 도움이 되지 않는다. 회사에도 도움이 되지 않고 자기 자신의 인생에도 도움이 되지 않는다. 중요한 것은 일을 어떤 자세로 하는가이다.

일을 선택할 때는 자기가 좋아하고 잘할 수 있는 일을 선택해야 한다. 그래야 최선을 다하게 되고 즐겁게 일을 할 수 있다. 그 일이 가치 있는 일이라면 더욱 보람도 느낄 수 있고 행복도 느낄 수 있을 것이다.

168. 사람은 일을 통해 보수를 받고 삶의 에너지를 충전한다

　사람은 일을 통해 금전적인 보수를 받기도 하지만 둘도 없는 눈에 보이지 않는 정신적인 보수도 받는다. 또 일을 통해 삶의 의욕이 생겨 보람을 느낀다.

　일을 통해 타인으로부터 신뢰받기도 하고 타인으로부터 칭찬받기도 한다. 아무리 힘들고 고달픈 일이라도 성공적으로 마무리하면 기쁨과 보람을 느낀다. 함께 힘을 합쳐 일한 동료들의 소중함을 느낀다. 세상은 혼자가 아니라 더불어 살아야 한다는 것도 깨닫는다. 서로 도와주고 도움을 받으며 타인으로부터 감사받으면서 행복감도 느낀다. 그렇게 함으로써 사람은 삶의 에너지를 충전한다.

　사람은 진지하게 열심히 일하면서 금전적인 보수뿐만 아니라 마음의 보수를 받고 일하는 힘과 살아가는 힘을 기른다. 금전적 보수만이 아닌 눈에 보이지 않는 정신적 보수가 더 크다. 그 보수는 더 높은 곳을 지향하는 든든한 힘의 원천으로 미래의 희망이 된다. 사람은 일을 통해 한 단계 성장하고 행복해진다.

169. 세상을 위해 좋은 일이라고 생각하면 어떠한 고난도 극복해야 한다

세상을 살아가며 옳고 좋은 일을 한다는 것은 그리 쉬운 일이 아니다. 모두에게 좋은 일을 한다는 것은 매우 힘들고 어려운 일이다. 비판하는 사람도 있고 모함하는 사람도 있기 때문이다. 힘들고 어려워지면 도중에 적당히 타협하거나 그만두고 싶은 생각도 든다. 하지만 만약 좋은 일을 하면서 매우 힘들다면 당신의 그 행위가 올바르다는 것을 증명한다.

자기가 옳고 좋은 일이라고 믿고 하는 일이라면 어떠한 고난과 역경이 있더라도 끝까지 밀고 나아가야 한다. 중간에 자기의 의지가 꺾여서는 안 된다. 세상에 도움이 되고 많은 사람을 위한 일이라고 생각한다면 자기 자신의 신념을 갖고 앞으로 나아가야 한다.

미래를 열어가는 사람의 행동은 지금의 상식으로는 비상식적으로 비춰질 수도 있다. 그러기 때문에 많은 비판과 모함을 받는 경우가 생긴다. 시기 질투하는 사람이 있는가 하면 자기의 상식으로는 이해하기 힘들기 때문에 반대하거나 비판하는 경우도 있다. 지금의 상식이 미래의 상식일 수는 없다. 시대는 변화하기 때문이다.

옳고 좋은 일을 하는 사람은 언젠가는 반드시 이해해 주는 사람이 나타나고 협력자도 나타난다. 만약 비판과 모함 때문에 자기의 의지를 꺾고 그만두어 버린다면 사회적 손실이 발생한다. 결국 역사의 발전도 없다. 밝은 미래도 기대하기 힘들다. 모두에게 올바르고 좋은 일은 어떠한 고난이 따르더라도 이를 극복하여 밝은 미래를 만들어 나가자.

1ᵧ0. 좋은 말을 습관화하여 좋은 인생을 살자

사람들은 말을 하며 함께 살아간다. 말은 사람에게 있어서 의사소통의 가장 소중한 도구임과 동시에 인생을 살아가는 데 소중한 양식과도 같은 것이다. 말을 통해 서로의 생각을 확인하면서 서로를 이해하고 사랑하며 살아간다. 좋은 말은 인간의 메마른 감정을 풍요롭게 하기도 하고 용기와 희망을 주기도 한다. 하지만 나쁜 말은 사람의 마음에 깊은 상처를 준다. 사람은 말을 통해 사람을 소중히 할 수도 있고, 말을 통해 사람을 아프고 슬프게 할 수도 있다. 말 한마디로 천 냥 빚을 갚는다는 속담처럼 말은 어떻게 사용하느냐에 따라 좋은 말이 되기도 하고 나쁜 말이 되기도 한다.

좋은 말은 인생을 바꾼다. 행복하고 알찬 인생을 살기 위해서는 항상 좋은 말을 하는 습관을 길러야 한다. 이렇게 좋은 말을 습관화하면 자신의 운명을 개척하는 도구로 사용할 수도 있다.

일본의 의학박사이며 작가인 사토 도미오는 대뇌·자율신경계와 인간행동·말의 관련성을 연구하여 독자적인 '말버릇 이론'을 제창하였다. 그는 '말버릇 박사'로도 알려져 있다. 뇌는 사실과 상상을 구별하지 못한다. 그러므로 긍정적인 말을 사용하여 뇌를 착각하게 하여 자기의 능력을 최대한 끌어낼 수가 있다고 한다. 그는 말버릇 하나로 꿈을 이룰 수도 있고 되고 싶은 사람이 될 수도 있다고 말한다.

언어의 습관을 바꾸면 사고 습관도 바뀐다. 이를테면 말버릇을 바꿈으로써 성격도 바꿀 수가 있는 것이다. 이것은 뇌나 자율신경계로도 설명된다. 사람은 자율신경계에 의해 움직인다. 자율신경계는 심장의 고동이나 체온 조절 등 본래는 사람의 의사를 거치지 않고 생체를 컨트롤하고 있다. 그러나 동시에 뇌가 사고한 것에 무조건적으로 반응한다는 특성을 가지고 있다. 예를 들어 맛있는 음식을 상상하는 것만으로도 타액이 분비된다. 사고는 언어로 구성되어 있기 때문에 말이 자율신경계를 나아가서 사람 그 자체를 지배한다고 말할 수 있다. 이를테면 말을 조종함으로써 자기 자신을 컨트롤할 수 있는 것이다.

좋은 말을 습관화하여 좋은 말과 함께 좋은 인생, 멋진 인생, 알찬 인생, 성공한 인생, 행복한 인생을 살도록 하자.

171. 모든 선택은 자유이고 그 선택 사항은 무한하다

선택의 자유가 제한되고 있는 독재 국가나 사회주의 체제를 제외하고는 자유민주주의 사회에서 살고 있는 사람들은 인생을 살아가면서 무엇이든 스스로 선택할 자유가 있고 그 선택 사항은 무한하다. 어디에 가서 누구와 만나고 무엇을 보고 어떤 것을 할지의 선택은 모두 자유다. 하지만 세상에는 스스로 선택하지 못하고 누군가의 지시나 정해진 틀 속에서 살아가는 사람이 얼마나 많은가? 물론 자신의 선택의 자유를 위해 타인의 자유를 빼앗거나 타인에게 폐가 되는 행위를 해서는 안 된다.

스스로 자유롭게 선택하며 살아갈 수 있는 사람과 그렇지 못한 사람과의 삶의 질과 느끼는 행복감은 많은 차이가 난다. 그러한 통계를 소개한 내용의 책도 많이 있다. 몇 가지 예를 들어보면 '어려운 환경 속에서도 스스로 의사결정을 해 온 사장이 아무런 선택권이 없는 노동자보다 수명이 길다', '요양원에서 담당자가 모든 걸 다해 주는 것보다 가능한 자기 일은 스스로 하도록 하는 편이 더 건강하다', '같은 동물이라도 야생동물보다 동물원의 동물의 수명이 압도적으로 짧다' 등 선택할 수 있는 자유는 건강과 행복에 크게 영향을 미친다는 것을 알 수 있다.

건강하고 행복한 인생을 살기 위해서는 스스로 무엇을 선택하여 어떻게 사느냐에 달려 있다. 우리가 모든 것은 마음먹기에 달려 있다는 사실을 인식한다면 모든 선택은 자유이고 그 선택 사항은 제한이 없다.

172. 지금의 내가 미래의 나를 어떻게 만들지는 나의 선택에 달려 있다

사람은 환경의 동물이다. 사람은 태어나서 부모나 가족 등 가정 환경의 영향을 받고, 학교에 다니면서는 선생님과 친구 등 학교의 영향을 받고, 사회에서는 직장이나 주위 환경의 영향을 받는다. 지금껏 살아오면서 수많은 환경의 영향을 받으며 지금의 내가 만들어졌다. 여러 사람들의 영향을 받아 지금의 내가 만들어졌다. 남에게 친절한 나, 남에게 심술궂은 나, 남보다 더 노력하는 나, 남보다 더 실패가 많은 나, 남에게 칭찬받는 나, 남에게 힐책받는 나, 질투하고 갈등하는 나, 불안해하고 초조해하는 나, 사랑하고 미워하는 나, 원망하고 고독해하는 나, 기뻐하고 슬퍼하는 나, 행복하다가도 때로는 불평하는 나, 이 모두 것이 나이고 나 자신이다. 과거의 비뚤어졌던 나도 지금의 나를 위한 영양분이 되었다고 할 수 있다.

사람은 환경의 동물이기에 어떠한 경우에도 나를 혐오하거나 미워해서는 안 된다. 지금의 나를 있는 그대로 받아들여야 한다. 어떤 경우에도 나에게 긍정적인 OK를 한다. 주위 환경의 영향으로 만들어진 내가 나를 만들고 그 모든 것이 내 마음속에 있다. 마음의 순풍은 나 스스로 만들어 낸다. 지금부터의 나를 어떻게 만들어 갈지는 내 마음속에 있다. 남을 사랑하고 남에게 사랑받는 나, 남을 칭찬하고 남에게 칭찬받는 내가 되어 행복한 인생을 살도록 하자. 모든 것은 내 마음속 선택에 달려 있다.

173. 말을 잘하는 것보다 잘 들을 수 있는 사람이 현명한 사람이다

인생을 현명하게 살아가기 위해서는 상대방의 이야기를 잘 듣기 위해 노력해야 한다. 대부분의 사람들은 누군가와 대화를 할 때 상대방이 자기 말을 잘 들어주기를 원한다. 상대방을 설득하기 위해서는 열심히 말을 많이 하여 설득하는 것보다 상대방에게 질문하여 말을 할 수 있도록 유도하면서 잘 들어주는 자세를 취하는 것이 더 효과적이다. 상대방의 말을 들을 때는 경청하고 있다는 자세를 상대방에게 전달하기 위해 몸을 상대방 쪽으로 내밀고 시선은 상대방의 눈을 보면서 진지한 표정으로 귀를 기울인다. 그렇게 하면 상대방의 자존심을 높여 주게 되고 상대방은 감사하는 마음을 갖게 될 것이다.

사람은 자기의 말을 잘 들어주는 사람을 좋아한다. 상대방의 말을 잘 듣다 보면 많은 것을 배우게 된다. 자기가 가지고 있는 지식에 상대방의 지식을 더하게 되므로 더 현명해진다. 이 경우 자신도 모르게 자신의 현학적 지식을 상대방에게 과시하여 말하다 보면 언쟁이 되기도 하고 불합리한 소통으로 인해 인간관계에 금이 갈수 있으므로 유의한다. 한마디로 많은 말보다 경청의 중요성이 대두되는 이유이다. 하지만 자기가 주도적으로 말을 하고 상대방의 말을 거의 듣지 않는다면 아무것도 배울 수가 없다. 상대방의 말을 잘 들을 수 있는 스킬을 가진 사람은 많은 사람에게 호감을 얻고 더욱 현명한 사람이 되어 인생을 행복하게 살아갈 수 있다.

사람은 말을 잘 들어야 한다. 상대방의 말을 잘 듣다 보면 의사소통이 잘 되어 원만한 인간관계를 형성할 수 있다. 말없이 상대방의 말을 끝까지 진지하게 들어야 한다. 하고 싶은 말이 치밀어 올라도 자기가 먼저 말하지 않고 우선 들어야 한다. 상대가 침묵해도 자신의 말로 침묵을 메꾸지 말고 상대방에게 질문하여 말할 수 있도록 유도하여 역시 들어야 한다. 말을 잘하는 것보다 잘 들을 수 있는 사람이 현명한 사람이다.

174. 말은 사람을 행복하게 하기도 하고 불행하게 할 수도 있다

칼을 강도가 가지고 사용하면 흉기가 되고 요리사가 가지고 사용하면 훌륭한 요리 도구가 된다. 말도 이와 마찬가지다. 말은 사람이나 사용하는 용도에 따라서 흉기가 되어 사람에게 상처를 주기도 하고 훌륭한 양식이 되어 사람의 마음을 따뜻하게 하여 이롭게 하기도 한다. 자기 자신에게나 가까운 사람에게 긍정적이고 감사하는 마음이 담긴 따뜻한 말을 사용하는 습관을 들이면 자기 자신도 행복을 느낄 수 있다. 또 다른 사람의 마음도 풍요롭게 하고 심신을 위로해 주거나 용기를 줄 수 있다.

하지만 잘못하여 무심코 내뱉은 마음에 없는 말 한마디가 흉기가 되어 사람에게 상처를 주기도 한다. 그 말에 의해 마음의 병을 얻어 최악의 경우에는 죽음을 선택하는 사람도 있다. 말은 사람을 행복하게 하기도 하고 불행하게 할 수도 있는 힘이 있다는 것을 명심하자.

말을 할 때는 신중해야 한다. 옛말에 먼저 '세 번 생각하고 나서 말을 하라'라는 교훈이 있다. 그만큼 말은 신중하게 해야 한다는 뜻이다. 한번 내뱉은 말은 다시 주어 담을 수가 없다. 말을 잘못하여 자기 자신도 부끄러움을 당하고 어려운 처지에 처한 경우도 있다. 또 신중하지 못한 말로 다른 사람에게 상처를 주거나 남의 인생을 불행하게 하는 경우도 많다.

마음에 없는 말로 사람의 마음을 상처 주는 사람이 아니라 마음을 따뜻하고 좋은 말로 사람을 기쁘게 하고 행복을 주는 사람이 되어야 한다. 배려 없는 말로 사람의 의욕을 잃게 하는 사람이 아니라 상대방을 배려하는 말로 의욕을 높이고 용기를 주는 사람이 되어야 한다. 인간미가 없는 말투로 냉담하게 대하는 사람이 아니라 인간미가 담긴 말투로 칭찬하는 사람이 되어야 한다.

우리 모두가 마음을 따뜻하게 하는 긍정적이고 좋은 말을 사용하여 밝고 아름다운 사회를 만들자. 이렇게 하면 모두가 밝고 즐거운 마음으로 행복한 인생을 살 수 있을 것이다.

175. 마음이 움직여야 사람은 움직인다

데일 카네기는 사람은 아무리 논리적인 말로 설득을 해도 움직이지 않는다고 했다. 사람은 모두 자기의 생각이 옳다고 생각하며 살아간다. 그러기 때문에 아무리 논리적으로 내 생각을 상대방에게 이야기해도 상대는 움직이지 않는다. 서로 논쟁이 되어 그 논쟁에서 상대방을 이긴다 해도 사람은 움직이지 않는다.

말로 상대방을 제압하면 그때는 좋을지 모르지만 반감을 사게 되어 상대방은 오히려 움직이지 않게 된다. 위에서 내려다보는 시선으로 상대방에게 명령을 하게 되면 결국 상대방의 마음은 굳어 버린다.

사람에게는 마음이 있다. 이 마음이 움직여야 사람은 움직인다. 마음이 움직여야 스스로 생각하게 되어 스스로 움직이게 되고 힘을 발휘하게 된다. 논쟁으로 상대방을 제압하는 것은 상대방의 감정만 상하게 할 뿐이다. 논쟁에서 이기는 것은 의미가 없을뿐더러 상대방을 움직이는 데도 도움이 되지 않는다. 상대방과의 논쟁을 피하고 사람의 마음을 움직이도록 노력하는 것이야말로 인생을 살아가는 현명한 처사라 하겠다.

176. 상대가 짜증을 내고 화를 낸다고 해서 성난 말로 대꾸하지 마라

좋은 인간관계를 만들어 가기 위해서는 상대방이 짜증을 내거나 화를 낸다고 하여 성난 말로 대꾸해서는 안 된다. 사람은 누구나 짜증이 나거나 화가 날 때가 있다. 이럴 때는 약간 이성을 잃게 되기도 한다. 하지만 시간이 조금 지나 마음이 안정되면 이성을 되찾게 된다. 화가 나 있는 사람에게 성난 말로 대응하는 것은 불난 집에 기름을 붓는 것과 다름없다.

사람이 이성을 잃게 되면 큰 다툼이 일어날 수도 있다. 이런 상황에서 서로에게 득이 되는 것은 아무것도 없다. 서로 감정만 상하게 된다. 상대가 화가 나 있거나 짜증을 내면 먼저 내가 기분을 전환하여 활기찬 분위기를 만들어 본다. 자신이 활기찬 모습을 보이면 이러한 분위기가 자연스럽게 전달되어 상대의 기분도 변화한다. 하지만 여전히 초조해하고 짜증을 내며 화가 나 있을 때는 조용히 잠시 동안 그곳을 피하는 것이 좋다. 왜 화를 내느냐고 상대에게 성난 말로 짜증을 내거나 대꾸하면 상대는 반발하고 대립을 낳을 뿐이다. 한마디로 다툼이 일어날 뿐이다.

일정 시간이 지나 상대방이 마음의 안정을 찾았을 때 대화를 해도 늦지 않다. 상대방의 기분이 별로 좋지 않을 때는 내 쪽에서 밝고 활기찬 모습을 보이도록 노력하자. 서로 다투지 않고 좋은 인간관계를 만들어 갈 수 있는 삶의 터전을 마련하자. 이것이 좋은 인생, 성공한 인생을 살기 위한 지름길임을 명심하자.

177. 가까운 사이라도 자기의 마음은 말로 확실하게 전달해야 한다

이심전심(以心傳心)이라는 말이 있다. 이는 말을 하지 않아도 서로의 기분이나 마음이 전달된다는 뜻이다. 서로 가까운 사이일 때 자주 사용하는 말이지만, 아무리 가까운 사이라고 해도 확실하게 말하지 않으면 서로에게 오해가 생길 수도 있다. 사람은 각자의 생각하는 기준이 다르기 때문에 자기 기준에서 생각하다 보면 서로의 생각에 차이가 날 수밖에 없다. 상대방이 가까운 사이이니 굳이 말을 하지 않아도 이해하고 알아줄 것으로 생각하고 있다가는 큰 낭패를 보기 쉽다. 그런 생각은 자기만의 착각일 수 있다.

이심전심이라는 말은 불교에서 유래되었다. 불교에서는 스승과 제자가 서로에게 상대의 표정이나 행동, 평소의 사고 등을 통해 말을 하지 않아도 읽어내고 전달하는 방법이다. 이는 어디까지나 스승과 제자가 함께 수행하면서 이루어지는 삶의 계승법이다. 일반 사람들에게 통용되기는 힘든 방법이다.

사람은 말을 하지 않으면 상대의 마음을 알 수가 없다. 상대의 마음을 알 수 없기에 상대에 대해 착각할 수도 있다. 상대가 말해 주지 않으면 서로 엇갈린 생각을 하고 어느 순간 되돌릴 수 없게 될 수도 있다.

'사실은 상대를 소중히 생각하고 있는데', '누구보다도 친절하게 대하고 싶은데', '사랑하고 있는데' 등 단 한 마디를 하지 못해 연인과 헤어질 수도 있다. 후회하고 있다면 지금 당장 자신의 마음을 말로 상대에게 전달하라. 소중한 사람을 소중히 하기 위해 자신의 생각을 확실하게 말로 전하는 것이 중요하기 때문이다.

178. 마음이 피곤해지면 생각보다는 행동을 우선해야 한다

사람은 대부분 생각을 먼저 하고 그 다음에 행동한다. 마음속으로 생각만 하고 행동하지 않는 경우도 많다. 소극적이고 내성적인 사람은 행동하고 싶어도 행동하지 못하고 상상의 세계에서 끝나고 만다. 자신이 하고 싶은 행동을 하지 못하고 마음속에 가두어 두면 스트레스가 쌓여 결국 마음의 병이 생긴다.

마음속에 담아두지 않고 행동하는 것은 사람을 건강하게 만든다. 행운의 여신도 행동하는 사람을 응원한다. 그래서 생각보다는 행동이 우선이다. 마음이 조금이라도 피곤해지면 마음은 일단 옆에 놓아두고 행동을 우선해야 한다. 먼저 가슴을 활짝 펴고 웃는 얼굴을 만들어 보자. 사람들과 이야기하며 몸을 움직여 보자. 목적 없이 산책하며 걸어보자. 그리고 하고 싶은 일이 있다면 남이나 주위 시선을 신경 쓰지 말고 일을 하자. 너무 깊게 생각하지 말고 먼저 해 보고 논리보다는 먼저 움직여 보자. 해 보면 마음이 움직이고 운명도 움직이기 시작한다. 깊은 생각보다 먼저 행동하여 행복하고 건강한 생활을 하자.

179. 괴로움이 사람과 세상을 위한다면 그만큼 덕을 쌓는다고 생각하라

살다 보면 속상한 일이 수없이 많다. 아무리 자신의 감정을 잘 다스리고 산다고 해도 뜻밖의 일을 당하게 되면 당황하고 초조해지기 마련이다. 그럴 때면 자신도 모르게 얼굴 표정이 변하고 신경이 날카로워져 있어서 평소에는 아무렇지도 않은 사소한 일에도 짜증을 내거나 화를 내기도 한다. 하지만 이러한 행동은 오히려 자신에게 해가 된다. 주위에 어두운 분위기를 조성하고 마이너스 에너지를 발산하게 될수록 그것들이 더욱 좋지 않은 에너지를 몰고 와 결국은 자신에게로 돌아온다. 그러므로 좋지 않은 에너지를 자기 밖으로 발산해서는 안 된다. 아무리 속상하는 일이 있어도 마음의 수행이라 생각하고 자기 스스로 해결하도록 노력하는 것이 무엇보다 중요하다.

의식적으로 밝은 표정을 관리하여 화가 나는 일이 있더라도 감정을 잘 다스려야 한다. 인생에는 누구나 우여곡절을 겪는다. 푸념이 새어나올 때도 있고 깊은 한숨이 나올 때도 있다. 무거운 책임을 짊어지고 여러 방면으로 판단이 요구되는 때도 있다. 이래도 되는지 방황하기도 하지만, 그래도 결정하고 나면 변함없는 표정으로 오늘도 흘러간다.

삶에는 괴로운 일도 있지만 그것이 세상을 위하고 사람을 위한다면 괴로운 만큼 덕을 쌓는다고 생각하라. 마음속에서는 비가 내리더라도 겉으로는 밝고 명랑하게 행동하라. 쌓은 덕은 결코 헛된 일이 되지 않는다.

180. 상상 속의 이미지도 가능하다고 믿고 행동하면 반드시 현실화된다

　인생에서 믿음은 매우 중요하다. 사람은 누구나 무언가 새로운 일을 시작할 때는 마음이 불안하다. 삶의 불확실성 앞에서는 누구나 불안하기 마련이다. 하지만 믿음은 불안을 해소시켜 준다. 불안이 제거된 상태에서 반드시 성사된다는 믿음으로 최선을 다해 주어진 일에 임한다면 최대의 성과를 낼 수가 있다.

　그러나 믿음이 없다면 주어진 일을 할 때 마음의 갈등을 겪으며 불안한 마음으로 일에 임하면 자기의 능력을 최대한 발휘할 수가 없다. 예를 들어 노력해도 성과를 내지 못하는 경우도 있지만, 노력한 사람은 반드시 보답을 받는다고 믿고 행동하면 대부분 성공한다. 노력하면 반드시 보답을 받는다고 믿으면 그것이 행동으로 이어지기 때문이다.

　믿는다는 것은 그 행위 자체로 행동을 촉진시키기도 하고 불안을 해소시켜 주기도 하는 심리적인 효과가 있다. 에드워드 테일러는 사람은 상상 속에서의 일도 현실로 생각해 버리는 경향이 있다고 했다. 자기가 이루고자 하는 꿈을 상상의 세계에서 이미지화하여 그 꿈은 반드시 이루어진다고 굳게 믿고 행동한다면 그 꿈은 현실이 된다.

　플라시보 효과란 게 있다. 효과 없는 가짜 약을 환자에게 주면서 이 약은 특효약이라 반드시 병이 낫는다고 말했을 때 환자가 의사의 말을 굳게 믿음으로써 병이 호전되는 현상을 말한다. 이 믿음은 자기 속에 내재되어 있는 힘을 발휘하게 한다. 사람이 살아가면서 필요한 것은 단 하나, 그것은 가능하다고 믿고 행동하는 것이다.

Part 7

희망과 성공을 위한
삶의 지혜

181. 망설임을 뿌리치고 과감하게 행동하면 미래의 운명은 바뀐다

인생을 살아가는 데 정답은 없다. 자기 자신이 옳다고 생각하고 결정해서 행동하면 그것이 정답이다. 무언가를 하려고 할 때 망설이면서 좀처럼 결정하지 못 할 때는 '정답이 있다'고 생각한 것이 아니라 '정답으로 하겠다'고 생각해야 한다.

현대인들은 사소한 일도 좀처럼 결단하지 못하고 망설이는 경우가 많다. 주위 사람들의 의견을 들으면 천차만별이어서 오히려 판단력이 흐려지고 결단하기가 더욱 힘들어진다. 혹시 잘못된 결단으로 일을 그르치지나 않을까 하는 두려움이 앞서거나 불안한 마음이 든다. 그러나 잘되거나 잘못된 것의 기준은 자기 자신이 결정한다. 자기가 결정하여 행한 일에 대해 어떠한 결과가 나온다고 해도 그것은 잘한 일이고 정답이라고 여기면 된다.

자기가 결정한 것을 바로 내가 바라는 정답이라고 생각하면 된다. 타인의 의견에 휘둘려 결단이 어려울 때는 스스로 각오를 해야 한다. 이는 정답을 찾는 데 신경을 쓰는 것보다 결정한 것을 정답으로 삼는 것이 중요하다는 뜻이다. 그리고 결정한 것을 행동할 때 마음의 에너지를 사용한다. 다가올 미래는 바꿀 수가 있기 때문이다. 망설임을 뿌리치고 과감히 결단하여 행동하면 미래의 운명이 바뀌게 된다. 그리하면 당신 앞에는 희망의 밝은 미래가 기다리고 있을 것이다.

182. 자신과 마주보며 인생에 대해 진지하게 대화하는 시간을 갖자

바쁘게 살다 보면 주위를 살필 겨를도 없고 내 자신을 살피지도 못한다. 주위나 자기 자신을 잘 살피지 못하고 살다가 인생의 장애물을 만나 멈추었을 때 주위의 소중한 것들을 많이 잃어버리거나 소중한 사람들도 멀어져 있다는 것을 문득 깨닫게 된다. 거기에는 본래의 자기도 없고 자기 자신이 무엇을 위해 살아왔는지 무엇을 위해 살고 있는지조차 알 수가 없다. 자기를 잃어버리고 자기가 아닌 인생을 살고 있다는 것을 뒤늦게 깨닫는다.

사람은 너무 바쁘게 살면 안 된다. 인간의 욕망은 끝이 없기에 끝없는 욕망을 채우기 위해 계속해서 서둘러 달리다가 넘어지게 되면 그때서야 주위를 돌아보고 자기를 살피게 된다. 서두르며 바쁘게 살다가 소중한 것들을 다 잃어버리게 된 것을 깨닫고 후회하게 된다.

사람은 행복해지기 위해 산다. 나에게 소중한 것들 그리고 소중한 사람들이 가까이에 있어서 사람은 행복하다. 아무리 바쁘더라도 때로는 멈춰서 차분히 주위를 돌아보고 분명하게 자기를 살펴보아야 한다. 자신의 성급했던 마음을 가라앉히고 곰곰이 생각해 보자. 그러면 마음의 소리가 들려온다. 그 소리에 귀를 기울이고 있으면 분명해지는 나 자신을 발견한다. 차분히 나 자신과 마주보며 인생에 대해 진지하게 대화하는 시간을 갖도록 한다.

나의 행복한 인생을 위해 어떻게 살아야 하는지 진지하게 생각해 보자. 나 자신과의 시간을 소중히 여기자. 그러면 내가 지금부터 걸어가야 할 인생의 꽃길이 잘 보일 것이다.

183. 인생에 있어서 희망과 용기는 마지막 무기다

우리는 인생을 살아가며 많은 것을 얻기도 하지만 많은 것을 잃기도 한다. 인간은 얻을 때는 기쁘고 좋지만 잃을 때는 마음이 아프고 슬프다. 때로는 그 아프고 슬픈 마음을 견디지 못하고 스스로 생을 마감해버리는 안타까운 사람들도 있다.

중국 송나라 때의 불서인 벽암록에는 '득지본유(得之本有) 실지본무(失之本無)'라는 말이 나온다. '얻었다 한들 원래 있었던 것이요, 잃었다 한들 원래 없었던 것이다'는 뜻이다. 우리는 작은 것에 감사하며 살진대 무언가를 얻고자 아등바등 살아갈 일도 아니고, 잃었다고 해서 세상의 모든 것을 다 잃은 것도 아니므로 나에게 주어진 '지금'이라는 오늘의 삶에 충실하고 진지하게 살자.

돈을 잃었다고 너무 마음 아파하지 마라. 명예를 잃었다고 해도 상심하지 마라, 사랑을 잃는다고 해도 아직 괜찮다. 하지만 희망과 용기를 잃어버리면 모든 게 끝이다. 성공이란 결정적인 게 아니고 실패 또한 치명적인 게 아니다. 중요한 것은 용기를 잃지 않고 희망을 가지고 지속하며 살아가는 것이다. 그리하면 반드시 행복한 인생을 살게 될 것이다. 희망과 용기는 삶에 있어서 마지막 무기라 할 수 있다.

184. 격동의 시대에 꿈을 실현하려면 능동적인 힘을 길러라

격동의 시대를 살아가기 위해 필요한 것은 꿈을 가지고 이상을 실현해 가는 것이다. 지금까지는 학교 공부를 열심히 해서 좋은 대학을 나와 대기업에 취업하거나 공무원이 된다거나 국가자격증을 따서 의사나 변호사가 되어 평생 안정된 생활을 하며 그럭저럭 행복한 인생을 보낼 수 있었다. 그러나 앞으로의 시대는 지금과 같은 직업의 안정은 존재하지 않게 될 것이다.

기업은 실적이 악화되면 대규모의 감원을 하게 될 것이고 이름 있는 대기업도 언제 도산할지 모르는 무한 경쟁의 시대이다. 경쟁도 치열할 뿐만 아니라 경쟁사와의 정보 경쟁이나 AI, IT기술의 발전이 이를 선도하고 있기 때문이다. 또한 의사, 변호사도 고수입이 보장되는 시대는 끝났다. 공무원 또한 마찬가지다. 대한민국이라는 나라 자체가 흔들리게 되면 공무원 제도도 크게 바뀔 수밖에 없다. 이제부터는 이러한 격동의 힘든 시대를 살아가게 될 것이다. 격동의 시대를 살아가는 데 필요한 것은 자신의 꿈과 이상을 실현해 가는 힘이다.

자기 자신이 되고 싶고 하고 싶은 꿈이 있으면 가치관을 정확히 하여 목표를 설정해야 한다. 그리고 주어진 현재 상황을 정확히 파악하여 꿈을 실현하기 위한 목표에 가까이 가기 위해 대책을 강구하고 실현해야 한다. 자신의 이상을 실현하고 싶으면 주어지는 것을 기다리지 않고 스스로 능동적으로 움직여야 한다. 꿈을 실현해 가기 위한 능동적인 힘은 격동의 시대를 살아가기 위해 필요한 최대의 원동력이라고 할 수 있다.

185. 자신의 무한한 잠재력과 위대한 가능성을 믿어라

대부분의 사람들은 자기가 가지고 있는 능력의 5 퍼센트도 채 사용하지 못 한다는 이야기가 있다. 그만큼 사람은 무한한 잠재력을 가지고 있는 존재이다. 하지만 대부분의 사람들은 자기가 가지고 있는 능력이 어느 정도인지 깨닫지 못하고 살아간다.

제2차 세계대전이 끝난 것도 모르고 30년 동안이나 임무 수행을 위해 필리핀 정글에서 활동했던 일본의 오노다 히로라는 사람이 있다. 그는 '인간은 절체절명의 위기에 빠져도 필사적으로 살고자 하는 길을 찾는다면 잠자고 있던 잠재력이 눈을 뜨고 상상하지도 못한 힘이 솟아나는 것을 현실로 체험했다'고 한다.

사람에게는 자신이 생각하는 이상의 힘이 잠자고 있다. 그 잠재된 힘이 눈을 뜨게 될 때는 무언가 이루고자 하는 목표를 가지고 포기하지 않고 지속해 갈 때 나타난다. 어떤 어려움이 닥치더라도 꿈을 포기하지 않고 어떻게 해서든 그 상황을 극복하기 위해 지혜를 짜내고 연구하다 보면 잠재력의 DNA에 스위치가 켜지게 된다.

사람은 꿈을 갖고 누군가의 조언에 귀를 기울이며 그 꿈을 이루기 위해 끊임없이 지속해 가야 한다. 꿈을 위해 스스로 힘을 기르고 타인으로부터의 가르침이 그것을 뒷받침하여 지속적으로 해 나감으로써 마침내 아름다운 꽃을 피운다. 자신의 무한한 잠재력과 위대한 가능성을 믿고 꿈을 이루기 위해 노력하자.

186. 지금의 당신은 모두가 당신이 만들어 온 과거의 산물이다

　사람은 자기 자신의 불행이나 주어진 처지에 대해 불평불만을 토로할 때 세상이나 남의 탓이라고 생각하는 경우가 많다. 그러나 사실은 당신에게 일어나는 일은 대부분 당신으로 인해 생긴다. 당신의 주위를 살펴보면 알게 된다. 당신 가까이에 있는 물건은 대부분 당신이 평소에 자주 사용하며 좋아하는 것들이다. 하물며 사람도 마찬가지다.

　당신이 자주 만나고 가까이 지내는 사람은 당신이 좋아하는 사람들이다. 지금의 당신은 모두가 당신이 만들어 온 과거의 산물이다. 세상이나 타인의 탓이 아닌 당신 자신의 탓이다. 물론 외부적인 요인이 어느 정도 영향을 끼쳤을 수도 있으나 모두가 당신이 선택하여 행동하면서 만들어 온 결과물인 것이다.

　만약 당신이 지금의 당신에게 만족하지 못한다면 지금부터 미래의 당신을 만들어 가면 된다. 과거의 산물인 지금의 당신은 바꿀 수가 없지만 미래의 당신은 얼마든지 바꿀 수가 있다. 지금의 당신에게 만족하지 못한 부분은 과거에 소홀히 해 왔다는 증거이다. 만족하는 부분이 있다면 과거에 나름대로 당신이 충실하게 행동했거나 살아왔다는 증거이다.

　당신이 뭔가 되고 싶다면 미래의 당신을 상상하며 지금부터 씨를 뿌리고 행동하며 만들어 가면 된다. 아마도 미래에는 또 다른 당신의 작품인 당신이 기다리고 있을 것이다.

187. 정해져 있지 않은 미래는 지금부터 스스로 만들어 가면 된다

사람은 한 치 앞을 내다볼 수 없는 존재이다. 미래에서 온 우주인이 아닌 이상 미래를 알 수 없다. 프랑스의 노스트라다무스 같은 예언가가 미래를 예언했다고는 하지만 그 예언이 100 퍼센트 적중하지도 않았다. 자기의 미래를 알 수 있는 사람은 이 세상에 단 한 사람도 없다.

사람은 미래를 알 수 없을 때는 불안감을 느낀다. 깜깜한 어둠 속에서 어디로 가야 할지 방향을 모를 때 사람은 불안해질 수밖에 없다. 그러나 사람의 미래는 정해져 있지 않다는 것을 누구나 알고 있다. 정해져 있지 않은 미래에 대해 생각하기 나름이다. 정해져 있지 않은 미래는 지금부터 스스로 만들어 가면 된다. 한 치 앞은 알 수 없지만 밝은 빛이 기다리고 있다고 생각하면 된다. 장밋빛 인생이 펼쳐지고 있다고 생각하라.

인생은 그저 작은 계기나 소소한 만남으로 인해 순간적으로 운명이 바뀐다. 그래서 포기하면 안 된다. 살다 보면 싫은 일도 있고 잘 안 되는 날들도 있다. 한 치 앞은 희망의 밝은 빛이다. 포기하지 않고 희망을 가지고 나아가는 사람 앞에는 빛나는 미래가 기다리고 있다.

188. 희망을 품고 행동하면 희망은 어느 날 현실이 되어 나타난다

미래는 아무도 알 수 없다. 미래를 알 수 없다고 해서 불안해하거나 두려움에 마음이 지배당해서는 안 된다. 다가올 미래는 알 수 없지만 정해져 있는 것도 아니다. 아직 오지 않은 미래는 지속적으로 변화한다. 미래는 아무것도 쓰지 않은 백지 상태(tabula rasa)와 같기 때문이다. 거기에는 커다란 희망이 있다.

미래에 대해 불안해하거나 두려워하지 말아야 한다. 미래에는 지금보다 더 좋고 나은 삶이 기다리고 있다. 희망을 가지고 마음속으로 미래를 스스로 설계하고 그려 나가도록 해야 한다. 희망 따위는 없다고 자포자기해 버리면 미래는 나의 것이 될 수 없다. 하지만 모든 것은 마음먹기에 따라 달라지므로 다가올 미래 또한 달라진다. 날마다 지속하는 작은 행동들이 쌓이고 쌓여 미래의 희망이 되기 때문이다.

마음속에서 설계하고 그린 그림이 문득 현실이 되어 눈앞에 나타난다. 그날그날 작은 행동에 따라 마음가짐에서 생겨나는 희망은 어느 날 현실의 성과가 되어 나타난다. 미래는 정해져 있지 않기 때문에 누구에게나 인생의 희망의 등불은 언제까지나 사라지지 않는다.

189. '지금'에 최선을 다하는 사람에게 희망찬 미래가 보장된다

'지금'은 과거에 의해 만들어졌고, 미래는 '지금'에 의해 만들어진다. 과거는 이미 지나가버린 일이라 어떻게 바꿀 수는 없지만, 미래는 지금 어떻게 하느냐에 따라 바꿀 수가 있다. 그래서 '지금'이 가장 중요하다. 지금 있는 곳에서 지금 하는 것이 자신의 미래를 만든다. 지금 함께 있는 사람과 지금 자신이 할 수 있는 일에 의해 미래는 만들어진다. 따라서 지금 가까이에 있는 사람과 함께 있는 사람을 더욱 소중히 해야 한다.

지금 자신이 하고 있는 일에 불만을 갖지 말고 집중하여 최선을 다해야 한다. 지금 자신이 하고 있는 일을 전부 만족하지 못하더라도 최선을 다해 몰입하다 보면 좋은 결과를 얻게 되고 그 결과는 한 단계 상승된 미래로 나아갈 수 있다. 알 수 없는 미래를 걱정하고 불안해한다고 해서 아무런 소용도 없을뿐더러 문제가 해결되지도 않는다. 그 답은 미래가 오면 알 수 있게 되니까.

인간은 미래를 걱정하는 것보다 현재의 마음에 신경을 써야 한다. 지금 자신이 하는 일에 신경을 써야 한다. 지금 하는 일에 대한 배려가 풍부한 미래의 형태를 만드는 큰 힘이 되기 때문이다. '지금'에 최선을 다해 행복하게 살자.

190. 불안과 고통의 시기가 지나면 반드시 좋은 날이 찾아온다

불안이나 정신적인 고통은 사람의 마음속에서 생겨난다. 사람은 안 좋은 상황에 직면하면 정신적으로 불안해지고 고통스러워진다. 이 어려운 상황이 영원히 계속되지나 않을까 불안해지고 초조해진다. 나에게 닥친 어려운 상황을 극복하려고 노력해도 좀처럼 잘 되지 않는다. 밤에는 잠을 제대로 잘 수도 없다. 조금이라도 희망의 빛이 비추기를 기대하다가 그때마다 실망하여 점점 불안이 증폭되면 자신을 믿을 수 없게 된다. 그래도 내일은 찾아오기에 몸부림치면서 산다. '쨍 하고 해 뜰 날'이 반드시 올 것임을 알기 때문이다.

이 세상에 영원한 것은 없다. 이 세상에 생겨난 모든 현상은 반드시 소멸하게 되어 있다. 안 좋은 상황이 언제까지나 지속되지 않는 것처럼……. 안 좋은 때가 지나면 반드시 좋은 때가 찾아온다. 마찬가지로 불안과 고통도 사라진다. 마음속에서 생겨난 불안과 고통은 마음속에서 소멸한다. 좋은 때가 오면 기쁨이 생긴다. 이 기쁨 또한 언제까지나 지속되지 않는다. 이렇듯 인생이란 안 좋은 일과 좋은 일이 반복하여 생겨났다가 사라지는 과정의 연속이다.

그저 조금이라도 좋으니까 가능성을 믿어 보자. 불안해하거나 고통 받지 않도록 마음을 다스려 보자. 눈을 감고 천천히 깊은 숨을 내쉬면서 앞으로 찾아올 좋은 때를 상상해 보자. 불안 대신에 편안함으로 고통 대신에 즐거움으로 마음속에서 바꾸어 보자. 끝까지 희망을 버리지 않는다면 자신이 믿는 만큼 현실이 되어 나에게 다가온다.

191. 행운은 언제나 한 발자국 앞에서 기다리고 있다

인생의 한 치 앞을 모른다고 하여 불안해하거나 두려워해서는 안 된다. 한 치 앞은 어둠이 아니라 밝은 희망의 빛이다. 걱정보다는 희망을 가지고 살아야 한다. 실망스런 일을 당하더라도 앞으로 좋은 일이 일어나기 위한 액땜이라고 생각해야 한다. 액땜이란 앞으로 닥쳐올 액을 다른 가벼운 곤란으로 미리 겪음으로서 무사히 넘기는 것을 말한다. 즉, 좋은 일을 앞두고 안 좋은 일을 먼저 당했다라고 생각한다. 이것은 부정적인 사고를 가지고 사는 것보다 긍정적인 사고를 가지고 사는 것이 더 행복하기 때문이다.

부정적인 생각으로 살면 아주 사소한 일을 당해도 안 좋은 쪽으로 해석하게 된다. 예컨대 불안은 불안을 증폭시킨다. 항상 불안한 마음으로 살다 보면 행복의 미소는 멀리 달아나고 불행만이 함께 한다. 반면 긍정적인 사고를 가지고 사는 사람은 조금 안 좋은 일을 당해도 대수롭지 않게 받아들이며 오히려 국면을 전환시켜 전화위복의 기회로 삼는다. 앞으로 다가올 좋은 일에 대한 기대감으로 두근두근 마음이 즐거워진다.

긍정적인 사고로 살면 좋지 않은 일보다 좋은 일이 더 많이 생겨 결과적으로 행복한 인생을 살 수 있다. 이 세상 모든 일은 마음먹기에 달려 있다. 자기의 신념을 가지고 산다면 외부 요인이 그 사람의 인생을 바꿀 수는 없다. 뿌리가 튼튼한 나무는 아무리 강한 바람이 불어도 뿌리까지 뽑히지는 않는다. 가지가 꺾이고 잎이 떨어져 나무가 흔들릴지언정 뿌리까지 뽑혀 넘어지지는 않는다.

미래의 인생은 밝은 빛이다. 살다 보면 안 좋은 때도 있지만 뜻밖의 행운을 만날 때도 있다. 그것이 인생이다. 앞일은 아무도 알 수 없다. 모르는 것을 불안의 재료로 삼을 것이 아니라 가능성과 희망으로 긍정적인 사고를 가지고 살아야 한다. 인생은 한 치 앞은 알 수 없지만 희망의 밝은 빛이 기다리고 있다. 행운은 언제나 한 발자국 앞에서 기다리고 있다. 자신의 가능성을 믿고 굳은 신념으로 대담하게 행동하자.

192. 지위나 권력으로 타인에게 고통과 피해를 주지 말라

세상에는 여러 부류의 사람이 있다. 자기가 가난하고 힘없을 때 온갖 수모를 당하면서 살았지만 돈을 벌고 성공하게 되면 가난하고 힘없이 고통 받는 사람을 도와주는 사람이 있다. 자기가 당했던 그 고통과 아픔을 알기 때문에 사회에서 소외받는 계층의 사람들을 위해 베풀려고 노력하는 사람이 있다. 반대로 자기의 지위나 권력을 이용하여 힘없는 사람들을 괴롭히고 고통과 피해를 주는 사람이 있다. 자기의 어려웠던 시절을 잊어버렸거나 자기가 당한 만큼 돌려주겠다는 복수심에서인지는 모르나 자기가 겪었던 고통 이상으로 어려운 사람들을 더욱 힘들게 하는 사람이 있다.

어렸을 때 부모님의 덕택으로 풍요로운 환경에서 어려움 없이 성장한 사람이 출세하여 많은 사람들에게 도움이 되는 일을 하는 사람이 있다. 반면 자기의 지위나 권력을 이용하여 많은 사람들에게 피해를 주고 고통을 주는 사람이 있다. 어떤 삶을 살 것인가는 그 사람의 선택의 자유이다. 하지만 사람은 어떤 경우이든 같이 더불어 사는 사람들에게 고통을 주거나 괴롭혀서는 안 된다. 권력과 지위를 이용해서 사람에게 피해를 주는 일을 해서는 안 된다. 그에 대한 대가는 반드시 자기에게로 언젠가 되돌아오기 때문이다.

자신의 지위나 권력을 행사하여 사람을 곤란하게 하는 사람이 아니라 어려움과 곤경에 처해 있는 사람들에게 웃음을 주고 희망을 주는 사람이 되어야 한다. 자기가 가진 입장을 이용하여 사람을 힘들게 하거나 우울하게 만들 것이 아니라 밝고 건강하게 만드는 사람이 되어야 한다.

193. 비판과 비난을 극복하여 밝고 행복한 미래를 열어가자

미래를 내다보며 상식을 바꾸려고 하는 사람들을 비난하거나 발목을 잡는 사람들이 있다. 자신을 희생해 가며 사회를 위해 무언가 새로운 일을 하려 하면 비판하거나 반대하는 사람들이 있다. 스스로 행동하지도 않으면서 비판과 비난만 일삼는 사람들은 위기가 닥쳐도 마찬가지다. 자신을 희생하여 봉사하는 사람을 헐뜯거나 모함하고 끌어내리려 한다. 어려운 혼란 속에서도 위험을 무릅쓰고 묵묵히 봉사하는 사람도 있다. 그런 사람들에게조차 응원과 찬사를 보내지는 못할망정 모함하는 사람이 있다.

순수하지 못하고 비뚤어진 생각을 가진 사람들은 항상 어디에나 존재한다. 이 잘못된 생각을 가진 사람들을 개조하여 극복해야 한다. 옳고 바른 일을 하고자 하려면 발목을 잡는 사람들에게 져서는 안 된다. 일과는 상관없이 비판과 비난만 일삼거나 일단 반대하는 사람들에게도 져서는 안 된다.

미래를 열어갈 사람은 현재의 상식을 바꾸려고 한다. 비판과 비난, 반대하는 사람들의 눈에는 비상식적이고 잘못된 사고로 비출 수도 있다. 그래서 이 같은 잘못된 사고를 옳고 바른 방향으로 개조해 가야 한다. 도산 안창호 선생의 인간은 개조하는 동물이라는 말을 되새겨야 한다. 미래에 웃고 있는 사람들에게 마음을 두고 보다 밝은 미래를 바라보고 희망을 가지고 계속 나아가야 한다.

비판과 비난을 극복해서 밝고 행복한 미래를 열어가도록 하자.

194. 현재의 자기 자신을 인정하면 미래를 향해 나아갈 힘이 솟아난다

사람은 정신적으로 어렵고 힘들어지면 부정적인 사고를 하기 쉽다. 평소에 긍정적인 사고를 가지고 사는 사람도 어렵고 힘든 상황에 빠지면 부정적인 사고로 바뀌기 쉽다. 그럴 때는 쉬면서 피곤도 풀고 자기의 내면을 들여다보아야 한다. 조용히 자기와의 대화 시간을 가져야 한다.

마음속에서 들려오는 내면의 소리에 귀를 기울이다 보면 현재의 자신을 그대로 받아들이게 된다. 있는 그대로의 자신을 그대로 좋다고 솔직하게 인정하게 되면 희망의 미래로 나아갈 수 있다.

부정적인 사고를 느끼는 이유는 현재의 자신을 인정하지 않거나 자신에 대해 불만이 내재되어 있기 때문이다. 또한 자기 자신을 부정하고 있기 때문이기도 하다. 지금의 자기를 부정하지 않고 있는 그대로의 자신을 받아들이고 인정함으로써 그 불만을 해소시켜 주어야 건강한 생활을 할 수 있다.

미래로 나아가려면 부정적인 사고를 긍정적인 사고로 바꿔주어야 한다. 비판보다는 칭찬을 하도록 해야 한다. 모든 부정적인 생각은 훌훌 털어버리고 자기 자신에게도 '잘하고 있어'라고 칭찬을 해야 한다. 현재의 자기 자신을 인정하면 미래를 향해 나아갈 힘이 솟아오를 테니까.

195. 가능한 이유를 찾아내는 긍정적인 사고가 미래를 바꾼다

　사람은 일단 부정적인 생각을 하게 되면 그 부정적인 생각이 끊임없이 이어진다. 부정적인 생각은 부정적인 생각을 낳고 걱정이 커지면서 불안한 마음이 든다. 결국 현실과는 무관하게 스스로 불안감을 만들어 낸다. 무슨 일을 하려고 해도 성공보다는 실패를 먼저 생각하게 된다. 성공을 위한 방법을 모색하는 것이 아니라 실패할 수밖에 없는 이유나 핑계를 먼저 찾아내려고 한다. 사람은 스스로가 어떠한 자세로 생각을 하는가가 중요하다.

　모든 것은 내 마음속에 있다. 부정적인 생각보다는 긍정적인 생각을 하는 습관을 길러야 한다. 조금 부정적인 상황에서도 긍정적인 생각으로 바꾸는 습관을 갖게 되면 인생은 놀라울 정도로 바뀐다. 어떤 경우라도 불가능한 이유보다는 가능한 이유를 찾아내야한다. 어떻게 하는 것이 좋은 일인가를 생각하고 어떻게 하면 가능한가를 생각한다. 부정적인 생각을 하게 되면 불가능하다는 이유는 점점 내게로 다가와 그것이 옳다고 나를 유혹한다. 불가능하다는 이유의 기세가 등등해지면 결국 아무것도 못하게 되고 앞으로 나아갈 수도 없게 된다.

　모든 것은 내 마음속에 있기에 긍정적이고 가능한 이유를 생각해야 한다. 어떻게 하면 가능할까를 먼저 생각하는 긍정적인 생각이 미래를 바꾸어 가는 원동력이 된다.

196. 자기 자신을 믿고 행동하면 인생은 뜻대로 전개된다

　사람은 누구나 조금씩은 열등의식을 가지고 살아간다. 사람마다 잘하는 것이 있고 못하는 것이 있다. 잘하는 것이 많지는 않아도 하나 정도는 반드시 잘하는 것이 있다. 그런데 자기는 아무런 장점이 없다고 자학하며 비관하며 사는 사람이 있다. 이런 사람은 자기가 가지고 있는 장점을 스스로 살리지 못하고 있을 뿐이다. 아니면 자기의 장점을 살릴 수 있는 때와 장소를 만나지 못했다고나 할까? 따라서 자학하거나 비관해서는 안 된다. 세상을 살다 보면 자신의 장점이나 단점과는 상관없이 좋은 때가 있고 안 좋을 때가 있기 때문이다.

　사람은 누구나 고난을 안고 살아간다. 상황이 좋지 않을 때, 일이 잘 안 될 때, 힘들어질 때 자신을 비관하거나 자학한다. 자신에게는 아무런 장점도 없고 삶의 가치가 없다고 여겨 자책하기도 한다. 나에게 닥친 고난을 스스로 극복해야지 비관하거나 자책해서는 안 된다. 자기 자신에 대해 좀 더 믿음을 가지고 살아야 한다.

　이 세상 모든 사람은 정해진 시간 속에서 인생을 살아간다. 영원히 사는 사람은 없으므로 사는 동안 좀 더 많은 즐거움과 행복을 느끼며 살아야 한다. 자기 자신의 단점을 비관할 것이 아니라 장점을 찾아 칭찬하며 살아야 한다. 지금까지 잘해 왔으니 앞으로도 더 잘할 수 있을 거라고 자신에게 용기를 북돋아 주어야 한다. 마음속의 부정적인 것들은 모두 털어 버리고 좋은 생각만 해야 한다. 어두운 기분을 밝은 기분으로 전환해야 한다. 콧노래를 불러보라. 마음이 즐거워지고 행복을 느낄 수 있을 것이다.

미래는 자기 자신을 믿고 생각하고 행동하면 인생은 자기 생각대로 전개된다. 자기를 추호도 의심해서는 안 된다. 사람은 아무런 장점이 없더라도 그냥 살아있는 것만으로도 인생에서는 큰 의미가 있다. 그렇게 생각하면 마음이 가벼워지고 어떤 일이 생겨도 비관하지 않고 즐겁고 행복한 인생을 살 수 있게 된다.

누구나 자신이 바라는 길을 걸어갈 수는 없다. 그래도 누구에게나 자기만의 길이 있다. 자기밖에 걸을 수 없는 길이 있다. 이는 자기만 갈 수 있는 인생길이다. 지금부터는 즐거운 마음으로 앞만 보고 걸으면 된다.

197. 자기 자신이 한계를 느꼈을 때는 도망쳐도 된다

아무리 열심히 노력해도 자신의 한계에 부딪쳐 고독과 마주하면 도망가고 싶어질 때가 있다. 잘못하고 있다는 것조차 깨닫지 못하고 멀리 돌아가는 일도 있다. 자신을 알 수 없을 때도 있다. 지금 당장 모든 것을 내던져 버려도 된다면 그렇게 하고 싶지만 그럴 수도 없다. 지칠 대로 지쳐서 결국 극단적인 선택을 하는 경우도 있지만 절대 그래서는 안 된다. 자기 자신이 한계라고 느꼈을 때는 도망쳐도 된다. 그 시기가 지나면 인생에서 한 단계 높은 곳으로 성장하거나 더 나은 미래가 기다리고 있다. 따라서 지금까지 잘 견뎌온 자신을 칭찬해 주자.

사람에게 한계가 있는 게 아니라 어떠한 이유로 인해 한계라고 느낄 뿐이다. 일이 힘들 때나 인간관계로 괴로울 때, 매일같이 반복되는 일에 싫증이 나거나 좋지 않은 일이 연속해서 일어날 때, 자신의 고민을 아무에게도 말할 수 없을 때, 이 모든 것들이 쌓이고 쌓여서 의욕을 상실하고 한계를 느끼게 된다.

지금의 한계 상태에서 도망치고 싶어진다. 하지만 충분한 휴식을 취하고 그 시기를 잘 극복하면 좀 더 나은 미래로 나아갈 수가 있다. 자신이 하고 있는 일, 자신이 선택하여 가는 길을 믿으며 체념하지 않고 미래를 향해 나아가야 한다. 그러면 자신이 경험한 하나하나가 언젠가 미래의 자산이 되어 큰 버팀목이 된다. 인생은 기쁘고 즐거운 일만 있는 게 아니고 슬프고 괴로운 일만 있는 것도 아니다. 그래서 우리 인생은 재밌고 살만한 것이다.

198. 물질이든 지식이든 나눔을 실천하도록 하자

사람은 나눔을 실천하면서 살아가는 것이 행복하다. 혼자만 많은 것을 독차지하고 만족해하는 삶은 그리 오래가지 못한다. 사람이 많은 것을 갖는다는 것은 결국 나누기 위함이다.

물이 흐르지 않고 한 곳에 오래 고여 있으면 썩기 마련이고 온갖 벌레나 병균이 모여든다. 고인 물은 썩는다, 구르지 않는 돌에는 이끼가 낀다는 말처럼 이는 활력이 없고 정체되거나 아예 쇠퇴하는 상태 또는 그러한 집단에 속한 사람들을 일컫는다. 다시 말해 세상을 살면서 변화와 나눔의 중요성을 되새겨 주는 말이다. 자기가 가지고 있는 것을 나누어 주면 그것들이 돌고 돌아 다시 내게로 돌아온다. 나눔을 실천하면서 행복을 느끼고 다시 내게로 돌아오면 기쁨을 느낄 수 있다.

나눈다는 것은 꼭 물질적인 것만을 뜻하지 않는다. 지식도 나눔과 마찬가지다. 좋은 지식이 있다면 혼자 독차지하지 말고 서로 나누며 공유하며 살아야 한다. 물론 현대의 정보사회에서는 지식재산권이나 특허로 새로운 지식과 발명은 보호된다. 하지만 이익을 창출하지 않은 인생을 살아가며 지혜가 될 수 있는 많은 지식이 있을 수 있다. 자기만 알고 있는 노하우나 지식은 누군가에게 나누어 주지 않으면 다음 세대로 전달되지 않는다. 서로 나눈 지식은 나누어 받은 사람에게서 진화하여 다음 세대로 이어진다. 지식은 지혜가 되어 후세의 사람을 윤택하게 만든다. 사람은 지식을 서로 나눔으로써 미래 발전에 공헌할 수 있다. 물질이든 지식이든 나눔을 실천하도록 하자.

인생을 살아가다 보면 수많은 장애물을 만난다. 인생에서 성장이란 그 장애물을 넘어가는 것이고 장애물을 넘지 못한다면 인생의 발전은 이루어지지 않는다. 인생의 장애물은 상황이나 환경에 의해 생겨나는 장애물이 있고 사람이 걸림돌이 되어 발생하는 인적 장애물이 있다.

인생에서 상황이나 환경에 의해 생겨나는 장애물로는 첫째, 좌절이라는 장애물이 있다. 어렵고 힘든 일에 봉착하여 자기 나름대로 최선을 다했는데 결과가 별로 좋지 않을 때 대부분의 사람들은 좌절하고 만다. 이 좌절이라는 장애물을 극복해야 한다. 좌절하여 주저앉아 버리면 더 이상 미래로 나아갈 수가 없다.

둘째로 유혹이라는 장애물이다. 쉽고 편해지고 싶은 유혹은 누구에게나 있다. 힘들고 어려울 때 도망치고 싶어지는 유혹에 빠지기 쉽다. 하지만 고통을 참아내는 인내심은 미래에 투자하는 것이라고 할 수 있다. 유혹이라는 장애물을 넘지 못하면 좌절하게 되어 밝은 미래는 없다.

셋째는 공포심이라는 장애물이다. 사람은 미래의 불확실성에 공포를 느끼며 살아간다. 새로운 일을 시작하려고 하면 공포심이 일어난다. 성공할지 실패할지 앞일을 알 수 없기 때문에 불안해지고 두려움이 생긴다. 그러나 이러한 공포심을 극복해 가지 않으면 새로운 도전은 어려워진다. 새로운 도전을 하지 못하면 더 이상 발전은 없다. 토인비가 '역사의 연구'라는 저서에서 인류의 역사는 도전과 응전의 역사이라고 말한 것처럼 도전하지 않으면 인류의 역사는 발전하지 못한다. 사람도 마찬가지로 새로움에 도전하지 않는다면 성장하거나 발전하지 못한다. 따라서 사람은 미지의 세계에 새롭게 도전하여 알찬 결과물을 도출한다면 행복하고 성공적인 꽃길을 걸을 수 있다.

넷째는 사고라는 장애물이다. 예상하지 못한 사고가 일어났을 때 이를 잘 극복해야 한다. 교통사고나 자연재해, 질병과 전염병 등으로 인해 갑작스럽게 생활환경이 악화되었을 때를 대비해야 한다. 평소에 미리 저축을 해둔다든가 비상 상황을 대비하여 준비를 해두었다가 사고가 발생했을 때 잘 극복해야 한다. 그래야 밝고 희망찬 미래의 인생을 맛볼 수 있다.

이와는 별도로 사람이 걸림돌이 되어 만들어 내는 인적 장애물도 있다. 조금 노력하면 가능한 일도 불가능한 이유를 연발하며 동료들의 힘을 빼는 사람이 있다. 남을 욕하거나 허물을 즐기며 동료들의 일하는 의욕을 빼앗는 사람이 있다. 조직의 관습에 얽매여 옳은 일을 왜곡하려고 하는 사람이 있다. 자신이 목표한 꿈을 이루기 위해 앞으로 나아가려고 하면 방해하는 장애물을 잘 넘어가야 한다. 그 앞에는 이상과 희망의 미래가 기다리고 있으니까.

200. 먼 곳을 보기 전에 가까운 곳을 잘 살펴야 한다

길을 가는데 너무 멀리 보며 걷다 보면 장애물에 걸려 넘어지기 쉽다. 먼저 가까운 곳을 확실히 보고 확인해 가면서 멀리 보고 걸어야 넘어지지 않고 목적지까지 안전하게 갈 수 있다. 멀리 보기 전에 가까이를 확실하게 보고 있는지 의식하며 살아야 한다. 대부분의 사람들은 가까이에 있는 것은 소홀히 여기기 쉽다. 여행을 가면 멀리 가고 싶어 하는 이유도 여기에 있다.

가까이에 있으면 싫증을 내는 경우가 있다. 항상 그 자리에 있는 것은 당연하다고 생각하고 그다지 소중하게 생각하지 않는다. 하지만 조용히 자기 자신을 돌아보는 시간을 갖고 주위를 살펴보면 자기에게 소중한 것들은 모두 자기 가까이에 있다. 사람은 자기가 갖고 싶은 것, 좋아하는 것, 좋아하는 사람들이 가까이 있기 때문에 시간이 지나면 자연스럽게 자기가 소중히 하는 것들을 당연시하거나 소홀하게 여긴다. 게다가 정작 그 소중한 것들에 대해서도 그다지 신경을 쓰지 않게 된다. 당연함에 익숙해져 버리면 당연한 것들은 별로 눈에 띄지 않게 된다. 그러다가 갑자기 무슨 일이 생겨 소중한 것들을 잃게 되면 그때서야 깨닫고 후회하게 된다.

소중한 것이란 당신 바로 옆에 있다는 것을 잊지 말아야 한다. 나에게 정말로 소중한 것이란 눈에 잘 보이지 않는다는 것을 깨달아야 한다. 먼 곳을 보기 전에 가까운 곳을 확실하게 살피면서 걸어가자. 후회 없는 인생을 살기 위해서 가까이에 있는 소중한 것들을 더욱 소중히 여기며 살자.

201. 인생에 있어서 지금의 삶의 태도는 20년 후에 그 열매를 맺는다

일본 사람들이 가장 존경하는 역사적 인물 중 대표적인 세 사람의 무장이 있다. 오다 노부나가, 도요토미 히데요시, 도쿠가와 이에야스가 그 세 사람이다. 이들은 일본을 통일하면서 차례로 패권을 쥐었던 인물들이다. 이 중 에도막부 시대를 열었던 도쿠가와 이에야스는 '인생은 무거운 짐을 지고 먼 길을 가는 것과 같다'고 했다. 이것은 인생을 서둘러서 가면 멀리 가지 못한다는 뜻으로 사용한다.

도쿠가와 이에야스는 어렸을 때부터 13년 동안 인질생활을 했으며 독립한 후에는 오다 노부나가와 싸우지 않고 동맹을 맺으면서 기회를 기다린다. 오다 노부나가가 부하에게 살해된 후 도요토미 히데요시가 그 뒤를 잇게 될 때도 참고 기다린다. 그의 인내심은 현대 일본인들에게 존경의 대상이 되고 높게 평가받고 있다. 그는 기다리는 인내심이 있었기에 300년을 지탱하는 에도 막부의 기초를 닦을 수가 있었다. 또한 그런 인내심 때문에 당시 평균 수명이 40세 정도였지만 도쿠가와 이에야스는 73세까지 장수할 수 있었다고 한다.

오다 노부나가의 '울지 않는 두견새는 죽여 버리겠다'는 자기가 원하는 대로 하지 않으면 없애버리겠다는 뜻이다. 이와는 달리 도쿠가와 이에야스의 '울지 않는 두견새는 울 때까지 기다리겠다'는 자신의 때가 올 때까지 기다리는 끈기와 인내심이 필요하다는 뜻이다. 그리고 도요토미 히데요시의 '울지 않는 두견새는 울게 하겠다'는 어떠한 어려운 일도 되게 하겠다는 의지가 담겨 있다. 우리는 이 세 사람을 통해 교훈을 얻을 수 있다. 오다 노부나가에게서는 어떤 일을 시작할 때 필요한 과단성과 추진력, 그러나 너무 성급했던 탓에 목표를 이루기도 전에 부하에게 죽임을 당하고 만다. 그리고 도요토미 히데요시에게서는 어려운 여건에서도 헌신과 충성으로 기회를 만들어 나간 처세, 도쿠가와 이에야스에게서는 어려운 환경을 원망하지 않고 자신의 때가 올 때까지 참고 기다리는 인내심이다.

인생은 서두를 필요가 없고 무엇이든 자기 마음대로 되는 것이 없다는 것을 알면 불평불만을 가질 이유 또한 없다. 성급한 결과를 바라지 않고 지금 주어진 상황에 성실히 여유롭게 대응하며 최선을 다하면 먼 훗날에 반드시 훌륭한 인생의 열매를 맺게 된다. 지금 당장 성과가 나오지 않는다고 하여 소홀한 삶을 살면 그 사람의 미래는 후회하는 인생이 될 것이다. 지금을 어떻게 사느냐에 따라 미래가 결정된다.

인생과 삶의 태도에 관련된 글을 소개한다.

20대에 땀을 흘리지 않으면 40대에 눈물을 흘린다. 30대에 지혜를 짜지 않으면 50대에 부하가 없어진다. 40대에 인맥이 없으면 60대에 일이 없어진다. 50대에 인망이 없으면 70대에 고독해진다. 60대에 희망이 없으면 80대에 후회한다. 70대에 꿈이 있으면 90대에 역사에 남는다.

202. 타인을 비방하거나 험담하는 사람은 인생의 패배자들이 많다

타인에 대한 비방이나 험담은 주로 질투심에서 생긴다. 대체로 자기보다도 항상 잘 나가는 사람을 가까이서 지켜보며 부러움 때문에 질투심을 느낀다. 자기 자신은 나름대로 열심히 노력해도 일이 잘 안 풀리는데, 자기와 특별한 차이가 없는 것처럼 보이는데도 상대방은 모든 일이 잘 되어 간다. 이 과정에서 상대방에 대한 존경심보다 질투심이 싹튼다. 그런 질투심으로 인해 상대에 대한 결점을 찾아 비방하거나 험담을 하게 된다. 이른바 우리 속담 '사촌이 논을 사면 배가 아프다'는 심보다.

타인에 대한 비방이나 험담을 주로 하는 사람은 타인의 성공 뒤의 눈에 보이지 않는 실패나 노력, 그리고 수많은 고뇌가 있었다는 것을 전혀 모른다. 모든 것은 눈높이를 맞추어 보아야 하는데, 오직 자기 수준의 눈으로 보기 때문에 보이지 않는다. 권력이나 학력, 재산을 물려받아 성공한 것처럼 당연시하다 보니 보아도 보이지 않는다.

상대방보다 자기가 더 우월하다고 타인에게 과시하고 싶어 하는 사람도 타인을 중상 모략하는 경우가 많다. 이런 사람들도 상대가 자신보다 우월하다고 스스로 인정하고 있다. 때문에 질투심이 생겨 다른 사람으로부터 자기가 더 우월하다고 인정받고 싶은 심리가 작용한다. 어떻게든 상대방의 결점을 다른 사람들에게 이야기하여 그에 대한 가치를 떨어뜨리려고 한다. 상대방을 중상 모략하여 가치를 떨어뜨린다고 하여 자기 자신의 가치가 올라가 우월해지는 것은 절대 아닌데 말이다. 대부분 인생의 패배자들이 타인에 대한 질투심 때문에 타인을 비방하거나 험담하는 경우가 많은 이유이다. 그러나 스스로의 인생이 잘 풀려가는 사람은 타인을 비방하거나 험담을 할 이유가 없다.

인생을 성공적으로 사는 사람들은 남과 비교하는 삶을 살지 않는다. 자기만의 인생 목표를 설정하여 도전해 간다. 남과 비교하지 않기 때문에 질투심이 생겨날 리가 없다. 성공한 인생을 사는 사람들은 절대로 남을 비방하거나 험담하지 않는다. 오히려 타인의 성공을 자기 자신의 성공처럼 함께 기뻐해 주고 성공을 빌어 준다. 성공한 인생을 살려면 남을 비방하거나 험담하지 말고 그의 성공을 기원하자. 그리하면 언젠가는 부메랑이 되어 나에게 되돌아올 테니까.

203. 성공하는 사람은 신용을 매우 중요시하며 자기관리를 철저히 한다

돈을 벌기 위해 사업이나 일을 하는데 있어서 신용은 가장 중요한 요소다. 신용이 없는 회사나 사람에게 돈을 빌려주는 곳도 없을 것이며 거래를 하고 싶어 하는 곳도 없을 것이다. 인생을 살아가면서 신용을 쌓아가며 살아가야 한다. 신용을 쌓는 데는 많은 노력과 시간을 필요로 한다.

그러한 노력을 통해 신용을 쌓았다고 해도 신용을 잃는 것은 순식간이다. 한번 신용을 잃으면 그 신용을 되찾는 데는 더 많은 노력과 시간을 필요로 한다. 그래서 신용을 얻는 것도 중요하지만 신용을 잃지 않고 지켜가는 것이 더 중요하다.

신용을 잃기 쉬운 사람은 말과 행동이 너무 다른 사람이다. 이런 사람들은 약속과 시간을 잘 지키지도 않는다. 또한 상대방에게 무엇을 가치 있게 생각하는가를 알려고 하지도 않고 자기중심적으로 자기가 필요로 하는 것만 요구한다. 이런 사람을 믿고 무슨 일을 맡기거나 거래를 하고 도와주고 싶은 사람은 없을 것이다.

이와는 반대로 신용할 수 있는 사람들의 특징은 한번 약속을 하면 철저히 지키며 시간도 잘 지킨다. 항상 정해진 시간이나 약속 시간보다 여유 있게 도착한다. 자기 자신이나 주위를 항상 청결하게 하고 언제나 겸손한 태도로 기분 좋은 상태를 유지하기 위해 노력한다. 웃음을 잃지 않으며 기본적으로 자기관리를 철저히 한다.

사회에서 성공하는 사람들은 대부분 신용을 매우 중요시하며 신용을 쌓거나 지키기 위해 자기관리를 철저히 하는 사람들이다. 성공한 인생, 행복한 인생을 위해 신용(신뢰)을 쌓기 위해 노력하자.

204. 진정한 기쁨과 행복은 고난을 극복하고 나서야 맛볼 수 있다

질퍽질퍽 더러운 진흙탕 속에서 사람의 마음을 깨끗하게 하고 편안하게 하는 연꽃이 핀다. 진흙이 더러우면 더러울수록 더욱 예쁘고 아름다운 꽃이 핀다. 깨끗한 물이나 좋은 땅에서 깨끗하고 아름다운 꽃이 피는 것은 당연하지만, 연꽃은 더러움을 양분 삼아 자라지만 고결하고 아름다운 꽃을 피운다. 때문에 연꽃은 사람의 마음을 더욱 감동시킨다. 마찬가지로 힘든 환경 속에서 태어나 어려움과 고통을 극복하고 성공한 사람들의 기쁨과 행복이야말로 더욱 값지다고 할 수 있다. 부모에게 물려받은 유산이나 노력하지 않고 얻은 재산으로 살아가는 사람은 물질적으로는 풍요롭게 살지 모르지만 진정한 행복을 맛보며 사는 사람은 그리 많지 않을 것이다.

통계적으로 보면 로또나 복권에 당첨되어 횡재를 한 사람들의 대부분은 인생을 불행하게 사는 사람들이 많다고 한다. 자기 스스로 노력하여 고통과 고난을 이겨내고 얻은 대가가 아니라서 그 가치의 무게가 다르기 때문일 것이다.

경제적으로 어려운 집안에서 태어났다고 하여 절망해서는 안 된다. 어려운 환경을 밑거름 삼아 어려움을 극복하고 훌륭히 성장하면 인생의 참된 행복을 맛볼 수 있는 선택받은 사람이 된다.

산 정상에 올라가서 먹는 도시락의 맛은 경험한 사람만이 알 수 있다. 산 정상에 오르는 과정의 어려움과 고통을 많이 겪고 고뇌가 크면 클수록 인생 또한 크게 꽃을 피운다.

205. 실패는 인생을 바꿀 수 있는 기회다

　대부분의 사람은 누구나 지금의 자신으로부터 변하고 싶다는 생각을 하며 살아간다. 자신이 변하고 싶지만 바뀌지 않는 자신에 대해 고민하는 사람도 많을 것이다. 지금 이대로는 성공할 수도 없거나 행복해질 수도 없다고 생각되었을 때 사람은 변하고 싶어 한다. 그러나 사람이 변하기 위해서는 반드시 계기가 필요하다. 사람이 변하게 되는 계기는 대개 실패하거나 고난과 역경에 처했을 때이다. 그래서 실패는 인생을 바꿀 수 있는 기회이기도 하다.

　사업에 실패하거나 투자에 실패하는 경우도 있겠지만 대부분의 사람들은 인간관계에 실패한다. 학교에서의 인간관계, 직장에서의 인간관계, 지역사회에서의 인간관계, 커뮤니티에서의 인간관계, 가족 간의 인간관계…. 사람은 인간관계가 잘 안 되고 실패하는 경우가 많다.

　인간관계를 잘 유지하기 위해 상대방을 바꾸려고 해도 타인은 내가 바꿀 수가 없다. 자기 자신이 바뀌지 않으면 변화되지 않는다. 자신의 주변 환경을 바꾸고 자신을 끝까지 믿으면서 변화를 추구하면 사람은 변한다. 희미하게나마 희망이 있으면 사람은 변한다. 분한 생각을 잊으면 사람은 변한다.

　운명의 만남이 있으면 사람은 변한다. 망설임이 없어졌을 때 사람은 변한다. 스스로를 의심하지 않으면 사람은 변한다. 지금의 자신에게 만족하면 사람은 변하지 않는다. 살아가는 것이 괴롭고 힘들어 몸부림치고 있을 때야말로 자기를 바꾸고 인생을 바꿀 수 있는 절호의 기회임을 잊지 말자.

206. 움츠려들지 말고 가슴을 활짝 펴고 당당하게 위를 보고 걸어가자

어렵고 힘든 때일수록 움츠려들지 말고 가슴을 활짝 펴고 당당하게 위를 보고 걸어가자. 어려운 일이 닥칠 때는 의식적으로 가슴을 펴고 위를 보고 걷는 습관을 들여 이를 실천해야 한다.

사람은 어떤 일에 실패하거나 어려운 일을 당하게 되면 기가 죽어 자신도 모르게 움츠려든다. 자신감이 없어질 뿐만 아니라 당당함이 없어져 시선이 위가 아닌 아래로만 향하게 된다. 그럴 때일수록 당당해져야 한다. 의식적으로 가슴을 활짝 펴고 위를 보고 당당하게 걸어가야 한다. 기가 죽어 움츠려 있으면 자신감은 더 없어지고 부정적인 생각만 든다.

자기 자신이 움츠려 주눅 들어 있는데 타인의 평가가 좋을 리 없다. 타인으로부터도 신용을 잃게 되고 급기야 상황은 더욱 안 좋아진다. 어떤 어려움이 닥칠수록 당당하게 행동해서 극복해야 한다.

그렇게 하다 보면 자신도 모르게 긍정적인 사고로 바뀌고 희망이 보인다. 타인으로부터도 좋은 평가를 받게 되고 신용이 쌓여 반드시 좋은 일이 생긴다. 인생은 좋은 일과 좋지 않은 일, 기쁜 일과 슬픈 일의 반복의 연속이다. 좋지 않은 일이나 슬픈 일이 있을 때 절망에 빠져 일어서지 못하면 나중에 좋은 일과 기쁜 일을 맛볼 수 없게 된다. 아무리 어두운 밤이라도 동이 트지 않는 날은 없다. 당당하게 위를 향하고 있는 한 반드시 좋은 날이 온다. 동녘의 태양이 힘차게 떠오르듯 밝은 미래가 기다리고 있다. 움츠려들지 말고 어깨를 활짝 펴고 당당하게 위를 향하여 걸어가도록 하자.

207. 사람을 움직일 수 있는 사람이 성공한 인생을 살 수 있다

인생을 살아가면서 자기 혼자서는 사회생활을 영위할 수가 없다. 인간은 어떤 일을 해 나가는 데 있어서 타인과 협력해야만 되고 타인의 도움을 받아 생활해야만 한다.

누군가의 도움을 받기 위해서는 사람을 움직여야 한다. 사람을 움직일 수 있는 사람은 성공한 인생을 살 수 있다. 사람을 움직이려면 그 사람의 마음을 움직일 수 있어야 한다. 사람을 움직일 수 있는 사람은 타인의 입장이 될 수 있는 사람이다. 타인의 입장이 될 수 있는 사람은 본인 스스로가 많은 고민을 해야 한다. 그런 고민을 거쳐 타인의 입장도 이해할 수 있게 되고 타인에 대한 배려하는 마음도 생긴다.

데일 카네기는 사람을 움직이는 세 가지 원칙을 제시하였다.

첫 번째 원칙은 절대로 비판이나 비난을 해서는 안 된다.

불만을 이야기해서도 안 된다는 것이다. 아무리 나쁜 사람이라도 누가 봐도 잘못했다고 생각하는 일을 결코 자기는 잘못했다고 인정하지 않는다고 한다. 비판과 비난을 받아도 마음속으로 자기의 행동을 바꾸려고 생각하지 않는다고 한다. 오히려 비판받으면 받을수록 자기가 옳다고 주장하는 경향이 있다고 한다. 상대를 움직이려면 그 사람을 비판하거나 비난하지 않고 상대가 왜 그런 행동을 했는지를 생각하고 인정해 주며 상대방의 욕구를 만족시켜 주는 것이 상대방의 마음을 움직이는 가장 중요한 요소이다.

두 번째 원칙은 솔직하고 성실한 평가를 해 준다.

사람을 움직이게 하려면 스스로 움직이고 싶은 기분이 들게끔

해 주는 것이다. 비판이나 비난을 하거나 힘으로 강제로 움직이려고 해도 사람은 결코 스스로 건설적인 행동을 하지 않는다. 그러한 방법은 여러 가지 측면에서 악영향을 미치게 되어 오히려 역효과를 낸다. 데일 카네기는 상대에게 스스로 하고 싶은 마음이 들도록 하는 연구가 필요하다고 한다. 상대방의 행동에 대해 진실성 있게 높은 평가를 해 주고 상대방의 자존심을 채워주면 스스로 움직이게 된다고 말하고 있다.

세 번째 원칙은 강한 욕구를 불러일으켜 준다.

누구나 자기 일로 머리가 복잡하다. 그런 사람을 움직이려면 그 사람이 좋아하는 것을 화제로 삼아 손에 넣는 방법을 가르쳐 준다. 예를 들어 지인에게 담배를 끊게 하고 싶은 사람이 있으면 그 사람에게 담배는 백해무익하다고 설명하거나 설교를 한들 아무런 효과가 없다. 그 대신에 담배를 끊게 되면 얻을 수 있는 그 사람의 소망이나 달성할 수 있는 꿈을 가르쳐 주는 것이라고 말한다. 또는 상대가 무엇인가 하고 싶은 행동이 있다고 했을 때 스스로 아이디어를 생각해 낸 것처럼 유도하여 자존심을 채워주면서 스스로 행동할 수 있도록 하는 것이라고 말한다.

역지사지로 사람의 마음을 움직이기 위해서는 그 사람의 입장이 되어 생각하는 것이다. 즉, 그 사람의 고민이 무엇이고 그 사람이 원하는 게 무엇인지를 파악하여 그 사람을 인정해 주면서 그 사람의 자존심을 채워주고 스스로 움직일 수 있는 기분이 되도록 해 주는 것이다. 그렇게 하면 사람의 마음을 얻을 수 있으며 사람을 움직일 수 있게 된다. 사람을 움직일 수 있는 사람이 성공한 인생을 살 수 있기 때문이다.

208. 겨울에 땅속 깊이 뿌리내리는 나무가 봄이 오면 아름다운 꽃을 피
운다

　인생을 살다 보면 좋은 때가 있으면 안 좋은 때도 있다. 안 좋은 때는 어떤 일을 하기만 하면 잘못되거나 손해를 보는 경우가 많다. 그럴 때는 적극적으로 움직이지 않는 것이 좋다. 그렇다고 아무것도 하지 말라는 뜻이 아니다. 좋은 때를 대비해서 준비하는 기간으로 삼아 새롭게 출발하라는 뜻이다.

　사람이 몸이 아픈데 쉬지 않고 무리하게 일을 하다 보면 몸은 더 망가지고 목숨이 위태로워질 수도 있다. 몸이 아플 때는 쉬면서 몸을 치료하고 회복시켜 줘야 한다. 그와 마찬가지로 일이 잘 안 풀리거나 시기적으로 좋지 않다고 판단될 때는 한발 뒤로 물러나 상황을 잘 분석하고 파악해서 일을 해야 한다. 분명히 원인과 문제점이 있을 것이다. 그 원인과 문제점을 간단하게 해결할 수 있으면 좋겠지만 쉽지 않을 때가 의외로 많다. 그 원인이 외부적인 요인일 수도 있고 시기적인 문제일 수도 있다. 그럴 때는 그 상황에서 무엇을 하는 것이 가장 현명한가를 생각하고 미래의 좋은 때를 위해서 준비하는 기간으로 삼아야 한다.

　'뿌리 깊은 나무는 바람에 흔들리지 않나니'라는 훈민정음의 서문처럼 뿌리가 튼튼한 나무는 태풍이 불어도 잘 넘어지지 않는다. 추운 겨울에 땅속 깊이 뿌리를 내리는 나무가 추위에 얼어 죽지 않고 봄이 오면 새싹이 돋고 꽃을 피울 수가 있다. 아무것도 할 수 없는 추운 날에는 아래로 뿌리를 내리고 견디면 이윽고 따뜻한 봄이 오면 커다랗고 아름다운 꽃을 피우게 된다.

'유지자사경성(有志者事竟成)'이라는 말이 있다. '뜻이 있는 사람은 마침내 일을 성공시킨다'는 뜻이다. 즉, 뜻이 있으면 반드시 이룰 수 있다는 의미이다. 이는 중국의 국가주석이었던 장쩌민이 즐겨 쓴 말로 알려져 있다.

이 말은 '뜻이 있으면 반드시 길이 열린다'로 바꾸어 말할 수도 있다. 여기에서 '길'의 뜻은 '타인을 배려하는 마음', '사람이 행해야 할 일'을 의미하고, '열린다'에는 '새로운 전개'라는 의미가 내포되어 있다. 종합해서 말하면 '사람과 세상을 위한다는 생각을 가지고 해야 할 일을 알고 하면 반드시 길이 펼쳐진다'는 뜻이다. 뜻이 있으면 자기가 해야 할 일이 무엇인가를 생각하거나 연구하기도 하고 활동하기도 하여 길을 찾게 된다.

자기 자신만을 위하는 일이 아니라 세상에 도움이 되는 일을 생각한다. 그리고 자기가 해야 할 일이 무엇인가를 알게 되면 확실한 신념이 생긴다. 그 신념을 실현하기 위해 행동하게 된다. 타인에게 도움이 되고 세상에 도움이 되는 일을 하기 때문에 행복을 느낀다. 뜻이 있으면 신념이 생기고 신념이 있으면 행동하게 되고 행동하게 되면 성공한다.

만약 실패를 하게 되더라도 실패의 경험을 통해 배우게 된다. 이 경험을 통한 배움으로 신념은 더욱 굳어진다. 그 신념을 실현하기 위해 행동하면 마침내 성공의 열매를 맺게 된다. 이로써 뜻이 있는 사람은 마침내 그 뜻을 이루게 되고 행복하고 성공한 인생을 살 수 있게 된다.

210. 어려울 때 '케세라세라'는 인생을 현명하게 사는 하나의 방법이다

'케세라세라'라는 말이 있다. 우리는 대부분 이 말의 의미를 '될 대로 되라(어떻게든 되겠지)'라고 자포자기할 때 사용하거나 소극적인 말로 잘못 인식하고 있다. 하지만 자기의 능력으로서는 어떻게 할 수 없을 때 흐름에 맡긴다는 긍정적인 의미가 내포되어 있다. 이 말은 영화 '나는 비밀을 알고 있다'의 주제곡 제목인데, 스페인어로 '될 일은 된다'라는 뜻이다.

'케세라세라'라는 말은 이 세상 모든 일은 본래 되는 일은 결국 이루어지게 되어 있다. 이는 자연 법칙에 따라 흘러가는 것이다. 인생을 살아가면서 어떤 어려움에 봉착했을 때 자기로서는 도저히 해결할 수 없을 때가 있다. 그때는 '케세라세라'라고 생각한다. 시간이 지나고 나면 어떤 형태로든 해결된다.

'내 사전에 불가능이란 없다'란 명언을 한 나폴레옹도 스스로의 힘으로 어떻게 할 수 없을 때는 며칠 간 부하들과 일체 연락을 끊고 칩거했다고 한다. 어느 정도 시간이 지나면 대부분의 문제들은 자연스럽게 해결되어 있었다고 한다.

'케세라세라'의 생각은 인생을 살아가는 현명한 방법이기도 하다. 어려울 때일수록 당황하지 말고 마음을 차분하게 '케세라세라'라고 한다. 어려운 상황에 걱정하지 않고 고민한다고 해서 어려운 상황이 변하는 것은 아니다. 때때로 상황은 시간에 따라 변하고 외부 요인에 따라 변한다. 일단은 자기가 가지고 있는 힘을 최대한 발휘하여 가능한 한 할 수 있는 일을 한다. 지금 할 수 있는 일을 성의를 가지고 최선을 다하는 것이다. 그리고 기다리는 것이다.

211. 내일의 내가 후회하지 않도록 충실하고 행복한 오늘을 살자

사람은 언제 인생이 끝날지 모른다. 내 목숨뿐만 아니라 주변의 소중한 사람이 갑자기 쓰러지거나 사고를 당하는 경우도 있다. 우리는 내일 죽는다 해도 후회하지 않기 위해 오늘을 충실하고 행복하게 살아야 한다. 스피노자가 '내일 지구의 종말이 올지라도 나는 한 그루의 사과나무를 심겠다'던 말을 되새겨 보면 힘든 삶을 살았던 스피노자도 후회 없는 삶을 살기 위해 죽음 앞에서 사과나무를 심은 것이다. 내일의 내가 후회하지 않도록 나에게 주어진 오늘을 최선을 다해 살아야 한다. 오늘을 가장 행복한 날이라고 생각하며 살아야 하고 행복한 날로 만들면서 살아야 한다. 가까이 있는 사람들에게 사랑을 나누어 주고 항상 고마움을 표시하면서 살아야 한다. 소중한 사람이 갑자기 내 앞에서 사라지거나 영원히 만날 수 없게 되더라도 후회하지 않도록 오늘을 살아야 한다. 설령 영원히 만날 수 없더라도 소중한 사람이 아름다운 추억으로 남을 수 있도록 오늘을 알차게 살아야 한다.

많은 사람들이 죽기 전에 인생을 되돌아보며 비슷한 후회를 한다고 한다. 어느 간호사가 수년에 걸쳐 얻은 경험으로 죽음을 앞둔 사람들이 가장 많이 한 다섯 가지의 후회는 다음과 같다.

첫째, '자기 자신에게 좀 더 충실하게 살았으면 좋았을 텐데~'

이것은 자기 자신에게 좀 더 솔직하게 살고 싶었다는 후회이다. 자기가 하고 싶었던 일을 하면서 자기답게 살고 싶었는데 그러지 못했다는 후회이다.

둘째, '그렇게 열심히 일하지 않아도 좋았을 텐데~'

이는 너무 열심히 일만 하다가 소중한 시간을 소중한 사람과 함께 보내지 못한 데 따른 후회이다.

셋째, '좀 더 나의 생각이나 의견을 표현하며 살았으면 좋았을 텐데~'

이는 주위의 시선 때문에 자기의 감정을 너무 억누르며 살았던 것에 대한 후회이다.

넷째, '친구를 좀 더 소중히 했어야 했는데~'

이는 죽기 전에 친구에 대한 고마움을 깨달은 후회이다.

다섯째, '내 자신을 좀 더 행복하게 해 주었으면 좋았을 텐데~'

이는 자기 인생을 살지 못하고 타인의 인생을 살았던 것에 대한 후회이다.

인생은 자기가 주인공이 되어 자기의 인생을 살아야 죽을 때 후회가 덜하다. 사람마다 살아온 환경이나 방법이 다르기 때문에 후회도 다르지만 앞에서 말한 다섯 가지 항목은 많은 사람들의 공통된 후회라고 한다.

자기 자신이 인생의 주인공으로서 자기답게 살아야 한다. 가족이나 친구 등 소중한 사람들을 좀 더 소중히 여기며 살아야 한다. 내일 죽는다 해도 후회하지 않기 위해 오늘을 충실하고 행복하게 살아야 한다. 주어진 오늘을 충실히 살아 죽기 전에 후회 없는 인생을 살도록 하자.

212. 행운은 긍정적인 사고를 하는 사람들의 선물이다

사람은 살아가면서 어떤 사고를 가지고 살아가는가가 중요하다. 항상 긍정적인 사고를 가지고 사는 사람은 좋지 않은 일이 있어도 가능한 한 좋은 쪽으로 해석한다. 하지만 부정적인 사고를 가지고 사는 사람은 아주 작은 문제가 생겨도 재수 없다고 생각한다. 모든 일은 자기 자신이 생각하기 나름이다. 마음먹기에 따라 인생은 달라진다.

인생을 살아가다 보면 좋은 일과 좋지 않은 일이 반복해서 일어난다. 인생은 좋은 일만 지속되지도 않고 안 좋은 일만 지속되는 경우도 거의 없다. 좋지 않은 일을 겪고 나면 앞으로 아주 좋은 일이 일어날 것으로 기대한다. 좋지 않은 일도 항상 좋은 쪽으로 해석하며 사는 긍정적인 사고를 갖는 사람에게는 언젠가 행운이 찾아오고 좋은 일이 일어난다. 아주 작은 문제에도 재수가 없다고 부정적으로 생각하는 사람에게 행운은 찾아오지 않는다. 행운은 긍정적인 사고를 하는 사람들의 선물이다.

긍정적인 사고로 살기 위해서는 어떤 일이든 항상 긍정적으로 해석하는 습관을 갖는 게 중요하다. 무엇이 좋지 않은가 누가 나쁜가를 서로 따지고만 있으면 부정적인 사고가 생긴다. 어떻게 하면 좋아질까, 어떻게 하면 잘될까를 모두가 이야기하면 긍정적 사고로 바뀌어 거기에서 희망이 싹튼다.

사람은 환경의 동물이라 상황에 따라서 감정이 달라진다. 즉, 어려움에 처하게 되면 불안해지고 초조해진다. 부정적인 사고를 갖고 있는 사람들은 판단력이 흐려져서 아무것도 결정하지 못하고 앞으로 나아갈 수가 없다.

반면 긍정적인 사고를 지니고 있는 사람들은 어려움에 처해도 상황을 냉정하게 파악하고 올바른 판단을 할 가능성이 높아진다. 앞으로 나아가기 위해 행동하게 되므로 성공 가능성도 그만큼 높아진다. 긍정적인 사고를 갖고 있는 사람들은 부정적인 사고를 갖고 있는 사람들보다 인생을 즐겁게 사는 사람들이 많다. 그것은 부정적인 생각보다는 긍정적인 생각을 많이 하고 살기 때문이다.

긍정적인 사고를 유지할 수 있는 마음가짐을 다음과 같이 몇 가지 제시한다.

첫째, 과거에 너무 집착하지 않는다. 이미 일어나버린 일은 돌이키려고 해도 돌이킬 수가 없다. 뒤를 돌아보지 말고 앞을 보는 습관을 갖는다.

둘째, 일이 잘못되더라도 너무 낙담하지 않는다. 모든 일은 잘 되는 일보다 잘 안 되는 일이 더 많다고 생각한다.

셋째, 스스로 불안을 초래하지 않는다. 아직 일어나지도 않은 일은 걱정할 필요가 없다. 미리 불안해하고 초조해하다 보면 어느 순간 부정적인 사고로 바뀌게 된다.

넷째, 잘못된 일에 대해서 반성은 해야 하지만 그 잘못된 일에 집착해서는 안 된다. 인생을 살아가면서 잘못이나 실수는 있을 수 있다고 생각한다. 잘못이나 실수에 집착하는 것은 실패를 안겨줄 뿐이다.

다섯째, 안 되는 자신을 싫어하지 않는다. 이 세상에는 잘 되는 사람보다 잘 안 되는 사람이 훨씬 많다고 생각한다. 있는 그대로의 자신을 받아들이고 잘 될 수 있는 방안을 찾아 실천한다.

여섯째, 싫은 상대가 있다면 상대를 바꾸려고 하지 않고 상대를 바라보는 관점을 바꾼다. 상대의 입장에서 바라보면 상대의 새로움을 발견할 수 있다.

일곱째, 자신의 시간을 소중히 여긴다. 타인을 위해 자신을 너무 희생하지 않고 자기 자신에게 좀 더 많은 시간을 할애한다.

여덟째, 지금을 소중히 한다. 과거에 집착하거나 미래를 걱정하지 않고 주어진 지금을 소중히 한다.

아홉째, 항상 웃는 얼굴을 잊지 않는다. 의식적으로라도 웃는 얼굴을 하면 주위를 밝게 하고 스스로의 마음도 밝아진다. 웃음은 건강을 주고 행복을 주는 특효약이기 때문이다.

214. 마음을 열지 못하는 사람은 더 나은 인생을 살지 못한다

사람은 세상을 살아가며 마음을 열고 살아야 한다. 마음을 열지 못하고 사는 사람은 삶의 여정에서 성장하기가 어렵다. 마음을 연다는 것은 마음속 깊숙이 있는 본심을 털어놓는 것을 뜻한다. 이를테면 솔직하게 자기 자신의 마음을 표현한다는 뜻이다.

사람이 마음을 열지 못하는 이유는 자기의 본심을 털어놓으면 상대방이 싫어하지나 않을까 하는 두려움을 가지고 있기 때문이다. 예를 들어 사랑하는 연인에게 자기의 솔직한 심정을 털어놓으면 떠나버릴지도 모른다는 두려움으로 솔직한 자기 자신을 표현하지 못하는 경우이다. 하지만 자기가 마음을 열지 않으면 상대방도 마음을 쉽게 열지 못해 서로의 관계는 가까워질 수가 없다. 자기 자신이 먼저 마음을 열어야 상대방도 친밀감을 느끼고 마음을 열 수가 있다.

마음을 쉽게 열지 못하는 사람의 또 한 가지 이유로는 사람을 믿지 못하고 강한 경계심을 가지고 있기 때문이다. 자기에 대한 자신이 없어 자기의 본심을 숨기는 경우이다. 자기의 본심이 알려지면 혹시 자기가 상처받지나 않을까 하는 두려움이나 불안감을 가지고 있기 때문이다. 이러한 마음을 열지 못하는 사람은 마음을 열기 위해 적극적으로 노력해야 한다. 스스로가 먼저 가까이에 있는 사람에게 말을 걸도록 노력해야 하며 자기의 솔직한 모습으로 상대방을 대해야 한다. 상대를 먼저 생각하고 항상 웃는 얼굴로 친절하게 대해야 한다.

215. 역경과 고난을 극복하고 얻은 열매는 달콤하다

역경과 고난을 극복하는 힘을 길러야 어떠한 역경과 고난에 처하더라도 극복해 낼 수 있다. 이를 극복하지 못하고 좌절하여 주저앉아 버리면 앞으로 나아갈 수가 없다. 앞으로 나아가지 못하면 더 이상 성장은 있을 수 없다. 모든 일에는 실패가 따르기 마련이다. 실패를 통해 얻은 경험이 성공으로 가는 문을 열어 준다. 실패 없는 성공보다는 실패를 통해 얻은 성공이 진정으로 훨씬 값진 것은 이런 이유이다.

실패를 두려워하지 말고 이를 잘 극복하여 성공의 열매를 맺어야 한다. 인생은 실패로부터 배우면 배울수록 지금보다 훨씬 성장할 수 있다. 역경과 고난은 극복의 대상이지 경계의 대상이 아니므로 이를 잘 극복하여 성공의 문을 열어야 한다.

세상 사람들을 위해 좋은 일을 해도 비판하는 사람들이 있다. 일에는 분명 비판이 따르기 마련이다. 그 비판을 견디면 견딜수록 지금보다 훨씬 믿음직하게 성장할 수 있다. 인생에는 역경과 고난이 따르기 마련이고 그 역경과 고난을 경험하면 할수록 지금보다 훨씬 행복한 인생을 살게 될 것이다. 역경과 고난을 극복하고 얻은 열매는 달콤하기 때문이다.

216. 성공한 사람은 인생을 즐길 줄 안다

사람은 어떤 상황에서도 즐기는 것을 잊지 말아야 한다. 피할 수 없으면 즐기라는 말이 있듯이 억지로 일을 하기보다는 즐겁게 일을 하다 보면 일의 성과도 오르고 성공 가능성이 높아진다.

즐거운 일과 편한 일을 착각해서는 안 된다. 편한 일만 선택하여 쉽게 하려고 하다 보면 오히려 힘들어지고 앞으로 나아갈 수 없게 된다. 성공한 사람들은 대부분 마음의 여유를 갖고 일을 즐길 줄 안다.

즐길 줄 아는 사람이 인생에서 성공한다. 어떤 일을 하든 어떤 생활을 하든 일에 대한 즐거움을 잊어서는 안 된다. 아무리 할 일이 많거나 피곤한 일이 많아도 즐거움을 만들어 내는 여유를 가져야 한다. 커피 한 잔의 여유처럼 긴장감을 풀고 즐길 때 행복한 삶이 될 수 있기 때문이다.

사람은 일을 성실하고 깔끔하게 하는 것도 중요하다. 하지만 가장 성과를 올릴 수 있는 순간은 어깨에 힘을 빼고 릴랙스하면서 즐길 수 있는 순간이다. 할 일을 하고 나면 어깨의 힘을 빼고 즐거운 시간을 보내도록 해야 한다. 열심히 일을 했다면 느슨한 시간을 만든다. 인생을 즐길 때는 여유롭게 마음껏 즐겨야 한다. 인생은 즐기며 살아야 건강하고 행복한 인생을 살아갈 수 있다. 즐길 줄 아는 사람만이 진정으로 성공한 인생을 살 수 있음을 명심하자.

217. 남의 떡이 커 보이는 것은 내 것에 만족하지 못하기 때문이다

우리나라 속담에 '남의 떡이 크게 보인다'는 말이 있다. 이는 자기가 가지고 있는 것보다 다른 사람이 가지고 있는 것이 더 좋게 보인다는 뜻이다. 사람은 누구나 본능적으로 다른 사람의 것을 부러워하거나 질투하는 경향이 있다. 밖에서 바라보는 모습과 안에서 바라보는 모습은 다르기 마련인데 이는 바라보는 시각이 다르기 때문이다. 또한 자기가 가지고 있는 것에 대해 만족하지 못하는 심리 상태가 남의 것을 부러워하는 형태로 표출되기 때문이다.

자기는 나름대로 열심히 노력한다고 하는데 일이 잘 안 풀리거나 잘 안 된다고 생각한다. 그런데 다른 사람은 별로 노력하지도 않은 것처럼 보이는데 술술 잘 풀려가는 것처럼 느낀다. 결국 자기는 운이 없는 사람이라고 푸념하게 된다. 하지만 밖에서 바라보면 겉모습밖에 볼 수 없다. 다른 사람이 잘되는 것은 보이지 않은 노력이 있을 수도 있고 알지 못하는 고생을 했을 수도 있다. 그것이 밖에서는 드러나 보이지 않을 뿐이다.

누구에게나 그 사람 나름의 사정이 있다. 인생을 컵 하나에 담는다고 가정한다면 누구에게나 한 컵 가득 그 사람의 사정이 고스란히 담겨져 있다. 제아무리 흔들리지 않는 권력을 가졌다 하더라도 아무리 돈이 많은 부자라 하더라도 컵에는 기쁨과 행복만 담겨 있지는 않다. 보통 사람과 똑같은 고민과 슬픔, 사랑과 미움, 그리고 행복과 불행도 함께 담겨 있다. 남의 것을 부러워할 필요도 없고 남의 삶을 부러워하며 살 필요도 없는 이유이다. 내가 가지고 있는 것에 만족하며 살아야 한다.

218. 지금 있는 것이 당연하고 영원히 지속될 것으로 착각하지 마라

우리에게 진짜 소중한 것들은 항상 곁에 있기 때문에 소중하다고 생각하기보다는 당연하다고 생각하며 사는 경우가 많다. 이 세상에 영원히 지속되는 것은 아무것도 없다. 그 소중한 것들이 언제까지나 그곳에 있을 것이라고 착각하면 안 된다. 우리는 소중한 것을 잃어버린 후 비로소 소중하다는 것을 깨닫는다. 나중에 소중함을 깨달아도 소용없듯이 있을 때 소중히 해야 한다. 사람도 마찬가지다. 부모님이나 아주 가까운 친구는 자신이 필요로 할 때 언제든지 도움을 청하거나 도움을 받을 수 있으니까 아주 당연하다고 생각한다.

부모이니까, 친구이니까 당연하다고 생각한다. 설령 고맙다는 생각을 한다고 해도 '나중에 보답하면 되지…', '일이 잘되고 성공하면 그때 보답할 거야…'라며 그냥 지나쳐 버리는 경우가 많다. 지금 있는 것 모두가 당연하고 영원히 지속될 것으로 착각하며 살고 있다면 언젠가 반드시 후회하게 되어 있다. '언젠가 말하면 되지', '언젠가 하면 되지' 이렇게 생각하고 있다면 그런 생각은 지금부터 버리는 것이 좋다. 아무것도 하지 않아도 내일은 오지만 지금의 소중한 것들이 내일 존재한다는 보장은 없기 때문이다.

지금 할 수 있는 일은 지금 한다. 지금 말할 수 있다면 지금 말한다. 아무리 소중한 것도 같은 장소에 있다고는 할 수 없다. 아무리 소중한 사람도 계속 옆에 있어 준다는 보장이 없다. 소중한 것을 잃어버리고 싶지 않다면 언제나 소중히 여기며 항상 감사하면서 살아야 한다.

219. 자기 자신을 알아야 자기 축을 만들 수 있다

소크라테스는 너 자신을 알라고 했다. 사람은 복잡한 환경 속에서 많은 사람들과 함께 살아가다 보면 자기로서 살아가기가 힘들다. 그래서 순간적으로 자기 축을 잃은 삶을 살기 쉽다.

자기 자신에 대해 진지하게 마주하는 시간을 가져 본 적이 없는 사람은 자기에 대해 알지 못한다. 자기 축을 잃고 자기에 대해 알지도 못하며 사는 인생은 불행하고 실패한 인생이라고밖에 할 수 없다. 만약 자기 축이 없는 사람이 큰 권력을 손에 넣었다고 한다면 권력에 사로잡혀 제대로 된 권력을 사용할 줄 모르고 남용하기 쉽다. 많은 사람에게 도움이 되는 게 아니라 오히려 피해를 주는 사람이 되기 쉽다.

만약 많은 돈을 벌어 부자가 되었다 하더라도 그 돈을 제대로 사용할 줄 모르고 돈의 힘으로 갑질이나 하는 사람이 되기 쉽다. 권력이나 돈은 수단에 불과하지 목적이 될 수는 없다. 나라는 축이 있으면 어떤 좋은 목적을 위해 권력과 돈을 수단으로 활용할 수 있다. 그래서 자기 자신을 정확히 아는 것이 중요하다.

자기 자신을 알아야 자기 축을 만들 수 있다. 강할 때는 강하고 약할 때는 약하며 친절할 때는 친절하며 항상 겸손을 잃지 않고 살 수 있는 자기 축을 만들어야 한다. 강하기만 한 사람이어서는 안 되고 강함 속에 약함이 있어야 한다. 그 약함이 인간미를 만들어 낸다. 먼저 자기 자신을 정확히 알고 자기 자신에 대한 자신감을 가져야 한다. 많은 사람에게 도움이 되고 세상이 필요로 하는 사람이 되어야 한다.

220. 나중으로 미루는 습관은 후회가 많은 인생을 살게 한다

'나중에 밥이나 한번 먹자', '나중에 술 한 잔 하자', '나중에 꼭 만나자', '나중에 해야지…', '나중에…' 많은 사람들이 습관처럼 사용하는 말들이다. 정말 소중한 사람이라고 생각한다면 나중으로 미루지는 않을 것이다. 정말 중요한 일이라면 나중으로 미루지도 않을 것이다. '나중에…'라는 말을 하거나 '나중…'이라는 생각을 하는 일을 실제로 실행에 옮기는 경우는 드물다.

세상을 살아가면서 나중으로 미루는 습관을 들여서는 안 된다. 나중은 언제일지도 모른다. 모든 일은 미리미리 그때그때 처리하고 사는 습관을 가져야 몸과 마음이 가벼워진다. 사회에서 성공한 삶을 사는 사람들은 나중으로 미루는 습관을 가지고 사는 사람은 드물다.

인간관계에서도 나중은 없다. 만나고 싶은 사람도 그때그때 만나고 산다. '나중에 술 한 잔 하자'라고 말하기보다 그 자리에서 서로의 스케줄을 확인하여 약속을 잡아야 한다. 나중으로 미루다 보면 기회를 놓치기 쉽다. 한 예로 오랜만에 만난 친구와 '나중에 술 한 잔 하자'며 헤어졌는데 어느 날 그 친구가 사고로 죽었다는 소식을 듣기도 한다. 그때는 후회해도 이미 소용없는 일이다.

나중으로 미루는 습관은 후회가 많은 삶을 살게 된다. 나중으로 미루는 일은 결국 언제까지나 하지 못하고 만다. 하는 것은 '나중'이 아니라 바로 '지금'이다. 만나는 것도 '다음'이 아니라 바로 '지금'이다. 가벼운 마음으로 후회 없는 인생을 살기 위해 '지금' 바로 하자.

221. 좋은 하루를 사는 것은 알차고 좋은 인생을 사는 것이다

하루하루를 한평생을 사는 것처럼 살면 오늘 해야 할 일을 내일로 미루는 일은 없을 것이다. 하루하루의 삶이 이어져서 나의 인생이 된다. 오늘 할 일을 내일로 미루다 보면 내일 해야 할 일을 또 미루게 된다. 오늘 해야 할 일을 내일로 미루지 않고 확실하게 해 가는 것이야말로 좋은 하루를 사는 현명한 방법이다.

좋은 하루를 사는 것은 알차고 좋은 인생을 사는 것이다. 하루하루를 최선을 다해 충실하게 살아야 한다. 하루가 끝나고 잠들기 전에 오늘 하루를 뒤돌아보며 후회 없이 보냈는지 아니면 아쉬움이 남았는지 곰곰이 생각하고 반성해 보자. 후회하거나 아쉬움이 남았다면 내일 다시 깨어나면 아쉬움이 없는 하루를 보내자고 굳게 다짐해 보자. 그리하면 내일을 꿈꾸며 행복한 잠을 잘 수 있다.

사람은 꿈을 가지고 그 꿈을 이루기 위해 지속적으로 최선을 다해 살아야 한다. 꿈을 이루기 위해서는 하루하루를 충실하게 살아야 한다. 최선을 다하는 충실한 삶이 쌓이고 쌓여서 꿈은 이루어진다. 설령 원하는 꿈을 이루지 못한다 해도 하루하루를 충실하게 살고 아쉬움이 없는 삶을 살았다면 그것은 행복한 인생이다. 오늘 하루를 한평생처럼 생각하고 하고 싶은 일과 해야 할 일을 내일로 미루지 않고 살았다면 걱정하거나 고민이 없는 삶을 살았다는 증거이다.

사람을 불행하게 만드는 요인은 고민과 걱정, 그리고 불안이다. 사람은 마음이 편안해야 행복하다. 하루를 충실하게 살지 못하는 사람은 항상 알 수 없는 미래에 대하여 걱정하고 불안해하며 고민한다. 그러기에 마음이 편할 리가 없고 행복을 느낄 수도 없다. 스트레스가 쌓여 건강까지 해치기 쉽다.

　석가모니는 현명한 인생을 살기 위해서는 찰나를 살라고 했다. 찰나를 사는데 불안해하거나 걱정할 이유가 없다. 머리에 잡념이 자리 잡을 여유가 없고 집착이나 욕망도 생길 리가 없다. 스트레스가 생길 이유가 없다. 그래서 편안하고 행복한 삶을 살 수 있다는 것이다. 순간순간의 이어짐이 하루가 되고 하루하루가 이어져서 행복한 인생이 된다. 순간순간 하루하루를 최선을 다해 충실한 삶을 살도록 하자.

222. 화려한 겉모습에 현혹되지 말고 꾸준함에 집중하라

'빈 깡통이 요란하다', '소문난 잔치에 먹을 것 없다'는 속담처럼 겉이 화려할수록 내용이 별 볼일 없는 경우가 많다. 사람은 외형적인 면에 현혹되기 쉽다. 그래서 내용을 충실히 하는 것보다 외형이나 외모에 신경 쓰는 경우가 많다.

모든 것은 형식보다는 내용이 중요하다. 겉만 화려하고 내용이 갖추어지지 않으면 처음에는 사람들에게 이목을 끌 수 있을지 모르지만 시간이 지나면 오히려 신용을 잃기 쉽다. 그러니 형식보다는 항상 내용에 충실한 데 힘을 써야 한다. 화려한 무대 뒤에는 어둡고 지저분한 면이 있다. 외형에 현혹되지 않고 항상 내면을 볼 줄 아는 식견을 가져야 세상을 현명하게 살아갈 수 있으므로 성공의 문을 열 수 있다.

스스로 무언가를 이루고자 할 때도 하나하나 묵묵히 꾸준히 쌓아 가야 한다. 또 요란한 소리를 내며 화려한 행동으로 주위를 현혹시키는 행위를 해서는 안 된다. 화려함은 없지만 꾸준한 행동이 남에게 신뢰받는 왕도가 될 수 있다.

화려함에 시선을 빼앗기지 마라. 간단한 방법이나 쉽게 이루고자 하는 일에 현혹되지 마라. 꾸준함에 집중하자. 끈질기고 느긋하게 그리고 부지런하게 계속해 가면 반드시 성공의 꽃을 크게 피운다. 이윽고 작은 차이가 큰 차이가 되어 이 세상에 하나밖에 없는 유일한 것을 창출해 낸다.

223. 지금의 자신을 있는 그대로 인정하고 받아들여라

안 되는 일도 되게 하라는 말이 있다. 하지만 자기의 능력으로는 안 되는 일이 분명 있다. 이 세상에는 되는 일보다 안 되는 일이 더 많다고 할 수 있다. 그런데도 안 된다고 자기는 왜 안 되는지 왜 할 수 없는지 한탄하거나 자책해서는 안 된다.

심리학자 알프레드 아들러는 '할 수 없는 자신을 책망하고 있는 한 영원히 행복해질 수 없다. 지금의 나를 인정하는 용기를 갖는 자만이 정말로 강한 인간이 될 수 있다'고 말하고 있다. 지금은 안 되는 일도 시간이 지나면 될 수도 있다. 지금의 자신의 능력으로는 할 수 없는 일도 미래의 나는 가능할지도 모른다. 지금 할 수 없는 자신을 비관하면 아무런 도움이 되지 않을 뿐더러 비참한 생각만 들어 자기 자신에게 상처만 준다. 지금의 약한 자신을 한탄하는 것은 의미가 없다. 지금의 자신을 있는 그대로 인정하고 받아들여야 한다. 인정하고 싶지 않은 자기 자신을 인정하고 받아들이기 위해서는 진정한 용기가 필요하다.

나를 알고 인정하는 사람은 정말 강한 사람이다. 이런 사람은 인생을 살아가며 어떠한 어려움을 당하더라도 헤쳐 나갈 수 있는 지혜와 겸허함을 갖고 있다. 또한 모든 일에 유연하게 대처할 수도 있다. 유연하다는 것은 부러지지 않고 융통성이 있다는 뜻이다. 자기 자신을 모르고 인정할 줄 모르는 사람은 만용을 부리기 쉽다.

사람은 누구나 다 강한 것은 아니다. 따라서 자기 자신의 약함을 인정할 줄 아는 사람은 정말로 현명한 사람이며 세상을 지혜롭게 사는 행복한 사람이다.

자신감을 갖는다는 것은 인생에서 매우 중요하다. 자신감이란 어떤 시합에서 이길 수 있다든가 무슨 일을 해낼 수 있다는 자신의 느낌이고 그것을 스스로 믿는 것을 말한다. 자신감이 있으면 어떤 일이든 성사시킬 수가 있다. 자기 자신이 승산이 있다고 생각하기 때문에 자신감을 가지게 된다.

어렵고 힘든 상황에서도 반드시 해낼 수 있다는 자신감을 가지고 일에 임하면 성공할 가능성이 크다. 하지만 자신이 없거나 잃어버리면 가능한 일도 실패할 가능성이 높아진다. 자신의 능력으로 충분히 이길 수 있고 해낼 수 있는데도 '혹시 지게 되면 어떡하지?', '실패하면 어떡하지?'라는 생각으로 자신을 믿지 못하고 두려워하고 불안해하면 상대방에게 지거나 실패할 가능성이 크다. 그만큼 자신감을 갖는다는 것은 중요하다. 하지만 근거 없는 자신감에는 주의해야 한다. 자기 능력으로는 도저히 안 되는 일을 자존심 때문에 가능한 것처럼 자기를 속이는 것은 실패하거나 낭패를 볼 수 있기 때문이다.

얄팍한 자존심 때문에 가능한 것처럼 자기를 속이는 것은 자신감이 아니라 만용이다. 자신감을 갖지 못하는 것은 두려워하거나 불안한 마음이 있기 때문이다. 자신감을 갖기 위해서는 먼저 마음속의 두려움을 제거해야 한다. 자기 자신을 믿는다면 두려워할 이유가 없고 불안해할 필요도 없다. 스스로 가능하다고 판단하고 매사에 임한다면 성공의 문은 반드시 열리게 된다. 자신감을 갖고 앞을 보고 나아가야 한다.

225. 지나친 과학적인 사고보다는 인간적인 사고를 가지고 살아라

20세기는 과학 중심의 세계이다. 과학은 눈에 보이는 세계와 이론의 세계만 인정하는 학문이다. 이론이란 'A는 B보다 크다. B는 C보다 크다. 그러므로 A는 C보다 크다'는 공식처럼 논리적으로 입증이 가능해야 한다. 과학은 그 이외의 세계를 인정하지 않는다.

이 세상에는 과학으로 입증 가능한 것은 얼마 되지 않는다. 따라서 과학으로 인정할 수 없다고 해서 부정해서는 안 된다. 사람의 감정은 눈으로 보거나 만질 수 없고 이론으로도 설명할 수 없다. 예를 들어 A라는 사람과 B라는 사람이 처음 만났는데 서로 첫눈에 반해 사랑하는 사이가 되었다. 이 경우 사람의 감정이 눈에 보이는 것도 아니고 이론으로도 설명할 수 없기 때문이다.

사람의 감정이 아니더라도 우리 주변에는 눈에도 보이지 않고 이론으로도 설명할 수 없는 현상들이 수없이 많다. 도깨비나 귀신을 봤다고 하면 과학의 세계에서는 인정되지 않는다. 설령 그것이 비과학적이고 환각이라 하더라도 부정하지 않는다면 거기에는 낭만이 있다. 낭만은 인간미에서 싹튼다. 너무 과학에만 집착하다 보면 인간미가 사라진다. 인간미가 사라지면 다툼이 일어나기 쉽다. 눈으로 직접 보고 확인할 수 없으면 믿지 않으려 한다. 이론적으로 성립이 안 되는 것에 대해서도 믿으려고 하지 않게 되면 불신이 많이 생긴다. 불신은 다툼의 직간접적인 원인이 된다.

요즘 젊은 세대들은 과학적 사고로만 사물을 판단하려는 경향이 많다. 인간관계를 과학적 사고로만 접근하면 실패하기 쉽다. 인간은 기계가 아닌 감정을 가지고 있기 때문이다.

226. 사람의 인생은 얼굴이나 행실에 나타나는 법이다

링컨은 나이 마흔을 넘기면 자기 얼굴에 책임을 져야 한다고 했다. '1984'의 작가 조지 오웰은 50세가 되면 누구나가 그 사람의 인격에 적합한 얼굴이 된다고 했다. 여성이라면 전설적인 패션디자이너 코코 샤넬은 20세의 얼굴은 자연의 선물, 50세의 얼굴은 당신 자신의 공적이란 말을 남겼다.

위의 말들은 그 사람이 살아온 인생이 얼굴에 나타난다는 뜻이다. 일반적으로 그 사람의 인품이 얼굴에 나타난다는 뜻이다. 얼굴 표정을 보면 그 사람이 어떻게 살아왔는지 지금까지 살아온 경험 내역을 알 수 있다. 눈초리의 주름은 행복을 상징한다. 행복하면 자주 웃기 때문에 눈초리에 주름이 생긴다. 인생 역경은 이마의 주름으로 나타난다. 얼굴뿐만 아니라 그 사람의 모든 행실을 보면 그 사람의 인생을 알 수 있다. 목소리에는 그 사람의 인격이 깃들여 있다.

똑바르고 당당한 자세는 그 사람의 자신감을 나타낸다. 걷는 모습에서 그 사람의 삶의 스타일을 알 수 있다. 허리를 쭉 펴고 당당하게 걷는 모습에서 강한 자신감과 긍정적 사고를 느낄 수 있다. 반면에 고개를 숙이고 밑을 보며 힘없이 걷는 모습에서는 소심함과 부정적 사고를 느끼게 된다. 의상이나 헤어스타일을 보고서 그 사람만의 독특한 개성을 알 수 있다.

일반적으로 손은 직업을 나타내고 입은 마음의 긴장을 나타낸다. 결국 사람은 외모나 행실에 의해 드러나는 법이다. 부모님의 유전자 혜택으로 미남미녀로 태어났다 하더라도 그 사람이 잘못된 행실을 하며 그릇된 인생을 살게 되면 나이가 들수록 일그러진 추한 얼굴이 되어 버린다. 어렸을 때는 그다지 매력이 없는 외모의 사람도 올바른 행실로 행복한 인생을 살게 되면 나이가 들수록 온화하고 매력이 풍겨 나오는 외모로 바뀌게 된다.

중요한 것은 가지고 태어난 얼굴이 아니라 얼굴에 나타나는 그 사람의 내면에서 우러나오는 빛나는 매력이다. 즉, 인생 경험 환경이 사람의 얼굴을 만들어 가는 것이다. 나이가 들어 어떤 얼굴의 주인공이 될 것인가는 당신 자신에게 달려 있다.

227. 사람은 장점을 살리고 가능성을 높여주면 끊임없이 성장한다

　한 번 실수는 병가지상사(兵家之常事)라는 말이 있다. 싸움에서 이기기도 하고 지기도 하는 것처럼 일에도 성공과 실패가 늘 있을 수 있다는 뜻이다. 중요한 것은 같은 실수를 반복하지 않는 것이다. 리더는 부하의 실수나 실패를 몰아세워서 책임을 추궁하고 의욕을 잃게 만드는 것이 아니라 실수나 실패의 원인을 함께 생각하고 깨닫게 해 주는 사람이 되어야 한다. 두 번 다시 같은 실수나 실패를 반복하지 않도록 도와주어야 한다. 조직을 이끄는 리더는 사람의 장점을 찾아 인간성을 높여주는 사람이 되어야 한다.

　작은 자존심에 사로잡혀 사람의 가능성을 짓밟아버리는 것이 아니라 작은 자존심을 버리고 사람의 가능성을 넓혀 주는 사람이 되어야 한다. 사람은 누구나 장단점을 가지고 있기 때문이다. 사람이기 때문에 누구나 한번쯤은 실수나 실패를 할 수 있다. 이런 실수나 실패를 했을 때 누군가로부터 심한 추궁을 당하거나 무거운 책임을 지게 되는 경험을 하게 되면 좋지 않은 경험으로 트라우마가 생겨 주눅이 들게 된다.

　실수나 실패의 두려움 때문에 새로운 일에 도전하지 못하게 된다. 더 이상 앞으로 나아가지 못하니 인생의 성장은 멈춰 버린다. 만약 실패했더라도 그 원인을 찾아 극복하게 되면 자신감을 얻을 수 있고 같은 실패를 반복하지 않게 된다. 그 자신감으로 자신의 장점을 살려 끊임없이 새로운 일에 도전할 수 있고 가능성을 넓혀 갈 수 있다. 사람은 단점보다는 장점을 찾아 살려 가능성을 높여주면 끊임없이 성장하는 인생을 살 수 있다.

228. 궁지에 몰렸을 때 내면에 있는 잠재력을 깨우는 스위치가 켜진다

사람은 궁지에 몰렸을 때 자기 자신도 몰랐던 놀라운 힘을 발휘하게 된다. 사람은 누구에게나 잠재된 힘이 있는데 평상시에는 그 잠재된 힘은 내면에 깊이 잠들어 있다. 즉, 스위치가 꺼져 있는 상태인 것이다.

무엇인가 계기가 되어 그 스위치가 켜졌을 때 그 잠재된 힘은 발휘된다. 아무런 어려움 없이 순탄한 삶을 사는 사람은 자기가 가지고 있는 능력의 한계를 모른다. 일류 스포츠 선수들은 자기의 한계에 도전하여 자기 자신 속에 잠재되어 있는 능력을 최대한 발휘한다. 하지만 일반 사람들은 고난을 당하지 않으면 자기의 내재된 잠재력을 알지 못하고 살아간다. 그러다가 위기에 봉착하거나 궁지에 몰리면 그 위기나 궁지에서 벗어나기 위해 온갖 지혜를 짜내고 온힘을 기울인다. 그때 내면에 잠자고 있는 잠재력을 깨우는 스위치가 켜진다.

일본의 파나소닉을 창업한 마쓰시타 고노스케는 일찍이 없었던 역경 속에서 혁신이 생겨나고 일찍이 없었던 혁신으로부터 일찍이 없었던 비약이 생겨난다고 했다. 사람은 고난이나 역경 속에서 더 크게 성장한다. 어려움을 당한다고 해서 결코 좌절해서는 안 된다. 자기 내면에 잠자고 있는 잠재력을 깨우는 스위치를 켜야 한다. 자기 자신의 잠재력을 믿고 최선을 다해야 한다. 고난과 역경을 극복했을 때 당신 앞에는 새로운 희망의 세계가 펼쳐질 것이다.

229. 꿈을 이루는 사람, 행복한 사람, 후회하지 않는 사람, 기회를 잡는 사람, 성공한 사람, 사랑받는 사람은 어떤 사람일까?

1. 꿈을 이루는 사람은 자기 자신을 끝까지 믿는 사람이다.

사람이 일에 대해 망설이고 주저하는 것은 당연한 처사이다. 불안해하고 두려워하는 것도 사람이기 때문이다. 하지만 자기 자신을 믿는 사람은 망설이거나 주저하지 않고 불안해하거나 두려워하지도 않는다. 꿈을 이루는 사람은 자기 자신을 끝까지 믿고 행동하는 사람이기 때문이다.

2. 행복한 사람은 언제나 감사를 잊지 않은 사람이다.

사람이 항상 감사를 잊지 않고 산다는 것은 쉽지 않다. 대부분의 사람들은 일이 잘되면 자기가 노력한 대가라고 생각하거나 자기의 뛰어난 능력이라고 생각한다. 또한 일이 잘못되면 누군가를 원망하거나 푸념을 늘어놓는다. 그것이 인지상정이다. 하지만 행복한 사람은 언제나 감사를 잊지 않고 사는 사람이다. 이런 사람들은 일이 잘되면 누군가의 덕택이라고 생각하고 일이 잘못되면 자기의 노력이 부족한 결과라고 생각한다.

3. 후회하지 않는 사람은 실패를 두려워하지 않고 도전하는 사람이다.

인생에서 후회하게 되는 일은 무슨 일을 해서 실패하는 것보다는 하고 싶었던 일을 해 보지 못한 것에 대한 후회가 많다. 이미 저질러 버린 후회는 시간이 지날수록 작아지지만 하지 못한 일에 대한 후회는 시간이 지날수록 커진다고 한다. 따라서 하고 싶은 일이 있다면 실패를 두려워하지 말고 도전해야 한다.

사람은 죽을 때가 되면 자신의 인생을 되돌아보며 세 가지를 후회한다고 한다. 첫째, 베풀지 못한 것에 대한 후회이다. 가난하게 살든 부유하게 살든 죽을 때가 되면 '좀 더 주면서 살 수 있었는데…'라며 베풀지 못한 것에 대해 후회한다고 한다.

둘째, 참지 못한 것에 대한 후회이다. '그때 조금만 더 참았더라면 되었을 텐데, 왜 쓸데없는 말을 하고 행동했던가?'하며 후회한다고 한다. 좀 더 마음의 여유를 갖고 참으며 생활하기를 권한다.

셋째, 좀 더 행복하게 살지 못한 것에 대한 후회이다. 왜 그리 짜증스럽고 힘겹게 빡세고 재미없게 어리석게 살았는지 자신에 대해 후회한다고 한다.

4. 기회를 잡는 사람은 체념하지 않고 계속 노력해 온 사람이다.

대부분의 사람은 기회가 와도 기회를 잡지 못한다. 설령 기회라고 생각해도 준비되지 않은 상태에서 기회를 잡지 못하고 놓쳐버린다. 인생에는 여러 번의 기회가 찾아온다고 한다. 그 기회를 놓치는 어리석음을 범해서는 안 된다. 기회가 왔을 때 기회를 잡는 사람이야말로 체념하지 않고 계속 노력해 온 사람이다.

5. 성공한 사람은 누구보다도 주위 사람을 기쁘게 해 주는 사람이다.

성공은 자기 한 사람의 노력으로만 이루어지는 게 아니라 주위 사람들의 도움을 받아야 가능하다. 누군가가 협력을 해 주어야 성공한다. 그러기 위해서는 주위 사람들과 항상 원만한 인간관계를 유지하고 있어야 한다. 그래서 성공한 사람은 누구보다도 주위 사람을 즐겁고 기쁘게 해 주는 사람이다.

6. 사랑받는 사람은 누구보다도 계속 사랑해 온 사람이다.

누군가를 사랑하지도 못하는 사람이 남에게 사랑을 받을 리가 없다. 누군가를 사랑하는 마음은 순수한 마음이다. 항상 누군가를 사랑하는 순수한 마음으로 살아가면 타인으로부터 사랑받는 사람이 된다. 사랑받는 사람은 누구보다도 누군가를 계속 사랑해 온 사람이다. 사람은 사랑해 본 사람만 알고 사랑받아 본 사람만 안다. 인생에서 사랑은 달콤하지만 때로는 쓴맛을 느끼는 이유이다. 우리는 진정한 사랑을 통해 사랑하고 사랑받는 연습을 하자.